Wolfgang Müller von Königswinter

Erzählungen eines rheinischen Chronisten

Wolfgang Müller von Königswinter

Erzählungen eines rheinischen Chronisten

ISBN/EAN: 9783743346529

Hergestellt in Europa, USA, Kanada, Australien, Japan

Cover: Foto ©ninafisch / pixelio.de

Manufactured and distributed by brebook publishing software (www.brebook.com)

Wolfgang Müller von Königswinter

Erzählungen eines rheinischen Chronisten

Erzählungen

eines

Rheinischen Chronisten.

Von

Wolfgang Müller von Königswinter.

Zweiter Band.

Leipzig:
F. A. Brockhaus.
1861.

Aus Jacobi's Garten.

Furioso.
Aus Beethoven's Jugend.

Von

Wolfgang Müller von Königswinter.

Leipzig:
F. A. Brockhaus.
1861.

Der Verfasser behält sich das Recht der Uebersetzung ins Englische, Französische und andere fremde Sprachen vor.

Aus Jacobi's Garten.

Erstes Kapitel.

An den düsseldorfer Hofgarten, der mit seinen alten Linden= und Ulmenalleen, seinen verschlungenen durch Wiesen und Gebüsche leitenden Pfaden, seinen blitzenden Teichen und seinen künstlichen Hügeln den Bewohnern der Stadt wie ihren Gästen stets die anmuthigsten Spaziergänge bietet, schließt sich landeinwärts nach Osten das Dorf Pempelfort. Das stattlichste Gebäude dieser Ortschaft ist der sogenannte Jägerhof, ein hübsches Lustschloß mit anliegendem Parke, das einst den Fürsten aus dem Hause Pfalz zum Sommersitze diente und das seitdem auch von verschiedenen Mitgliedern der hohenzollernschen Herrscherfamilie bewohnt worden ist. Südwärts von demselben liegt eine Fabrik, an welche sich eine Besitzung schließt, die von hohen Mauern umgeben mächtige Baumkronen schauen läßt. Fragt man die Spaziergänger nach dieser Anlage, so nennen sie dieselbe schlecht und recht den Jacobi'schen Garten. Sowol die Fabrik wie die ländliche Besitzung wurde von Johann Konrad Jacobi, einem im Jahre 1766 aus dem Han=

növerschen eingewanderten Kaufmanne, kurz nach seiner Ankunft in Düsseldorf angelegt.

In diesem Garten wanderte im Frühling des Jahres 1774 ein stattlicher Mann von schlankem Wuchs und feinem, vornehmem Wesen, das durch die saubere Kleidung, die in einem Leibrock mit blanken Knöpfen, kurzen Hosen, enganliegenden Strümpfen und Schuhen mit Schnallen bestand, sowie durch die sorgfältige Frisur mit Zopf und Puder noch gehoben wurde. Seine Bewegungen waren geschmeidig und elegant. So hatte denn die ganze Erscheinung das Gepräge vornehmer Gefälligkeit. Noch mehr fesselte aber bei genauerer Betrachtung die freundliche Milde seiner vortheilhaften Gesichtszüge und seiner innigen blauen Augen, über welchen oft ein liebenswürdiges Lächeln sichtbar wurde, wenn er das Wachsthum der Pflanzen betrachtete, an deren neuer Entfaltung er offenbare Freude zu haben schien. Mitunter redete er auch mit dem Gärtner und seinem Burschen, die hier und dort beschäftigt waren, und ließ alsdann eine Stimme ertönen, die wie sein Aeußeres angenehm zum Herzen sprach. Nach einer längern Wanderung durch die Gänge längs der Düssel, die in der Mitte der Anlage in einem Teiche ausruht, und durch die Gemüsegärten, setzte er sich unter hohen Buchen auf eine Bank und starrte träumend in das neue Frühlingsleben, das Tausende von Knospen erschlossen, Tausenden von Blumen die Kelche geöffnet und Tausende von Vögeln zu Liedern erweckt hatte, unter denen die Nachtigall in den nahen Sträuchern sich das Recht der ersten Sängerin nicht nehmen ließ.

Nach einer Weile fühlte er ein leises Klopfen auf seiner Schulter. Er sah sich um und erblickte eine schöne volle Frauengestalt, die mit ihrem stattlichen blühenden Körper und ihrem freundlichen offenen Gesichte, in dem Stirn, Auge und Mund ewig lachten, einen überaus günstigen Eindruck machte.

Du bist es, Betti? rief er mit freudestrahlenden Augen.

Träumt mein Fritz denn so versunken, sprach sie hell und munter, daß er nicht einmal die Ankunft seiner Frau ahnt? Nun wie war es mit deiner Reise?

Laß mich zumeist an das Ende derselben denken, erwiderte der Mann, der niemand anderes war als Friedrich Heinrich Jacobi, welcher sich später als deutscher Philosoph eines berühmten Namens erfreute. Das Beste von meiner Reise war jedenfalls meine Heimkehr in den geliebten Kreis der Meinigen.

Du bist doch hoffentlich nicht unzufrieden, daß du das Beamtenthum mit dem Handelsstande vertauscht hast? fragte die besorgte Gattin.

Wohin denkst du, meine Liebe? tönte die beruhigende Antwort. Ich kann Gott nicht genug danken, daß ich ein Geschäft verlassen habe, für das ich nun einmal nicht geschaffen bin. Die Arbeiten auf dem Comptoir haben mir nie gefallen. Schon in Genf, wohin mein Vater mich schickte, um den Handel zu lernen, empfand ich einen geheimen Widerwillen gegen den Stand, für den ich bestimmt war. Deshalb habe ich mich auch dort an Le Sage angeschlossen, mit dem ich noch immer in wissenschaftlichem Verkehr stehe. Die Erfolge meines

Brubers Georg in der Dichtkunst machten in mir nach meiner Heimkehr aufs neue den Wunsch rege, gleichfalls eine wissenschaftliche Laufbahn zu betreten. Eigentlich hast du und deine Familie in Vaels und in Aachen meine Zweifel für einige Zeit zur Ruhe gebracht. Ihr Clermonts seid eben durch und durch Kaufleute. Ich liebte dich, ich wagte um dich zu werben. Als deine Aeltern mir deine Hand gaben, trat aber der lebhafte Wunsch hervor, mich dem Handel zu erhalten. So übernahm ich denn das Geschäft meines Vaters und führte es auch pflichtgetreu bis in mein neunundzwanzigstes Jahr, wo mir der Statthalter Graf von Goltstein eine Stelle als Rath bei der Hofkammer anbot. Da konnte ich unmöglich mehr der Lockung widerstehen. Das Amt war ehrenvoll und gewährte mir zugleich Zeit und Muße zu jenen Arbeiten, die ich vor allen andern liebe. Ich bekleide es jetzt seit zwei Jahren und fühle mich durchaus befriedigt. Freilich sind die Arbeiten im Zollwesen und die damit verbundenen Reisen nichts weniger wie poetisch. Und deshalb mag ich auch nicht davon erzählen. Wie viel schöner verrinnen mir die Stunden, wo ich frei von Staatsgeschäften dem Drange des Geistes folge! Wie viel Schönes und Gutes haben sie uns, mir und dir, schon eingetragen! Denke nur an den Umgang mit unserm Bruder Georg, dessen schöne Lieder jetzt überall gesungen werden. Denke an unsere Verbindungen mit Sophie von Laroche in Ehrenbreitstein und ihrem Freunde Wieland, die wir vor zwei Jahren kennen lernten. Denke an so manche neue Verhältnisse, die uns noch bevorstehen und uns geistig befruchten werden, denn im Umgange edler Seelen schließt sich das eine an das andere.

Gottlob! daß du zufrieden bist, sprach Frau Betti.

Er nahm mit einem innigen Blicke ihre Hand und fuhr fort: Mehr aber als alles freut es mich, daß ich mich in meinem neuen Stande so recht an allem, was mein ist, freuen kann. Ich brauche jetzt nicht mehr mit der Zeit zu kargen, die ich dir und den Kindern widme. Wie froh bin ich meines Hauses und Herdes! Hier bei euch ist es mir, wenn ich zurückkehre, nicht anders, als wäre ich am Orte aller verflogenen Kräfte meines Lebens und sie empfingen mich in himmlischen Tänzen. Meine freundliche Wohnung, die alle Blicke jedes Lichtes einläßt, mein lieber Garten, alles, alles entzückt mich und je länger, je mehr. Ich übersehe unaufhörlich meine Habe und kann sie nicht ermessen. Mein ist die ganze Welt. Selbst der Mond und die Sonne am hohen Himmel, sie scheinen auf so eigene Weise auf meinen Platz, daß es mir immer mehr vorkommen muß, als gehörten sie nur dazu, als wären sie mein, wie der Boden da, wie die Bäume, die ich gepflanzt habe. Selbst im Herbst, wenn schon meine Blumen verwelkt sind und meine Bäume längst entblättert, wenn schon dicker Nebel mir Luft und Boden verderbt und von dem kurz gewordenen Tage die Hälfte raubt, bin ich dennoch immer froh und sehe in dem allem nur das Jahr, das sich mir rascher wenden will, und den nahen Frühling, der mir immer schöner wiederkommt.*) So wird mir hier durch

---

*) Worte Jacobi's in einem Briefe. Werke, I, 348,

dich und die Kinder mein Herz freier, offener, muthiger und besser.

Er hatte dies mit leuchtenden Augen gesagt. Seine Frau drückte ihm innerlich befriedigt die Hand. Sie saßen eine Weile schweigend aneinander gedrungen.

Dann standen beide auf, und während sie dem Hause zuwanderten, erhob Frau Betti ihre klare Stimme: Du hast dich eben mit dem Garten und den Pflanzen, die du pflegst, beschäftigt. Laß mich dich an einen Gegenstand erinnern, der in noch höherm Grade der Beachtung werth ist. Ich will dir nämlich von den Pflanzen reden, die uns im Hause gedeihen. Es handelt sich um unsere Kinder, die nun immer mehr den Tagen entgegenwachsen, wo man ihnen unnütze Zweige abschneiden und gute Loden einimpfen muß. Mir scheint es, daß es die höchste Zeit ist, den Unterricht mit ihnen anzufangen.

Ich habe schon oft im stillen darüber nachgedacht, antwortete Fritz Jacobi, und bin mit mir zu Rath gegangen, ob wir sie in die Schule schicken oder ihnen einen Privatlehrer geben sollen. Mit dem ersten Gedanken habe ich mich nicht befreunden können. Die Schulen sind nicht das, was sie sein sollen. Auch tritt ihnen dort das Leben zu rauh und ungefällig entgegen, was um so übler ist, da nicht ein wahrhaft guter Unterricht die unebenen Einflüsse entkräftet. Ich möchte deshalb vorziehen, sie im Hause belehren zu lassen.

So sprichst du einen Gedanken aus, fiel ihm die Frau ins Wort, der auch der meinige ist. Freilich ist der Umgang der Kinder mit andern Kindern, zumal was die Knaben angeht, wol in Anschlag zu bringen. Sie schleifen sich ab, indem sie sich aneinander reiben. Das hilft denn auch mit zur allgemeinen Bildung. In der Schule finden sich aber leider viel mehr rohe wie feine Elemente. Von diesen möchte ich mein eigenes Fleisch und Blut am liebsten fern halten.

Ich meine, erwiderte Jacobi, diesen Bildungsproceß können wir auch getrost für spätere Jahre abwarten. Eine andere Schwierigkeit liegt in der Auffindung eines guten Lehrers. Zunächst müssen wir bedenken, daß diese Art des Unterrichts bei weitem die kostspieligste ist. Wenn wir nämlich einen Hofmeister nehmen, so scheint es mir wünschenswerth, daß derselbe nicht für einzelne Stunden komme, sondern daß er den ganzen Tag gegenwärtig sei und gleichsam als Glied der Familie angesehen werde. Ich liebe in dieser Beziehung patriarchalische Verhältnisse. Ferner aber handelt es sich um die Person.

In diesem Augenblicke trat aus dem Hause, welches sie ungefähr erreicht hatten, ein Mann in buntem Sommerfrack und grauem Flockenhut mit einem Pack Papier unter dem Arme. Die Aehnlichkeit im ganzen Wesen ließ ihn sogleich als einen Verwandten Fritz Jacobi's erkennen. In der That war es dessen Bruder, Johann Georg Jacobi, der sich schon früh den Wissenschaften gewidmet hatte, durch Klotz Professor der Philosophie zu Halle und 1769 auf Gleim's Vermittelung mit einer einträglichen Präbende Kanonikus am Bonifacius- und Mauritiusstift zu Halberstadt geworden war und als lyrischer Dichter eines großen Rufes im ganzen Vaterlande genoß. Gegenwärtig hielt er sich zum Besuche in

Pempelfort auf, um in Düsseldorf die Herausgabe seiner Zeitschrift „Iris" zu überwachen. Er schien große Eile zu haben, denn er stürzte an dem Paare vorüber.

Frau Betti rief ihn an: Bruder Georg, du siehst ja ganz wie ein Sommervogel aus. Die Nachtigall im Gewand des Schmetterlings.

Ach was, antwortete der Angeredete, der plötzlich still stand, mit verdrießlichem Gesichte, der schöne Frühling wird einem ganz verdorben. Ich habe da eben ein Manuscript abschreiben lassen, das von lauter Fehlern wimmelt. Daß man hier nicht einmal einen ordentlichen Copisten für theueres Geld haben kann! Ich will in die Stadt, um einen tauglichern Mann zu finden.

Nun so bring uns doch einen Hauslehrer mit, sprach Frau Betti, wir sind auch am Suchen.

Fritz, weißt du mir nicht einen guten Abschreiber? fragte nun Georg.

Das Gute findet sich auch in den geringsten Fächern nicht auf der Straße, erwiberte der Bruder.

Und so wird denn der Herr Georg einen vergeblichen Gang thun, fügte die Frau hinzu.

Georg sah beide mit großen Augen an.

Was die Herren Poeten doch für praktische Menschen sind! rief jetzt Frau Betti. Das kocht und siedet gleich. Da muß im Augenblicke alles beugen oder brechen. Als wenn es mit dem Abschreiben wäre, wie mit dem Dichten! Nein, so ein Copist ist ein praktischer Mensch; einen praktischen zu finden, das muß auch praktisch betrieben werden. Uebrigens ist jetzt die Zeit der Theestunde. Wer seinen Thee haben will, muß hier bleiben. Also jetzt in die Laube, die ich für diesen Abend als Sammelplatz bestimmt habe. Dort mögt ihr denn auch die Sache praktisch bereden.

Der Dichter war durch das heiter anmuthende Wesen seiner Schwägerin bald auf andere Gedanken gebracht. Fritz und Betti Jacobi traten für einen Augenblick in das Haus. Er ging in sein Studirzimmer. Man hörte sie mit dem Schlüsselbunde die Runde machen. Dafür sprangen die Kinder aus der Thür und versuchten an dem Oheim heraufzuklettern, der allmählich mit ihnen in ein tolles Spiel gerieth. Nach einer Weile fanden sich auch die jungen Stiefschwestern des Hauses, Lotte und Helene, ein, die lachend und laufend den Kreis vermehrten. Die Diener brachten dann die dampfende Theemaschine und das zugehörige Geräth, sowie Butter und Brot in die nahe Geißblattlaube, die in duftenden Blüten stand. Und als nun auch der Vater und die Mutter des Hauses erschienen, nahmen alle Platz um den breiten Tisch „und sie erhoben die Hände zum lecker bereiteten Mahle".

Während die beiden Brüder und Frau Betti sich aufs neue mit der Hauslehrer- und Copistenfrage, an denen jetzt auch die beiden Mädchen Lotte und Lene theilnahmen, beschäftigten, spendete die alte Magd Katharine den Kindern Milch und Brot, das mit funkelnden Augen und schnalzenden Lippen in aller Stille und Schweigsamkeit verzehrt wurde. Da knarrte plötzlich das Gartenthor in seinen Angeln. Die Aeltern überhörten den Ton, aber die Buben sprangen sofort von ihren Sitzen und riefen laut auf: Der Onkel Rost. So verschwanden sie hinter den Büschen und kehrten bald mit einem kleinen jungen rundköpfigen Männchen zurück, welches den Kopf etwas geneigt nach einer Schulter trug und dabei mit schalkhaften hellen Augen und immer lächelnder Miene*) um sich blickte, indem es den Kindern, die es umsprangen und umjubelten, allerlei wunderliche Gesichter schnitt. In dieser Weise begleitet trat der Ankommende an die Theegesellschaft heran, und es kostete einige Mühe, bis die lärmende Jugend auf Befehl der Aeltern den Fremdling losließ.

Willkommen Rost, rief ihm die Hausfrau mit seinem Spitznamen entgegen.

Der Angeredete war aber der bekannte Wilhelm Heinse, der in Halberstadt im Gleim'schen Kreise so genannt worden war, weil er einst in Queblinburg unter diesem Namen Hauslehrer bei einer Familie gewesen, in der man nicht wissen sollte, daß er der Dichter sei, und diese Bezeichnung seiner Person auch mit nach Düsseldorf gebracht hatte, wohin er vor wenigen Wochen übersiedelte, um Johann Georg Jacobi bei der Herausgabe seiner Zeitschrift „Iris" zu unterstützen. Er küßte der Dame die Hand und nahm lächelnd, aber schweigsam an ihrer Seite Platz.

Wie gefällt's Ihnen in Düsseldorf? fragte jetzt Fritz Jacobi.

Vortrefflich, Herr Hofkammerrath! lautete die Antwort. Ich bin fast alle Tage auf der Galerie. Welche

---

*) Jung-Stilling beschreibt Heinse auf diese Weise in seinem Leben.

Genüsse zwischen diesen Bildern! Wer wird bei solchen Anregungen nicht productiv! Ich habe schon angefangen, Künstlerbriefe zu schreiben, die ich unter dem Titel „Ueber einige Bilder der Düsseldorfer Galerie" herauszugeben gedenke. Auch spukt mir bereits ein Kunstroman im Kopfe umher, dessen Held Arbinghello heißen soll. Aber es kann einige Zeit dauern, bis ich damit zu Stande komme. Ach wer doch Italien gesehen hätte!

Kaum sind Sie hier, rief nun Georg Jacobi etwas beleidigt, und schon denken Sie wieder weg. Was soll da aus unserer „Iris" werden, für die Sie doch auf meinen Wunsch von Halberstadt herübergekommen sind.

Und die ich auch keineswegs sobald im Stiche lassen werde, Herr Kanonikus, fuhr Heinse ihm ins Wort, indem er in die Tasche griff und einen Correcturbogen herauszog, den er dem Dichter übergab.

Georg Jacobi's Züge heiterten sich auf, als er den ersten Druck der neuen Unternehmung vor Augen hatte. Das ist ja hübsch, rief er aus.

Mit dem Hübschen hat es seine guten Wege, erwiderte Heinse mit leiser Ironie. Mit unsern unsterblichen Gedichten, die hier zum ersten male durch die Presse gehen, mag es schon recht hübsch aussehen. Aber welche schrecklichen Setzer und erst welchen entsetzlichen Corrector haben wir hier am Orte! Die Rechtschreibung der Officin ist wenigstens hundert Jahre alt. Da ich durchaus nicht die richtigen Augen und überdies keine Uebung besitze, so müssen wir uns in der That alle Mühe geben, einen Menschen zu finden, der die Correctur besorgt.

Ich sehe, rief jetzt Frau Betti mit lachendem Munde, daß heute ein Tag des Suchens ist.

Was suchen Sie denn? fragte Heinse.

Wir suchen einen Hauslehrer, sprach Fritz Jacobi.

Ich suche einen Abschreiber, fuhr der Kanonikus fort.

Und Sie einen Corrector, sagte die Hausfrau. Nun werde ich wieder einmal wie Saul unter die Propheten kommen und die Praxis bei der Theorie vertreten. Wie wäre es, wenn wir dahin strebten, diese drei Würden in einer Person zu vereinigen? Der Hauslehrer für sich, der Abschreiber für sich und der Corrector für sich, das macht dreifache Kosten, cumuliren wir aber die besagten Aemter, die sich ja auch wol ihrer innern Natur nach vertragen und wol kaum einen ganzen Menschen beschäftigen, so ist uns allen geholfen.

Der Vorschlag läßt sich hören, sprach Fritz Jacobi. Aber die Person?

Ja, die geeignete Person! fügte Georg hinzu.

Allerdings ist diese Frage nicht so leicht zu lösen, schloß Heinse.

Die Männer sanken in ein tiefes Nachsinnen.

Es scheint, daß ich euch Philosophen und Dichtern wieder helfen muß, rief die unerschöpflich heitere Frau. Neulich war der Hauptmann Akton, der Bruder des sicilischen Ministers, hier und sprach mir, wie ein Haudegen von einem Gelehrten zu reden pflegt, von einem Unteroffizier seiner Compagnie, dessen seltene wissenschaftliche Begabung er mir mit einem solchen Gemisch von Achtung und Hohn beschrieb, daß er mich ganz neugierig machte. Dieser junge Mann soll zwischen dem ordinären Gamaschendienst Latein und Griechisch studiren, Philosophie und Poesie treiben und selbst schriftstellerische Versuche an den Tag fördern.

Was versteht aber ein Soldat von solchen Dingen? warf Georg mistrauisch hinein.

So viel doch wol, sagte Betti, daß er beurtheilen kann, ob ein Unteroffizier für den Dienst oder für etwas anderes paßt. Der junge Krieger soll dabei nichts sehnlicher wünschen, als eine wissenschaftliche Laufbahn einzuschlagen. Vielleicht könnten wir ihn brauchen.

Ich kenne den Hauptmann, sprach Heinse, und will mit ihm sprechen.

Hast du den Namen behalten? fragte jetzt der Hofkammerrath seine Frau.

Wenn ich mich recht erinnere, so heißt er Schenk, antwortete Betti. Sein Vater ist auch Unteroffizier.

Dann bin ich mit ihm in die Schule gegangen, meinte Fritz sich besinnend. Er war in den untersten Klassen, als ich die obersten besuchte, und mag fünf Jahre jünger sein. Ich hörte früher von der großen Intelligenz des Knaben reden.

Dieser Gegenstand wurde noch weiter besprochen. Lotte und Lene wollten nichts davon wissen, daß man einen Unteroffizier ins Haus kommen lasse, was zu allerlei Scherzen über die aristokratischen Gelüste der jungen Mädchen Anlaß gab. Heinse erhielt aber schließlich den Auftrag, Erkundigungen einzuziehen.

Darüber wurde es Abend. Die Stimmen der Kinder waren im Hause verschollen. Ein leiser Duft legte sich mit der angehenden Dunkelheit über den Garten, dessen Bäume in dunkeln Massen emporstrebten. Der Mond ging nun auch im Osten auf. Die Blumen dufteten stärker und die Nachtigall sang in schmetternden Tönen. Die Gesellschaft erhob sich, um noch einen Gang durch den Garten zu machen. An dem Teiche angekommen, bestiegen sie den Kahn und ließen sich von den Wellen treiben. Georg Jacobi aber legte das Geständniß ab, daß er gestern in gleicher Stimmung an diesem Orte ein Gedicht gemacht habe. Man bat ihn um die Mittheilung, und er sprach:

> Bei der stillen Mondeshelle
> Treiben wir mit frohem Sinn
> Auf dem Bächlein ohne Welle,
> Hin und her und her und hin.
>
> Schifflein! gehst und kehrest wieder,
> Ohne Segel, ohne Mast.
> Bächlein! trägst uns auf und nieder,
> Spielend mit der kleinen Last.
>
> Nichts zu fürchten, nichts zu meiden,
> Ist, so weit das Auge sieht.
> Flüstert leis, ihr jungen Weiden,
> Mädchen, singt ein Abendlied!

Später trennte sich Heinse von dem kleinen Kreise, indem er den Mädchen noch neckend zurief: er hoffe ihnen einen recht hübschen Unteroffizier zu bringen.

Zweites Kapitel.

Auf dem Heimwege durchwanderte Heinse die dunkeln Gänge des Hofgartens. Der prächtige Frühlingsabend erschien ihm in der Einsamkeit noch lockender wie im Kreise der Freunde, die er eben verlassen hatte. Eine Bank am Rande des Teiches lud zum Sitzen ein. Das ruhige blanke Wasser spiegelte die Scheibe des Mondes, zwei Schwäne zogen ihre stillen Kreise durch die Flut, ringsum schlugen die Nachtigallen. Die Stimmung der Natur war tiefberuhigend und doch überwältigend aufregend. Der junge Dichter dachte an eine Stelle in seiner „Laidion", die eben damals erschienen war, und murmelte vor sich hin: So komm denn, du wohlthätige Nacht, und umarme die Griechen mit deinen sanften Fittichen, aber von dem Abendstern und Monde und den hellleuchtenden Sternen des Himmels allen aufgeheitert, Rosendüfte athmend mit den süßesten Göttern der Träume und Phantasien und mache sie so glückselig als du kannst.

Freilich waren es keine Griechen, die den jungen vom Hellenenthum begeisterten Poeten umgaben, aber an deutschen Liebespaaren, welche der schöne Abend heraus gelockt hatte, fehlte es keineswegs. Heinse achtete ihrer nicht, er ließ sie flüsternd vorüberziehen und schwelgte weiter in den reizenden Naturbildern der dämmernden Nacht. Plötzlich aber wurde seine Aufmerksamkeit von dem Weiher und seinem geheimen Leben abgezogen, denn in seiner Nähe hielt ein junger Soldat mit seinem Schatz und declamirte vernehmlich folgendes Lied:

>Komm, Liebchen, es neigen
>Die Wälder sich dir,
>Und alles mit Schweigen
>Erwartet dich hier.
>
>Der Himmel, ich bitte,
>Von Wölkchen wie leer,
>Der Mond in der Mitte,
>Die Sternlein umher.
>
>Der Himmel im glatten
>Umdämmerten Quell,
>Dies Plätzchen im Schatten,
>Dies andre so hell.
>
>Im Schatten der Liebe
>Dich lockendes Glück,
>Dies flüsternd: Es bliebe
>Noch vieles zurück.
>
>Es blieben der süßen
>Geheimnisse viel,
>So festes Umschließen,
>So wonniges Spiel.

Da rauscht es! Da wanken
Auf jeglichem Baum
Die Aeste, da schwanken
Die Vögel im Traum.

Dies Wanken, dies Zittern
Der Blätter im Teich —
O Liebe, dein Wittern!
O Liebe, dein Reich!

Das Lied ist ganz hübsch, sagte das Mädchen, welches den jungen Krieger begleitete, aber doch ein wenig künstlich und süß. Mir gefallen unsere Lieder, die das ganze Volk singt, besser. Denk' einmal an: „So viel Stern' am Himmel stehen."

Du magst recht haben mit deinem Gefühl, meinte der Soldat, aber es hat noch seine besondere Bewandtniß mit den Versen. Sie sind nämlich von einem Landsmann von uns.

Wer ist es? fragte das Mädchen.

Ein Herr Johann Georg Jacobi, der ältere Bruder des Hofkammerraths, der im Winter in dem großen Hause am Flingerthor und im Sommer in dem prächtigen Garten zu Pempelfort wohnt. Ja, das sind treffliche und dazu gelehrte und berühmte Leute, zu denen auch die Fremden kommen, um sie zu besuchen. Noch jüngst ist ein junger, berühmter Dichter eingetroffen, der täglich mit ihnen verkehrt und Wilhelm Heinse heißt.

Heinse war äußerst überrascht, hier in der tiefen Einsamkeit von einem schlichten Soldaten seinen Namen nennen zu hören. Er hielt den Athem an, um mehr zu erlauschen. Aber das Pärchen ging seines Weges. Der Poet erhob sich und folgte ihm im Schatten. Alle Bemühungen, die weitere Unterhaltung zu hören, waren indeß vergebens.

Die Liebenden kamen, noch stets von dem neugierigen Poeten verfolgt, allmählich in die Nähe der Stadt. Beide hatten gleichmäßig das schützende Dunkel der Bäume aufgesucht. Nun ging es mit einmal in den hellen Mondschein hinaus. Kaum aber war der Soldat mit seinem Schatz auf den lichten Weg getreten, als sich ein dicker Mann vor sie stellte und sie mit zorniger, aber unterdrückter Stimme anfuhr: Ist es also doch wahr, daß sich meine Tochter von einem Unteroffizier verlocken läßt? Pfui, Gertrud, schämst du dich nicht? Sind das deine abendlichen Besuche bei deiner Freundin, die du vorgeschützt hast, um dich leichtsinnigerweise mit einem Liebhaber vor der Stadt herumzutreiben? Und Sie, Herr Soldat, daß Sie es nicht mehr wagen, dem Mädchen zu nahe zu kommen! Meine Tochter ist zu gut für einen Menschen, der es höchstens zum Feldwebel bringen kann.

Damit nahm er die Tochter bei der Hand und riß sie von bannen.

Der Soldat aber sagte mit Ernst und Bestimmtheit: Freilich bin ich nur ein Unteroffizier. Aber ich schwöre dir hiermit, Gertrud, ich will mir eine Stellung schaffen, daß dein Vater einst stolz sein wird, dich mir zu geben. Bleibe mir treu, wie ich dir treu bleibe! Auf baldiges Wiedersehen!"

Damit schlug er sich rasch seitwärts. Der erzürnte

Vater aber ging mit dem weinenden und schluchzenden Mädchen nach dem Thore zu. Heinse folgte aufs neue, um zu sehen, wohin sich der Tyrann mit seinem Kinde wende, denn der ganze Vorgang hatte ihn interessirt. So führte ihn der Weg durch das Flingerthor, die Bolkerstraße hinab und dann links in die Kapuzinergasse, wo die beiden in einem Hause verschwanden, welches im Erdgeschoß einen Metzgerladen aufwies.

Dann wandte sich der Dichter nach seinem Quartier, das auf der Kurzenstraße lag und in einem Zimmer des ersten Stockes bestand, an welches sich ein Alkoven zum Schlafen anschloß. Ohne weiter über sein Abenteuer nachzudenken, legte er sich zu Bette und schlief einen gesunden Schlaf. Am andern Tage arbeitete er den Morgen, ging zu Tisch und lenkte dann seinen Gang zum Hauptmann Akton, bei welchem er die nähern Erkundigungen über den Candidaten für die Hauslehrerschaft, die Abschreiberei und Correctur einholte. Alle Mittheilungen in Betreff der wissenschaftlichen Strebsamkeit, der pünktlichen Ordnungsliebe und der moralischen Führung lauteten so vortrefflich und auch die Entlassung aus dem Militär schien so leicht zu bewerkstelligen, daß er sofort beschloß, den Unteroffizier Heinrich Schenk, wie derselbe mit seinem vollen Namen hieß, aufzusuchen.

Nachdem er die weitläufigen Gebäude der Kaserne erreicht, einige Höfe durcheilt und mehrere Corridore durchfragt hatte, fand er endlich die Stube, in welcher er Schenk antreffen sollte. Er klopfte an die Thür und betrat auf ein lautes Herein! ein ziemlich geräumiges, aber düsteres Zimmer, in welches das Licht nur spärlich durch ein mäßiges Fenster fiel. Alle Geräthschaften, Bett, Tisch und Stühle waren von jenem einfachen und schlichten Geschmack, wie er in militärischen Wohnungen angetroffen wird. Nur ein großer mit Büchern und Schriften reich besetzter Schreibtisch, der in der Nähe des Fensters stand, unterbrach die prosaische Nüchternheit des Gemachs. An demselben saß ein junger Mann in Militärkleidern, der sich mit mürrischen Mienen nach der Thür umsah und das Buch heftig auf die Platte warf, als wäre es ihm höchst unwillkommen, in diesem Augenblick gestört zu werden. Kaum aber hatte er Heinse erblickt, als der trübe Ausdruck von dem Gesichte wich und einem mächtigen Erstauen Platz machte. Ueber seine Züge flammte sogar eine dunkle Röthe, er stand sofort auf und trat ehrerbietig vor den Ankömmling hin.

Sind Sie Herr Heinrich Schenk? fragte der Dichter.

Zu dienen, Herr Heinse, lautete die fast gestammelte Antwort.

Sie kennen mich also? sprach Heinse. So brauche ich mich nicht erst vorzustellen.

Wie sollte ich einen Dichter nicht kennen, erwiderte der Unteroffizier, dessen Werke augenblicklich im ganzen Vaterlande gepriesen werden. Sobald ich hörte, daß Sie sich in Düsseldorf befinden, habe ich nicht geruht, bis man Sie mir gezeigt hatte.

Viel Ehre, lächelte der andere. Ich habe in der That nicht geträumt, in dieser Kaserne einen Verehrer zu besitzen. Bin ich doch hier am Orte schon oft genug mit Ihren Vorgesetzten, den Herren Offizieren, sowie mit Beamten und Kaufleuten zusammen gewesen, die nicht im mindesten wußten, daß ich jemals einen Federstrich gethan habe.

Ist es möglich? sprach Schenk. Nun dann lieben die Leute auch nicht die Poesie wie ich.

Schadet auch nichts, rief Heinse. Es ist gut, daß Gott verschiedene Kostgänger hat. Aber wie kommen Sie nur dazu, den Soldatenstand zu erwählen?

Was sollte ich machen? erwiderte der Soldat mit gesenkten Augen. Mein Vater ist auch Unteroffizier. Eine solche Bestallung läßt nicht zu, daß man Schätze sammelt. Sie reicht kaum zum täglichen Brot für den häuslichen Herd. Wie gern hätte ich mich den Wissenschaften gewidmet! Aber dazu gehört Geld und Zeit. Das erstere fehlte mir immer, und die letztere mußte ich sehr bald benutzen, um mir ein Dasein zu schaffen. So bin ich denn den Weg meines Vaters gegangen. Es ist ein schmerzliches Dasein, das mir in dieser Weise von der Nothwendigkeit aufgezwungen wird.

Aber Sie haben doch, wie ich höre, die Studien nicht ganz und gar verlassen? forschte der Dichter weiter.

Wie könnte ich mich je von der Wissenschaft scheiden! rief Schenk. Leider bin ich aber nur ein Autobidakt.

Lassen Sie doch sehen, was Sie lesen, fragte nun Heinse, der sich dem Schreibtisch näherte und das Buch in die Hand nahm, mit welchem der Soldat sich beschäftigte. Es war der Tacitus. Dann musterte er die andern Bände. Er fand zu seiner großen Verwunderung eine Menge von lateinischen Classikern in freilich sehr geringen Ausgaben. Auch an französischen Autoren fehlte es nicht. Sogar eine griechische Grammatik und der Herodot und Xenophon waren vorhanden.

Lesen Sie diese Werke? fragte Heinse.

Lateinisch und französisch verstehe ich flüssig, lautete die Antwort. Mit dem Griechischen will es noch nicht flott, aber in ein paar Monaten hoffe ich fertig damit zu werden.

In ein paar Monaten! meinte der Dichter. Nun, das ist stark.

Ich habe ein treffliches Gedächtniß, sprach Schenk; das Französische lernte ich in wenig Wochen, obgleich wir damals vielen Dienst hatten, vollkommen lesen und verstehen. Mit dem Sprechen geht's aber schlecht, denn ich habe keine Uebung.

Heinse schlug dem Unteroffizier vor, ihm eine Probe zu liefern. Derselbe war gleich bereit und übersetzte ihm beliebige Stellen aus dem Tacitus, aus Voltaire und sogar im Herodot legte er überraschende Kenntnisse an den Tag. Dann verlangte der Dichter auch schriftliche Arbeiten zu sehen und erhielt ein sauberes Heft, in welchem er Uebersetzungen aus verschiedenen Classikern fand, die nicht allein trefflich stilisirt, sondern auch mit der schönsten, klarsten Hand geschrieben waren.

Aber Sie sind ja ein wahrer Gelehrter und könnten überall Professor werden, rief jetzt Heinse aus.

Sie sollten nicht spotten, sprach der Soldat bemüthig und fast flehend.

Ich rede durchaus im Ernst, erwiderte der Dichter.

Ja ich habe jetzt einen solchen Respect vor Ihnen, daß ich es nicht wage, Ihnen die Anträge zu machen, welche ich beabsichtigte.

Schenk sah ihn mit großen Augen an. Statt der Ironie, die er in dem Gesicht des Schriftstellers gesucht hatte, fand er aber den entschiedensten Ernst.

Ich bitte Sie, rief er dann aus, wenn Sie eine Art und Weise wissen, wie ich aus diesem traurigen Stande loskommen kann, der mir nicht die mindeste Aussicht auf Beförderung bietet, weil die Laufbahn des Unteroffiziers diejenige des Offiziers ausschließt, so theilen Sie mir es mit.

Wie gern möchte ich Ihnen helfen, sagte Heinse; leider aber fürchte ich, daß Ihnen meine Anträge zu gering sind.

So reden Sie doch, drängte der Soldat.

Wenn Sie nicht anders wollen, sprach der Dichter, so hören Sie denn, daß wir einen Corrector für unsere Zeitschrift „Iris" suchen.

Dies Geschäft, das mir überdies die Ehre verschafft, zuweilen in Ihre Nähe zu kommen, könnte ich ja leicht in meinen Nebenstunden besorgen, meinte der Unteroffizier.

Ferner wünscht der Dichter Georg Jacobi einen guten Abschreiber, fuhr der andere fort. Ich würde nun wol einen solchen in Ihnen gefunden haben, aber ein so geringes Geschäft paßt nicht für einen Gelehrten.

Schreibt er sehr viel? fragte Schenk.

Hin und wieder ein kleines Lied, lächelte Heinse.

So werde ich mir ein Vergnügen daraus machen,

ihm diese Arbeiten zu besorgen, rief der Soldat. Schon
der Umstand, in seine Nähe zu kommen, wird mir als
hinreichender Lohn dienen. Aber das sind leider keine
Beschäftigungen, die mich aus dem Kriegsdienst lösen
können.

Endlich habe ich Ihnen noch mitzutheilen, sprach jetzt
Heinse weiter, daß der Hofkammerrath Jacobi einen
Hauslehrer für seine Kinder sucht. Wir wünschten diese
drei Stellen zu vereinigen und auf eine und dieselbe
Person zu übertragen. Es würde damit ein ganz an=
ständiger Gehalt und freie Wohnung und Kost im Hause
des Hofkammerraths verbunden sein. Aber Ihnen kann
ich nicht zumuthen, sich mit kleinen Kindern abzu=
arbeiten. Ich habe mich selbst einst in Quedlinburg mit
großen herumgehaspelt. Da weiß ich, was das für eine
Quälerei ist. Je kleiner aber die Kinder, je toller die
Sorge.

Trotz dieser abkühlenden Redensarten stand der Sol=
dat mit funkelnden Augen vor ihm und rief aus: Ich
beschwöre Sie, Herr Heinse, wagen Sie den Versuch
mit mir! Alles werde ich thun, um Ihrer Empfehlung
Ehre zu machen und dem Herrn Hofkammerrath und
seiner Familie zu genügen. Welch ein Glück wäre es
für mich, fort aus den trostlosen mechanischen Dienst=
leistungen dieser Umgebung in einen Kreis zu kommen,
dessen Lebensaufgabe darin besteht, den Geist und das
Gemüth zu erheben und zu verklären! Aber ein solcher
Traum wäre gar zu schön! meinte er zweifelnd. Sie
sollten mir keine Hoffnungen erregen, die sich am Ende
doch nicht verwirklichen lassen.

Steht es so mit Ihnen, mein Lieber, fiel ihm der Dichter ins Wort, so machen Sie sich fertig, um mit mir nach Pempelfort zu gehen.

Schenk wollte noch immer nicht recht an die Vorschläge des freilich stets etwas ironisch lächelnden Heinse glauben. Dieser aber setzte sich auf einen Stuhl und mahnte zur Eile. Der Unteroffizier war in einem Augenblick fertig. Dann begaben sie sich auf den Weg, auf dem Heinse sich noch allerlei von dem Leben des Soldaten erzählen ließ, und erfuhr, daß derselbe nur ein Jahr älter sei wie er selber. Von seinen Aeltern berichtete Schenk mit der größten Liebe und Anhänglichkeit. Der Dichter, der in ihm den Soldaten vermuthete, welcher gestern im Dunkeln das Abenteuer mit dem Mädchen gehabt hatte, wollte ihn auch auf seine Herzensgeschichte bringen, ohne daß er zum Ziele gelangte. Nun kamen sie aber an der Stelle vorbei, wo Heinse auf der Bank am Teiche die Declamation des Gedichts belauscht hatte.

Ich habe gestern Abend nach acht Uhr auf jener Bank gesessen, sprach der Dichter, und dort einen jungen Soldaten seinem Schatz ein Gedicht von Jacobi vorsagen hören.

Schenk erröthete.

Dann fuhr der andere still stehend und ihn fixirend fort: Ich folgte dem Pärchen, das mich wegen seiner poetischen Ergüsse interessirte, und warb leider Zeuge einer betrübten, unfreiwilligen Trennung.

Um Gottes willen, rief nun Schenk voll Entsetzen aus, schweigen Sie davon, nicht meinetwegen, sondern wegen des Mädchens. Sie ist das bravste und beste Geschöpf von der Welt.

Und sie ist die Tochter? fragte Heinse.

Des Metzgers in der Kapuzinergasse, lautete die Antwort.

Gewiß wollen wir den Mund halten, beruhigte ihn der Dichter. Die draußen in Pempelfort dürfen nichts davon wissen, denn sie sind trotz aller Gefühle doch ein wenig aristokratisch, was übrigens auch nicht zu verwundern ist, da ja selbst der Metzgermeister sich zu vornehm dünkt, als daß er seine Tochter einem Unteroffizier geben dürfte. Ja, unsereiner versteht sich besser auf die Leidenschaft. Ich, der Pfarrerssohn zu Langenwiesen in Thüringen, habe die Welt schon früh in der Nähe angesehen. Bei meinen Fahrten durch Land und Feld und Wald erfuhr ich, der Schule entlaufen und unbekümmert um die Tendenzen und Principien langweiliger Magister und Professoren, daß der Mensch überall Mensch ist. So hab' ich auch schon früh geliebt. Lieben Sie desgleichen in unbefangener Freudigkeit!

Ueber diesen Reden, welche dem Soldaten ein entschiedenes Zutrauen zu dem Schriftsteller einflößten, erreichten sie den Jacobi'schen Garten. Sie fanden Frau Betti links in dem großen Zimmer des Hauses, umgeben von ihren Kindern. Der Hofkammerrath und sein Bruder Georg wurden gerufen, die sich alsbald in ein langes Gespräch mit Schenk einließen, bei dem sie Heinse in seiner gewöhnlichen schweigsam lächelnden Art und Weise gewähren ließ. Die leise Ironie seines Gesichts wurde nur etwas eindringlicher, als sich auch Lotte und

Lene einfanden und den Unteroffizier schier wie ein wildes Thier betrachteten. Die Mädchen wußten offenbar noch nicht recht, wie sie sich gegen den Neuling des Kreises verhalten sollten. Auf die Männer machte Schenk unterdeß einen durchaus günstigen Eindruck, denn seine reichen und verhältnißmäßig gediegenen Kenntnisse setzten die beiden Brüder in Erstaunen. Bei Frau Betti hatte er noch leichteres Spiel, weil seine Entschiedenheit, die sich stets in ein bescheidenes Kleid hüllte, ihrem in sich gerundeten Wesen zusagte. So wurde denn auch die neue Stellung besprochen. Der junge Soldat erklärte sich mit Freuden zu dem Posten als Hauslehrer, Secretär und Corrector bereit, und als man gegen Abend auseinander ging, entließ Fritz Jacobi ihn mit dem Versprechen, sich sofort für seine Entlassung aus dem Heeresdienst zu bemühen.

Schenk war in der freudigsten Stimmung, als er durch den Hofgarten wandelnd in die Stadt zurückkehrte. Wie traurig hatte der gestrige Tag geschlossen, wie fröhlich endete der heutige! Er schlich sich in die Kapuzinergasse, wo seine liebe Gertrud wohnte, und wandelte eine Zeit lang im Schatten der Häuser auf und ab, um vielleicht seine Geliebte zu sehen und ihr einige Worte zuzuflüstern. Aber seine Bemühungen waren vergebens. In den Fenstern des ersten Stockes brannte ein Licht. Es war das Zimmer, wo sie zu arbeiten pflegte. So unterlag es keinem Zweifel, daß die Aeltern sie in strenger Hut hielten. Deshalb zog er sich denn auch nach einiger Zeit zurück und begab sich in die Kaserne auf sein Zimmer, wo er sich ein Lämpchen anzündete und einen langen Brief an Gertrud schrieb, in welchem er ihr die Ereignisse des Tages erzählte, seine Freude über die glückliche Wendung seines Geschickes ausdrückte und sie zu treuem Ausharren ermahnte, indem er nochmals versicherte, er wolle sich eine Stellung schaffen, daß ihr Vater einst stolz sein werde, ihm die Tochter zur Frau zu geben.

Drittes Kapitel.

Schon nach einigen Tagen vertauschte Heinrich Schenk den Soldatenrock mit dem bürgerlichen Kleide und bezog im Jacobi'schen Hause ein Zimmer des Nebengebäudes, in welchem sich die Remisen befanden. Einige Stunden des Tages wurden nunmehr dem Unterrichte der Kinder gewidmet. Hin und wieder gab es auch ein Gedicht für Georg Jacobi abzuschreiben und einen Bogen der „Iris", welche der genannte Dichter und Heinse redigirten, durchzusehen. In demselben Maße, wie diese Arbeiten ihm selber Freude machten, erwarb er sich die Zufriedenheit des Kreises, in welchen er auf so unerwartete Weise eingetreten war. Fritz und Betti Jacobi fanden, daß die Kinder bei dem klaren und anregenden Unterrichte ungewöhnliche Fortschritte machten. Georg hatte nicht mehr über fehlerhafte Abschriften zu klagen, Heinse brauchte fürder nicht über die miserable Orthographie der Setzer zu hadern. Sie liebten Schenk dabei alle wegen seines schlichten, geraden und biedern Wesens. Und auch die Kinder, in deren Neigungen und Art er trefflich einzugehen, deren Fähigkeiten er frisch zu wecken und deren Fehler er milde zu beseitigen wußte, waren ihm von Herzen zugethan. Sogar Lotte und Lene, die sich anfangs am wenigsten mit dem Gedanken an die Gegenwart eines gewesenen Unteroffiziers vertraut zu machen wußten, vergaßen ihre Vorurtheile. Die erstere ließ ihn allmählich gelten, die andere verfolgte ihn sogar häufig mit längern Blicken, als es die Nothwendigkeit erforderte.

Schenk war übrigens auch ein ganz hübscher Mann. Sein wohlgebauter Körper zeichnete sich namentlich durch jene feste und sichere Haltung aus, die man sich beim Militär anzueignen pflegt und die bei ihm ohne jeden steifen Zwang erschien. Dabei waren seine Züge frei und offen wie seine Rede, in welcher er sich zugleich durch Kürze, Sicherheit und Entschiedenheit auszeichnete. In seinem Anzuge, der freilich schlicht und einfach gewählt wurde, zeigte er sich stets sauber und knapp. Die Art und Weise seiner Thätigkeit, welche ein Muster von Regel und Ordnung genannt werden mußte, entsprach ganz und gar seiner äußern Erscheinung. Verzieh er sich nun nicht die geringste Nachlässigkeit in seinen Pflichten, so setzte er die neuen Bekannten doch am meisten durch die Fortschritte in Verwunderung, welche er in den Sprachen, der Philosophie und Geschichte machte. Es konnte nicht leicht jemand die Anregungen besser verwerthen, als der Hauslehrer dies in den neuen Umgebungen that. Alles, was besprochen wurde, nahm er nicht allein mit einer seltenen Gedächtnißkraft, sondern auch mit einem scharfen Urtheilsvermögen entgegen. In den abendlichen

Zusammenkünften, welche ihm stets zugänglich waren, überraschte er durch seine gediegenen Reden und guten Einfälle, sobaß Fritz Jacobi den Seinen oftmals in seiner excentrischen Weise zuflüsterte: Wir haben in ihm einen Edelstein gefunden! was denn besonders auf die junge Lene einen immer gefährlicheren Eindruck machte.

Da Schenk auch ein gutes, wohlklingendes Organ besaß und sich zugleich eine scharfe, bestimmte Art des Vortrags angeeignet hatte, die niemals in pathetische Declamation überging, so wurde er auch bald zum Vorleser des Kreises erkoren. Natürlich fehlte es in der damaligen Zeit nicht an mannichfachem Stoff, denn es lachten die schönen Tage, in denen ein neuer Geist durch das deutsche Vaterland ging, welcher Kunst und Wissenschaft in wunderbarer Weise belebte. Nachdem die Felder der Dichtung fast jahrhundertelang brach und öde gelegen hatten, tauchten wie von einem Volksfrühling geweckt mit einem male alle jene großen Männer auf, welche Deutschland zum ewigen Ruhme gereichen werden. Klopstock und Lessing standen bereits auf dem Gipfel ihres Ruhmes. Der erste hatte gewaltige Weisen in lyrischen und epischen Gesängen angeschlagen, in welchen er Gott und Christenthum, Vaterland und Volk in neuen, ungewohnten Tönen verherrlichte. Dem zweiten war es gelungen, auf der einen Seite durch eine scharfe, strenge Kritik und auf der andern durch mustergültige Dichtungen für die Bühne den Geschmack in reine Bahnen zu leiten. Zu ihnen gesellte sich Wieland, der im Geiste der Franzosen mannichfache muntere Erzählungen spann, die sich, obgleich sie das nationale Element nicht pflegten, dennoch eines großen Beifalls und vieler Leser erfreuten. Dabei gab Herder auf theologischem, philosophischem und poetischem Gebiete mannichfache Anregungen in jenem schönen freien, humanistischen Sinne, welche die Periode so sehr auszeichnete. Und auch Goethe's wunderbarer lichter Stern war eben am Horizonte aufgegangen. Sein „Götz von Berlichingen" hatte die Nation in alle Schichten hinein gepackt. Man theilte sich seine reizenden lyrischen Gedichte, die wie Klänge aus dem Volksmunde gemahnten, und seine lecken, wilden Satiren mit. Fast jeder Tag brachte ein neues Erzeugniß. So war denn in dem Jacobi'schen Kreise Stoff für Vorlesungen stets vollauf vorhanden.

Als nun eines Abends, der mit düstern Regengüssen über die Erde zog, Fritz Jacobi, seine Gattin, sein Bruder Georg und seine Schwestern Lotte und Lene mit Heinse und Schenk in der großen Familienstube links vom Hausgang um die gesellige Lampe saßen, brachte die alte Magd Katharine ein Packet, das mit der Post von Frankfurt gekommen war. Der Hofkammerrath nahm die Sendung in Empfang, löste das Siegel und wickelte eine kleine Broschüre nebst einem Brief aus dem umhüllenden Papier.

Er sah sich das Schreiben eine Weile an und sprach: Die Tante Johanne Fahlmer schreibt aus Frankfurt. Dabei liegt ein Brief von Goethe an die Tante nebst seinem neuesten Opus.

Das ist ja prächtig, rief Frau Betti.

Laßt uns gleich an die Lectüre gehen, fügte Lotte mit leuchtenden Augen hinzu.

Ich würde rathen, daß die Männer es erst prüfen, warf Heinse mit seinem schlauen, ironischen Lächeln dazwischen.

Ei was, er macht nur Gutes, sagte Betti.

Ich weiß nicht, was ihr für einen Narren an dem Goethe gefressen habt, fuhr der Kanonikus nicht ohne Bitterkeit auf. Ich halte ihn für einen übermüthigen jungen Burschen, bei dem man noch nicht unterscheiden kann, was Keckheit und was Genie ist.

Freilich, meinte jetzt Fritz, wir haben gerade keine Ursache, ihm freundlich gesinnt zu sein. Gegen unsern Kreis hat er sich nie besonders schonend bewiesen. Wir sind von seinem jugendlichen Uebermuth oft genug betroffen worden. Es ist aber nichts leichter, wie absprechend zu sein.

Ach was, rief jetzt Lotte, ihr kennt ihn nicht. Er ist durch und durch ein guter Mensch.

Und Lotte sagt, meinte jetzt die junge Lene etwas kleinlaut, er wäre zugleich der schönste Mann, den sie jemals gesehen hat.

Willst du wol schweigen, rief ihr die ältere Schwester zu, deren Züge in lichterlohen Flammen zu stehen schienen.

Heinse schmunzelte mit stechenden Blicken nach den Mädchen hinüber, die ihre Geheimnisse harmlos verriethen.

Ja, rief Frau Betti jetzt ernsthaft in die drohende Pause. Lotte hat recht. Goethe ist in der That ein guter Mensch. Wir lernten ihn im letzten Herbst in Frankfurt kennen. Da hat sein tüchtiges, freies, redliches Wesen aus jedem Worte und jeder Handlung zu uns gesprochen. Freilich Jugendblut hat Uebermuth. Aber ist das denn ein Uebel? Ich glaube selbst, daß der junge Mann noch viel zu toll in die Welt rennet, aber dafür wird er sich auch die Hörner ablaufen, denn es ist ja dafür gesorgt, daß die Bäume nicht in den Himmel wachsen. Fragen wir zugleich nach unsern eigenen Fehlern! Es läßt sich vielleicht nicht leugnen, daß wir hier zu viel Gefühlsschwärmerei treiben. Hat nun unser Bruder Georg das Recht, in seinen Liedern eine weiche Stimmung zu verfolgen, so steht es doch auch andern zu, die aus festerm Stoffe gemacht sind, dagegen zu protestiren. Das hat auch Goethe gethan, freilich etwas derb, aber doch auch sicher wahrhaftig. Ich sage euch, er ist eine freie Seele ohne alle Heuchelei.

Ich will jedes Wort unterschreiben, was Betti eben gesagt hat, meinte Lotte.

Was die Damen nicht alles aussprechen dürfen, murmelte Heinse für sich, der sich wie gewöhnlich neckend verhielt.

Lesen Sie den Brief Goethe's an die Tante Fahlmer vor, sprach jetzt Fritz Jacobi, der das Schreiben Schenk übergab.

Schenk las: „Ich muß Ihnen melden, gute Tante, daß ein gewisses Schand= und Frevelstück «Götter, Helden und Wieland» durch öffentlichen Druck vor kurzem bekannt gemacht worden. Ich habe der erste sein wollen, Sie davon zu benachrichtigen, daß, wenn Sie etwa darüber mit dem Verfasser zu brechen willens wären, Sie's de bonne grâce thäten, und ohne weiter zu brummen und zu mutzen ihm einen Tritt vor'n Hintern geben und sagten: Schert Euch zum Teufel, ich habe nichts gemein mehr mit Euch."*)

Ist das eine Sprache? rief der Kanonikus. Welche ordinäre Redensarten für die Ohren einer Dame! Und „Götter, Helden und Wieland" heißt es. Da werden wir wieder etwas Sauberes zu hören bekommen.

Laßt uns erst abwarten, sprach Betti. Ist das Werk schlecht, so gewinnt ihr, indem ihr uns zu euerer Partei herüberzieht, ist es gut, so gewinnt ihr auch, denn ihr werdet für einen Mann gewonnen, den zwei von uns zu schätzen alle Ursache haben.

Man sprach noch lange für und gegen die Vorlesung. Georg Jacobi blieb zuletzt als einziger Opponent übrig und ergab sich mit Murren in sein Los. Der Sieg wurde hauptsächlich durch die Damen errungen, denn Fritz hielt sich ziemlich neutral, Heinse lächelte nur und Schenk war zu bescheiden, um seine Meinung zu äußern. Und so begann der letztere denn die Lectüre des verhängnißvollen Machwerks.

Man sah bald, wo Goethe mit seinem „Götter, Helden und Wieland" hinauswollte. Mercurius kommt an das Ufer des Cocytus und ruft den Charon, der ihn nebst einem Literaten mit seiner Geliebten übersetzen soll. Charon macht den Gott aufmerksam, daß man drüben nicht gut auf ihn zu sprechen sei, weil er ein Geträtsch mit einem gewissen Wieland habe, den Mercur aber gar nicht einmal kennen will. Am andern Ufer treten ihm auch in der That Euripides, Admet und

---

*) Briefwechsel zwischen Goethe und Jacobi, S. 14.

Alceste entgegen, die ihm die heftigsten Vorwürfe machen, daß er drüben mit Kerls zu thun habe, die keine Ader griechisch Blut im Leibe haben. Der Literat erklärt, daß sich die Rede auf die Zeitschrift „Mercur" beziehe, welche Herr Wieland herausgebe. Es ergibt sich ferner, daß derselbe Wieland eine „Alceste" geschrieben hat, die er für besser ausgibt als diejenige des Euripides. Der griechische Dichter ist darüber empört, Admet und Alceste beklagen sich, daß sie als Püppchen dargestellt sind. Nun wird Mercurius das Gerede müde und citirt den Schatten Wieland's aus dem Schlafe, sodaß er in der Nachtmütze in die Versammlung tritt, wo alsbald ein Kreuzfeuer von Reden losgeht, in denen der arme Dichter gehörig heruntergekapitelt wird. Mercurius wirft ihm vor, daß er seinen ehrlichen Namen prostituirt, die andern nehmen ihn von der ästhetischen Seite ins Gebet, und schließlich kommt auch noch Hercules, der ihn vom moralischen Gesichtspunkte lächerlich macht, bis Pluto endlich dem Skandal, der sich in der Unterwelt erhoben hat, mit heftigem Schelten ein Ende macht.

Der Eindruck war ein sehr verschiedener auf die anwesenden Persönlichkeiten. Die Damen verhielten sich am unbefangensten und belachten die derben Späße am meisten. Freilich entging ihnen auch manches; besonders die Mädchen vermochten nicht alles zu verstehen. Einmal sogar zuckten auch sie zusammen, denn die Stelle, wo Wieland träumend mit den Worten auftritt: „Lassen Sie uns, mein lieber Jacobi", wo dann Euripides bemerkt: „Man sieht aber doch, mit welchen Leuten er umgeht", und wo schließlich Mercurius ruft: „Es ist

hier von keinen Jacobis die Rede", bezog sich auf das
Haus. Georg schnitt krampfhafte Gesichter, Fritz zeigte
eine offenbare Verlegenheit in seinen milden Zügen, indeß Heinse in gewohnter Weise lächelte. Schenk fragte
sogar, ob er aufhören solle, was der Hofkammerrath
aber nicht zugeben wollte. Glücklicherweise kam denn
auch kein weiterer Angriff auf die Anwesenden zum Vorschein. Die Harmlosen begannen aufs neue zu lachen.
Die beiden Brüder aber fühlten sich fortwährend in der
Seele ihres Freundes Wieland verletzt.

Nach Beendigung der Broschüre trat eine Pause des
Stillschweigens ein.

Die Satire, sprach jetzt Heinse, ist so lucianisch
bitter, daß es Wieland das Herz abstoßen wird. Ich
selbst ärgere mich über Goethe's Muthwillen aus Gut-
herzigkeit für Wieland.*)

Und nun begann eine lange Verhandlung, in welcher Georg Jacobi, der eine gewisse Eifersucht gegen
den jungen Lyriker empfand, sich am heftigsten gegen
Goethe aussprach. Er verschwieg es sogar nicht, daß
er ihn für einen unverschämten und frechen Menschen
hielt. Auch der weichen Natur des Fritz Jacobi sagte
die derbe Weise des frankfurter Doctors nicht zu. Er
meinte, man müsse alle Schärfe und Grobheit aus den
literarischen Beziehungen verbannen. Gleichwol erkannte
er die Genialität der Schrift offen an. Der Streit
wurde aber von den Damen fortgeführt, wie er angefangen worden war. Sie stellten sich trotz der Anfein-

---

*) Vgl. Heinse's „Sämmtliche Schriften", Bd. 1, S. CIV.

dungen des Familiennamens, die sie nicht hoch anschlugen, auf Goethe's Seite. Dies hatte nun die Folge, daß der Kanonikus immer heftiger wurde und ernstlich davon sprach, man müsse offen auf Wieland's Seite treten und eine Gegenschrift verfassen, die nach dem Sprichwort: „Auf einen groben Klotz gehört ein noch derberer Keil", Goethe zum Schweigen bringe und vernichte.

Da konnte denn auch schließlich Schenk seine Meinung nicht zurückhalten. Wenn es mir erlaubt ist, so sprach er mit erglühendem Gesicht, ein Wort zu reden, so möchte ich doch zum Frieden gemahnen. Ich glaube, daß ich hier der einzige bin, der auf neutralem Boden steht und der deshalb diese Angelegenheit ohne ein besonderes Vorurtheil in Betrachtung ziehen kann. Offenbar sind die Damen für den jungen Dichter eingenommen, mit dem sie persönlich verkehrten und der ihnen manche Freundlichkeiten erwiesen hat. Sicherlich stehen ihnen auch gute Gründe zur Hand, um Goethe hold zu sein. Aug' in Aug' versteht man eben eine Individualität oft besser, als dies in der Ferne der Fall ist. Von der andern Seite mögen von ihm die Männer unsers Kreises, die theilweise selbst angegriffen sind, sich theilweise in ihrem Freunde Wieland beleidigt fühlen, zu streng urtheilen. Eine Frivolität Goethe's läßt sich nach meiner Ansicht in keiner Art nachweisen. Wo er positiv schöpferisch aufgetreten ist, da zeigt er sich überall von dem Geiste der Freiheit, der Wahrheit, der Liebe und der Menschlichkeit durchdrungen. In diesem Sinne ist sein „Götz von Berlichingen" concipirt und ausgearbeitet, der denn auch das ganze Volk ergriffen und begeistert hat. Ebenso zauberhaft haben des Dichters eigenartige Lieder die Geister durchklungen. Solchen Erfolg erringt aber nie und nimmer ein frivoler Mensch. Indeß auch in seinen negativen Dichtungen, in denen der Uebermuth der Satire weht, scheint er mir durchaus gerechtfertigt dazustehen, weil er es nie mit Persönlichkeiten, sondern nur mit der Sache zu thun hat. Sehen wir ihn nicht auch in diesem letzten Werk: "Götter, Helden und Wieland", hauptsächlich mit den Ideen im Kampf? Freilich macht er den Dichter der neuen "Alceste" zum Mittelpunkt seiner Polemik. Weil Wieland der thatsächliche Autor ist, konnte er nicht anders. Nun fragen Sie sich einmal, ob er mit den Ausstellungen nicht ganz recht hat? Und wenn Sie dies zugestehen, so müssen Sie ihm auch seine drastische Form verzeihen. Der Satiriker kann eben nur dadurch wirken, daß er starke Schatten und Lichter aufsetzt. Nun möchte ich Sie aber vor einem Gegner, der sich so trefflich auf das geistige Waffenwerk versteht, wie er es hier an den Tag legt, warnen. Ich halte es deshalb für die beste Rache an dem ungezogenen Liebling der Musen, wenn diejenigen, denen er am Zeuge flickt, ihn durch solche Werke beschämen, vor denen er sich beugen muß.

Das nenne ich einmal verständig gesprochen, rief Frau Betti mit großer Selbstzufriedenheit über den Tisch.

Ich wäre neugierig, setzte Lotte in gleicher Stimmung und mit einem schnippigen Ausdruck hinzu, ob es wol möglich wäre, ein Werk von Goethe in der Weise zu zerfetzen, wie es hier mit Wieland's "Alceste" geschehen ist.

Aber vergeßt ihr benn ganz und gar, rief der Kanonikus, der seine Verstimmung nicht los werden konnte, daß er auch über uns herfällt?

Nun, das ist gerade nicht so arg, besänftigte der milde Fritz in begütigender Art.

Es ist schon spät, sprach jetzt Heinse, der aufstand und nach Hut und Stock griff. Vor dem Nachhausegehen aber will ich Ihnen noch meine Meinung sagen. Thun Sie nichts in der Sache und warten Sie ab, was Wieland thun wird.

Allerdings möchte das am besten sein, meinte Frau Betti, der sich die Mädchen und Fritz anschlossen.

Man stand auf. Heinse ging. Auch die andern Mitglieder des Kreises sehnten sich zur Ruhe und brachen auf. An diesem Abend gab Lotte zum ersten mal Schenk, der sich auf seine Stube begab, die Hand. Lene schloß sich mit glühenden Wangen an. Ihre Hand zitterte, als sie dieselbe dem jungen Manne hinreichte.

Nachdem die Mädchen in dem gemeinschaftlichen Gemache sich zu Bett gelegt und das Licht gelöscht hatten, sagte Lotte: Wer hätte das hinter dem Unteroffizier gesucht? Wie trefflich hat er den schönen, guten Goethe vertheidigt!

Ach ja, sagte die zerstreute Lene seufzend. Er ist schön und gut.

Sie dachte dabei freilich an einen ganz andern wie an den Verfasser von „Götter, Helden und Wieland".

———

Viertes Kapitel.

Heinrich Schenk hatte bald nach seinem Eintritt in das Jacobi'sche Haus die Männer für sich gewonnen. Sein klarer Kopf und sein maßvolles, ebenso bescheidenes wie entschiedenes Wesen, das sich nie überhob, aber ebenso wenig in niedriger Weise bemüthigte, mußte ihnen Achtung in der That um so mehr einflößen, da er sich alles, was er wußte, selbst verdankte. Frau Betti schätzte ihn bald in derselben Weise, denn er hegte, pflegte und förderte die Kinder in der liebevollsten und eingehendsten Art. Welche Mutter vermöchte es auch, einem Wohlthäter ihrer Sprossen die freundlichsten Gesinnungen zu verwehren? Seit jenem Abend, wo Schenk sich mit so gutem Erfolge zum Vertheidiger Goethe's aufgeworfen, war nun gleichfalls aus der Seele der Mädchen jegliches Mistrauen in den frühern Unteroffizier geschwunden. Eigentlich hatte nur Lotte zunächst jenen Widerwillen gegen die Aufnahme eines aus so niedrigem Stande Entsprossenen gehegt. Lene, die noch zu jung war, um selbständig zu sein, folgte ihr mehr mit Worten als mit rem Sinne. Sie sprach der ältern Schwester, welche den größten Einfluß auf sie ausübte, nach, während sich in ihrem Herzen allerlei zu Gunsten des neuen Hauslehrers regte. Hauslehrer sind eben in den meisten Kreisen gefährliche Hausgenossen für die jungen Töchter der Familien. Nun hatte aber Lotte, während sie im letzten Herbste mit ihrer Schwägerin einen Besuch in Frankfurt machte, eine heimliche Neigung zu dem schönen genialen Dichter Goethe gefaßt. Da war es denn kein Wunder, daß sie Schenk, nachdem er so wacker eine Lanze für den Liebling ihres Herzens gebrochen, auf einmal mit andern Augen ansah. Sie hatte von nun an nur Lob und Anerkennung für ihn, den sie noch vor kurzem nur tadelte und bemäkelte. Lene folgte ihr auch in dieser neuen Tonart. Ja, der Funke, der in ihrer jungen Seele glühte, schlug mit einem male zu mächtigen Flammen empor.

Das junge anmuthige Kind mit seiner freundlichen und heitern Beweglichkeit fühlte sich auf diese Weise mächtig zu Schenk hingezogen und ließ der Neigung, sich in seiner Nähe zu befinden, ganz harmlos die Zügel schießen. Die Gelegenheit, beieinander zu sein, wenn man es eben will, kann bei Leuten, die unter demselben Dache wohnen, nicht fehlen. So besuchte denn Lene auch oft mit ihrer Handarbeit die Unterrichtsstunden. Machte der Hauslehrer mit den Kindern Spaziergänge im Garten, wo er in gymnastischen Uebungen die Körperkraft derselben zu entwickeln strebte, so schloß sich das Mädchen gleichfalls der kleinen Gesellschaft an. Dabei war sie stets überaus freundlich und zuthunlich mit ihm.

Ja, sie pflückte dem jungen Mann wol mitunter einen Blumenstrauß, sie brachte ihm einen guten Bissen, den sie sich in der Vorrathskammer verschafft hatte, und war selbst mit der Anfertigung einer Geldbörse beschäftigt, welche sie ihm nach der Beendigung zu verehren gedachte. Daß sie ihm auch mit ihren frischen lebendigen Augen mehr als billig folgte, wer wird daran zweifeln. Schenk sah in all diesem Gebaren freilich nichts anderes als ein freundliches gutes Herz. Er hielt Lene für ein Kind, was sie auch eigentlich noch war, und behandelte sie deshalb mit jenem unbefangenen Wohlwollen, welches man solchen Geschöpfen angedeihen läßt.

Der junge Mann hatte nämlich in den neuen Umgebungen keineswegs seine Leidenschaft für Gertrud vergessen. Befand er sich auch im Hause eines kurfürstlichen Hofkammerraths, so blieb doch der Herd des bürgerlichen Metzgermeisters in der Kapuzinergasse treu in seinem Gedächtnisse stehen. Verkehrte er auch mit Männern und Frauen, welche zu den gebildetsten und namhaftesten des ganzen Vaterlandes gehörten, so blieb er doch jenes Mädchens in sinniger Anhänglichkeit gedenk, welches die ersten Gefühle einer tiefen und nachhaltigen Leidenschaft in seinem Herzen geweckt hatte. Ja, er ließ es an keiner Anstrengung und Mühe fehlen, trotz des rauhen und heftigen Abschieds, den ihm der Vater Gertrud's gegeben hatte, die Geliebte aufs neue zu sehen und sie seiner unverbrüchlichen Treue zu versichern. Zunächst geschah dies durch Briefe, welche er an sie richtete und welche eine gemeinsame Freundin besorgte. Dann bemühte er sich, die Mutter der Geliebten in sein Interesse zu ziehen, was auch um so leichter geschehen konnte, als sie einestheils weicher und zugänglicher wie der derbe und heftige Vater, und als es anderntheils ihrer Eitelkeit schmeichelte, daß ein junger Mann, der in einer der vornehmsten und angesehensten Familien der Stadt verkehrte und wohnte, ein Auge auf ihre Tochter geworfen hatte. So ließ sie sich denn auch bald gewinnen, ihren spröden Gemahl bei passender Gelegenheit ins Gebet zu nehmen und ihm eindringliche Vorstellungen zu Gunsten der beiden Liebenden zu machen.

Unter diesen Umständen erlangte Schenk sogar den Zutritt in das Haus seiner Geliebten. Freilich wußte vorläufig nur die Mutter Gertrud's davon, denn es wurde ihm nur gestattet zu kommen, wenn der Vater über Land war, um seine Ochsen- und Rindereinkäufe auf den umliegenden Dörfern oder bei Gelegenheit der Viehmärkte zu machen. Bei diesen Zusammenkünften knüpfte sich indeß der fast gelöste Knoten aufs neue, und zwar in noch festerer Art als bis zu dieser Zeit. Die beiden Liebenden gestanden sich, daß sie sich niemals aufgegeben hatten, und wechselten frische Schwüre ihrer unwandelbarer Neigung und Treue. Von einer baldigen Verbindung konnte nun freilich noch nicht die Rede sein, denn Schenk's Stellung als Hauslehrer verbot vorläufig die Ehe. Der junge Mann baute aber um so mehr auf eine glückliche Zukunft, da der Hofkammerrath bereits das Versprechen gegeben hatte, ihm vermöge seines Einflusses den Eintritt in den Staatsdienst auf die eine oder andere Weise zu vermitteln. So lebten denn die jungen Leute in froher Erwartung der Dinge, die

da kommen sollten. Gertrud war aufs neue selig in
dem Gedanken an ihren biedern, strebsamen Heinrich;
Heinrich war in Gedanken an seine Gertrud doppelt
fleißig und arbeitsam, um Kenntnisse zu erringen und
sich mit diesen Kenntnissen ein vortheilhaftes und ein=
trägliches Amt zu sichern.

Am 20. Juli des Jahres 1774 war Frau Betti
zum Besuche ihres Vaters, des angesehenen Kaufherrn
Johann Adam von Clermont, nach Vaels bei Aachen
gereist. Kaum aber hatte sie das Haus verlassen, als
ein Brief von Jung=Stilling, der damals in Elberfeld
als Augenarzt lebte und als ein Freund des Hauses
die Pempelforter auch öfters zu besuchen pflegte, an Fritz
Jacobi anlangte. Der Hofkammerrath gerieth bei dem
Lesen in eine sichtbare Aufregung. Er schickte sofort zu
seinem Bruder Georg und zu Heinse, um ihnen eine
wichtige Mittheilung zu machen. Als die beiden sich in
seiner Stube einfanden, meldete er ihnen, Jung=Stilling
schreibe soeben, daß am 20. Juli Lavater in Elberfeld
eintreffen würde und daß er sie einlade, in die Wupper=
stadt zu kommen, um diesen berühmten und verehrten
Mann kennen zu lernen. Der züricher Prediger, der
durch seine mystisch=theologischen Schriften als Gottes=
gelehrter, durch seine Schweizerlieder als Dichter und
durch seine eben beginnenden Studien über die Physiog=
nomik, welche er zu einer Wissenschaft zu formen strebte,
einen bedeutenden Namen erworben hatte und in allen
geistvollen Kreisen vielfach besprochen wurde, übte natür=
lich auf die pempelforter Freunde eine große Lockung
aus. Die drei versammelten Männer faßten sofort den

Beschluß, der Einladung zu folgen. Nach der Art der damaligen Zeit, kurze Reisen zu Pferde abzumachen, wurde auch diesmal verfahren. Man bestellte sich Rosse, die auch alsbald gesattelt vor das Haus geführt wurden, und ritt nun denselben Nachmittag die Landstraße den Grafenbergen zu, um sich durch diese Hügel nach dem sechs Stunden entfernten Elberfeld zu begeben.

Als sie fort waren, saß Schenk in der Unterrichtsstunde bei den Kindern, welche der liebende Vater ihm noch besonders ans Herz gelegt hatte. Lene nahm wie gewöhnlich ihren Platz in dem kleinen Kreise ein, indeß Lotte während der Abwesenheit ihrer Schwägerin das Hauswesen versah und sich mit dem klappernden Schlüsselbunde bald in der Küche sehen ließ, bald in den großen, mit Leinwand und Geräthen reichgefüllten Schränken herumkramte und bald in den vielfältigen Stuben des weitläufigen Hauses Ordnung zu halten bemüht war, in denen sie hier die Möbel abstäubte und dort die Stühle, Tische und Kupferstiche an den Wänden zurecht rückte.

Während dieser Beschäftigungen wurde sie plötzlich durch die alte Katharine abgerufen. Unten ist ein Mann, sprach die Magd, der Sie sprechen will. Er hat zuerst nach dem Herrn Hofkammerrath gefragt. Als er hörte, daß derselbe verreist sei, wollte er die Frau Hofkammerräthin sprechen. Und da auch diese nicht zu Hause ist, so wünscht er mit Mademoiselle zu reden.

Kennst du ihn nicht? fragte Lotte.

Es ist der Metzger aus der Kapuzinergasse, antwortete Katharine.

Er wird sich empfehlen wollen, meinte das Mädchen.

Dies ist nicht der Fall, erwiderte die Magd, ich habe ihn deshalb gefragt.

So laß dir sagen, was er will, warf Lotte hin.

Er behauptet, daß er es nur der Herrschaft mittheilen kann, lautete die Antwort.

So heiß ihn wieder nachfragen, wenn mein Bruder zurück ist, ich habe keine Zeit.

Er will sich aber nicht abweisen lassen.

Ueber diese zudringlichen Leute, rief nun Lotte ärgerlich, jedoch ich will gleich kommen.

In der That erschien sie nach einer Weile und fand im Vorhaus einen dicken Mann in schlichten, aber saubern Bürgerkleidern.

Mit Erlaubniß, sprach dieser, Mademoiselle, ich wollte mich erkundigen, ob ein gewisser Heinrich Schenk bei Ihnen als Hauslehrer dient.

Er unterrichtet die Kinder meines Bruders, sagte das Mädchen, aber er dient nicht. Was soll es damit?

Ich wollte gern wissen, ob der Herr Hofkammerrath ihm wirklich ein Amt versprochen hat, fragte der Fremde weiter.

Davon weiß ich nichts, sprach Lotte. Sie müssen meinen Bruder selbst fragen. Aber warum stellen Sie diese Nachforschungen an?

Ja sehen Sie, sagte nun der Mann, der ihr gegenüberstand, mit einiger Verlegenheit: Ich bin der Metzger aus der Kapuzinergasse und stehe mich recht gut. Da hat nun der Heinrich Schenk, als er noch Unteroffizier war, eine Liebschaft mit meiner Tochter Gertrud angefangen.

Eine Liebschaft mit Ihrer Tochter? rief Lotte mit zornigen Augen.

Ja wohl, mit der Gertrud, fuhr der Mann fort. Es scheint, daß Sie so etwas auch nicht billigen, ich bin gleichfalls dagegen gewesen, denn wie kann ein Unteroffizier es wagen, sich an ein ehrsames Bürgermädchen zu machen? So ein Mensch ist nichts, wird nichts und hat nichts. Da habe ich geglaubt, es ginge ihm nur um meine gesparten Thaler. Nun hat mir aber meine Frau gesagt, daß er hier Hauslehrer wäre, und daß der Herr Hofkammerrath ihm ein Amt verschaffen wollte, und daß ich mich nur hier bei Ihnen erkundigen möchte. Umstände verändern die Sache. Wenn das wirklich der Fall wäre, so würde ich vielleicht meine Abneigung fallen lassen.

Genug, genug! rief Lotte mit unterdrückter Stimme. Ich weiß nichts davon. Kommen Sie, wenn mein Bruder zurück ist, er wird Ihnen Bescheid geben.

Sie drehte ihm den Rücken. Der Metzger ging erstaunt von bannen. Man sah ihm an, daß er mit der Auskunft durchaus nicht zufrieden und deshalb sehr geneigt war, zu Hause ein neues Donnerwetter loszulassen.

Lotte aber schritt heftig erregt in dem Wohnzimmer auf und ab. Das ist mir eine saubere Geschichte, sagte sie in abgebrochenen Sätzen. Nicht allein, daß er früher Unteroffizier war, er hat auch eine Liebschaft mit einer Metzgerstochter. Leute von gemeiner Herkunft lassen nicht von gemeinen Neigungen. Und die arme kleine Lene geht hin und wendet ihm ihr Herz zu in der Hoffnung, daß er noch einmal etwas Ordentliches werde, was ihr auch unvorsichtigerweise von dem Bruder in den Kopf gesetzt worden ist! Wie fatal, daß im Augenblicke dieser entsetzlichen Entdeckung Fritz, Betti und Georg abwesend sind! Denn es muß hier gehandelt werden! Ja, gehandelt muß werden! Wenn ich nur gleich wüßte, was ich thun sollte!

Sie stand eine Weile still in Gedanken, indem sie zuweilen mechanisch murmelte: Ein Unteroffizier bleibt doch ein Unteroffizier! Dann rief sie plötzlich mit flammenden Blicken: Ich hab's!

Und nun eilte sie so rasch wie möglich an den Schreibtisch, griff zu Feder, Papier und Tinte und schrieb folgendes Billet:

„Herr Schenk! Ich höre soeben von dem Metzgermeister in der Kapuzinergasse, daß Sie eine Liebschaft mit seiner Tochter haben. Unter diesen Umständen können Sie, solange ich mit meiner Schwester allein im Hause bin, nicht hier bleiben. Ich ersuche Sie deshalb, uns sofort zu verlassen.

Charlotte Jacobi."

Sie faltete das Papier, versah es mit Siegel und Adresse und gab es der alten Katharine, um es in die Studirstube zu bringen, wo Schenk sich mit den Kindern und Lene befand.

Der junge Mann nahm das Briefchen, öffnete und las es. Eine Todtenblässe ging über sein Gesicht. Er seufzte tief auf. Lene erschrak heftig, indem sie seinen Bewegungen und Mienen folgte.

Was haben Sie? rief das Mädchen.

Nichts, sprach er, aufstehend und taumelnd.

Er nahm sich zusammen und sah die Kinder mit einem langen, wehmüthigen Blick an. Dann küßte er, indem ihm die Thränen in die Augen traten, jedes einzelne, reichte dem Mädchen die Hand, indem er sagte: Leben Sie wohl, Lene! griff nach seinem Hute und stürzte, so rasch er konnte, von dannen.

Lene zitterte am ganzen Leibe, als sie an das Fenster eilte und bemerkte, daß er durch den Garten dem Thore zurannte und aus dem Bereiche des Gutes verschwand. In ihrer Angst lief sie in das Haus, um Lotte zu finden.

Was ist mit Schenk? fragte sie diese.

Der Schändliche hat eine Liebschaft mit einer Metzgerstochter in der Kapuzinergasse, lautete die zornige Antwort.

Lene fiel in einen Lehnstuhl, bedeckte ihr Gesicht mit den Händen und weinte und schluchzte.

Lotte versuchte ihr vergebens die Schritte zu erklären, die sie für nothwendig erachtet und dann auch sofort gethan hatte. Die Schwester hörte und sah nicht. Auch für die Tröstungen fehlte ihr das Ohr. Endlich weinten die beiden Mädchen miteinander. Aber an eine rechte Beruhigung war doch nicht zu denken. Selbst die Kinder, welche mit ihren unschuldigen Gesichtern herantraten und ihnen zuredeten, sie möchten nicht traurig sein, vermochten den Jammer nicht zu stillen. Lene wachte leidend, Lotte mitleidend die ganze Nacht.

Fünftes Kapitel.

Welch einen schrecklichen Moment hatte der arme Schenk erlebt! Wie bleiern lastete der trübe Abend, wie trostlos verging ihm die öde, finstere Nacht! Er hatte zuerst seinen Schmerz hinaus in Wald und Feld getragen, dann war er mit der beginnenden Dunkelheit in die Stadt zurückgekehrt, wo er versuchte, Gertrud oder ihre Mutter zu sprechen, um ihnen die traurige Wendung seines Schicksals mitzutheilen. Leider scheiterten seine Bemühungen, denn der alte Metzgermeister war zu Hause. Er sah ihn sogar mit einem äußerst grimmigen Gesichte in seinem Laden stehen, als er in der Dunkelheit an der Thür vorbeischlich. Die Frau und Tochter kamen gar nicht zum Vorschein. So begab er sich spät in die Kaserne, um bei seinen Aeltern zu übernachten. Man fragte ihn dort, durch sein düsteres Wesen aufmerksam gemacht, nach dem Grunde seines ungewöhnlichen Erscheinens. Er bat, ihm Ruhe zu gönnen. Der besorgte Vater und die treue Mutter, die ihm vertrauten, forschten nicht weiter. In Ermangelung eines Bettes wählte er eine harte Bank zu seiner Ruhestätte, aber der Schlaf floh seine müden Augen, mit denen er trostlos in das Dunkel starrte. Erst gegen Morgen fand er einen kurzen Schlaf, aus dem er durch ein Lied seiner Mutter aufgeweckt wurde. Sie erhob den schönen Trostgesang von Paul Gerhardt:

> Befiehl du deine Wege
> Und was dein Herze kränkt
> Der allertreusten Pflege
> Des, der den Himmel lenkt.

Die herrlichen Worte spendeten ihm einige Sühne in das Herz. Aber er ging früh, ohne daß er etwas zu sich genommen hatte, wieder hinaus, um aufs neue eine Wanderung anzutreten, auf der ihn zwischen allerlei Planen und Entwürfen stets wieder der Gedanke überkam, daß er aus allen Himmeln gefallen sei.

So wanderte er gegen acht Uhr am Gasthof Zum Prinzen von Oranien vorüber, ohne nach rechts oder links zu sehen, da stürzte aus der Thür ein junger Mann auf ihn zu und fragte: Können Sie mir das Haus des Hofkammerraths Jacobi in der Neustraße zeigen?

Ich gehe des Wegs, sprach Schenk, und werde Sie begleiten.

Schönen Dank, sagte der Fremde.

Der verbannte Hauslehrer, dem die schöne volle Stimme zu Herzen drang, betrachtete den Frager jetzt näher. Neben ihm schritt der schönste Jüngling mit stolzer Haltung und munterm Schritt dahin. Sein ganzes

Wesen hatte etwas Vornehmes und Entschiedenes. Die Kleidung war elegant und sauber. Vor allem aber imponirte das schöne regelmäßige Gesicht mit der hohen Stirn, der kühnen Adlernase und den braunen Augen, die mächtig durchdringende Blicke schleuderten.

Nach einigen gleichgültigen Fragen, welche die Stadt und ihre Verhältnisse betrafen und die Schenk bestimmt und sicher beantwortete, befanden sie sich vor einem großen Hause.

Das ist die Wohnung, die Sie suchen, sprach Schenk.

Der Fremde dankte, sprang die Treppe hinauf und klingelte. Sein bisheriger Führer mußte ihm unbewußt nachsehen, so sehr fesselte ihn das Wesen des Gefährten.

So stand er denn noch, als sich die Thür öffnete. Die alte Katharine, welche von Pempelfort in die Stadt geschickt worden war, trat auf die Schwelle.

Mein Gott, der Herr Doctor Goethe, rief sie, daß Schenk es vernahm.

Kennst du mich noch? rief der Fremde freundlich.

Wie sollte ich mich Ihrer nicht von Frankfurt, wo ich mit der Frau Hofkammerräthin und Mademoiselle Lotte war, erinnern? Aber die Frau ist in Baels, der Herr in Elberfeld. Wie leid wird's ihnen thun, Sie zu verfehlen! Lotte, Lene und die Kinder sind jedoch in Pempelfort.

So gehe ich nach Pempelfort, rief der junge Mann, und sprang die Treppe hinunter.

Schenk trat ihm entgegen und sagte: Erlauben Sie mir, daß ich Sie nach Pempelfort führe.

Mit dem größten Vergnügen, lautete die Antwort.

Aber welchem Umstande verdanke ich diese Freundlichkeit?

Die alte Katharine, erwiderte der andere, hat Sie „Goethe" genannt.

Kennen Sie mich? rief der junge Mann lächelnd.

Wie sollte ich nicht den Verfasser des „Götz von Berlichingen" kennen? Welche schönen Lieder haben Sie gesungen? Und neulich habe ich erst die Ehre gehabt, im Jacobi'schen Hause „Götter, Helden und Wieland" vorzulesen.

Und was haben sie für Gesichter gemacht? fragte Goethe, indem er ihn mit den großen mächtigen Augen anblitzte.

Schenk erzählte ihm, indeß sie weiter schritten, die Vorfälle und Reden des Abends. Dann rief der Dichter aus: Pah, ich werde die gefühlvollen, schwärmerisch überfließenden Herzen schon herumkriegen!

Und nun ließ er sich über Frau Betti erzählen. Die große Heiterkeit der Frau Jacobi, sprach er, hat meinen Geist längst nach diesen Gegenden geleitet, nachdem uns dort oben am Rhein die Tante Johanne Fahlmer durch die große Zartheit ihres Gemüthes und die ungemeine Bildung ihres Geistes ein schönes Zeugniß vom Werthe dieser düsseldorfer und pempelforter Gesellschaft abgelegt hatte. Diese treffliche Dame beschämte uns nach und nach durch ihre Geduld mit unserer grellen oberdeutschen Manier, sie lehrte uns Schonung, indem sie uns fühlen ließ, daß wir derselben auch wol bedürften. Nun kamen aber im vorigen Herbste auch Frau Betti und Lotte. Welche prächtige Frau ist das! Sie hat mich erst recht für sich eingenommen. Ohne eine Spur von Sentimentalität richtig fühlend, sich munter ausdrückend ist sie eine herrliche Niederländerin, die ohne Ausdruck von Sinnlichkeit durch ihr tüchtiges Wesen an die Rubens'schen Frauen erinnert.*) Und die Lotte ist auch ein gutes treuherziges Ding, das alles gleich sagt, was es denkt, wenn es auch oft etwas heftig herauskommt.

Schenk wurde bei dieser Anspielung über und über roth. Goethe merkte es nicht. Er sah sich um und um und freute sich der schönen Anlagen, durch die sie jetzt wandelten.

Sein Begleiter brachte das Gespräch wieder auf den Jacobi'schen Kreis, indem er sagte: Sie werden auch Wilhelm Heinse finden.

Das ist mein Mann, rief nun Goethe; er hat Hunderten das Wort vom Munde weggenommen. Eine solche Fülle hat sich mir nicht so leicht dargestellt. Ich halte dafür, daß sich nichts über ihn sagen läßt. Man muß ihn bewundern oder mit ihm wetteifern. Wer etwas anderes thut oder sagt: so und so! der ist eine Canaille. „Laidion" ist ein schönes Ungeheuer. Ich hätte nicht gedacht, daß so viel Grazie in diesem jungen Faun verborgen läge. Viele seiner Stanzen sind unsäglich schön, ja man muß ihn bewundern, der versteht's.**) Ist Heinse denn in der Stadt?

Nein, sprach Schenk, er ist mit nach Elberfeld.

---

*) Vgl. Goethe, „Aus meinem Leben. Wahrheit und Dichtung" (Ausgabe in 40 Bänden), XXII, 214.
**) Heinse's „Sämmtliche Schriften", Bd. 1, S. LIV, LX.

Schade, schade!

Unter diesen und ähnlichen Reden waren sie in die Nähe der Jacobi'schen Besitzung gekommen. Schenk wies dem jungen Dichter das Thor in der Ferne und wollte sich verabschieden.

Wollen Sie mich denn nicht hinbegleiten? fragte Goethe. Sie sind ja ein Freund des Kreises.

Ich hoffte es zu werden, sagte der junge Mann mit traurigen Mienen, aber das ist jetzt vorbei.

Der Dichter wurde aufmerksam und sah ihm scharf ins Gesicht. In Schenk's Augen glänzten Thränen: Wer sind Sie und was haben Sie? rief er mit der wohlwollendsten Theilnahme. Wenn Sie können und dürfen, so sagen Sie mir alles. Sie sind so gut gegen mich gewesen. Vielleicht kann ich Ihnen zu Dienst sein.

Diese Worte wurden mit einem so tiefen Brustton menschlichen Mitgefühls ausgestoßen, daß Schenk seine Hand ergriff und sie herzlich drückte. Das Herz kam ihm auf die Zunge vor dem unwiderstehlichen Wesen dieses gottgesandten Jünglings. Er rief: Ich glaube, das Geschick hat Sie gesandt, um mich Ihnen begegnen zu lassen. Dann theilte er ihm seine Geschichte kurz und schlicht mit, indeß sie noch einen Umweg durch verschiedene Laubgänge machten. Anfangs lag ein tiefer Ernst auf dem Gesichte des Dichters. Als indeß die Schluß=scene mit den Mädchen zum Vorschein kam, blitzte über seine Züge ein ironisches Lächeln. Die kleine Lotte! rief er aus. Wer hätte gedacht, daß sie solch ein Köpfchen aufsetzt! Aber die Geschichte ist ja durch und durch komisch, lächerlich, kunterbunt! Lassen Sie, armer Schelm, sich doch darüber kein graues Haar wachsen.

Und damit nahm er Schenk's Kopf zwischen seine beiden Hände, streichelte, rüttelte, schüttelte ihn und gab ihm einen scherzhaften Stoß.

Erwarten Sie mich hier, ich gehe hinein, sprach er, indem er sich rasch zum Gehen wandte.

Aber sagen Sie um Gottes willen den Damen kein Wort, rief ihm Schenk nach, daß Sie etwas wissen.

Beileibe nicht, rief Goethe. Das sind Sachen für Männer, aber nicht für junge Mädchen, die eben aus der Schule kommen. Zugleich aber schlug er in neckischer Weise ein Schnippchen.

Dann stürzte er wie toll von bannen und verschwand in dem Gartenthor. Mit derselben Eile rannte er dem Wohnhause zu, vor dem die Kinder spielten. Er nahm sie auf den Arm, herzte und küßte jedes, sodaß sie ihn halb erstaunt und halb furchtsam anblickten. Mit den Aengstlichen schalt er, mit den Kühnen scherzte er. So gab es hier Heulen und Kreischen, dort Lachen und Jubeln. Aber er ruhte nicht, bis er sie alle durch seine Späße und Grimassen in die lustigste Heiterkeit versetzt hatte. Ja, er gerieth so sehr in das Spiel mit den Kleinen, daß er sich selber, den Zweck seines Daseins und die verrinnende Zeit vergaß.

Da hörte er vom Hause her plötzlich einen lauten Schrei: Goethe, mein Gott, der Doctor.

Es war Lotte, die in die Thür getreten war und in einen Ruf der Ueberraschung ausbrach.

Freilich, rief er mit einem Kratzfuß; der nichtsnutzige

Doctor Johann Wolfgang Goethe aus Frankfurt am Main, augenblicklich sich in Düsseldorf und Pempelfort befindend. Berge und Thäler kommen nicht zusammen, aber die Narren vom Oberrheine besuchen die Narren vom Niederrheine. Und ohne einen Kuß geht es diesmal nicht ab.

Sie sind und bleiben doch immer ein unverschämter Mensch, meinte Lotte hocherröthend.

Goethe stürzte auf sie zu und rief: Wenn ich es bin, so will ich es auch beweisen.

Sie floh in das Haus. Der junge Mann flog ihr nach. Sie kamen in ein Zimmer, wo Lene mit verweinten Augen auf dem Sofa lag. Hinter demselben verbarg sich das verfolgte Mädchen.

Wer ist denn das? fragte Goethe.

Es ist die Lene, antwortete Lotte.

Sie hat geweint, scherzte der Dichter, dann komme ich zu rechter Zeit. Wir wollen sie trösten. Rasch heraus, was hat sie?

Die beiden Mädchen schwiegen verlegen.

Ihr schweigt, sprach er nun höchst ernsthaft. So wißt: Weinen ist das Zeichen der Trauer. Trauer entsteht aber dadurch, daß man eine Schuld auf sich hat, oder daß ein anderer sich an uns eine Schuld verdiente. Wie steht es nun hier?

Die Mädchen wurden noch verlegener.

Ihr schweigt wieder? rief er nun. Das ist sehr verdächtig. So wißt denn, was ich bereits in der Stadt gehört habe. Die Schuld ist euer. Ihr habt euern Hofmeister fortgejagt. O Gott, der arme Junge!

Hat er sich ein Leids angethan? fragte Lene mit neuem Schluchzen.

Solch ein Narr wird er doch nicht sein, lautete die Antwort. Aber warum macht ihr auch einen solchen Skandal? Schickt man denn einen Menschen weg, weil er in ein Mädchen verliebt ist?

Aber eine Metzgerstochter, sprach Lotte.

Ist auch ein Menschenkind, fiel Goethe ein, welches das Gefühl der Leidenschaft einflößen kann, wie denn auch ja schon mancher Hauslehrer von Töchtern vornehmer Leute geliebt worden ist.

Die letzten Worte äußerte er mit bezeichnendem Blicke auf die kleine Lene, denn er hatte aus dem Betragen des Mädchens mit ahnendem Scharfsinne eine junge Leidenschaft gelesen.

Aber man weiß doch in der Stadt noch nichts von dieser Geschichte? fragte Lotte, welche die Anspielungen verstand, mit offenbarer Angst.

Was weiß ich, rief der junge Mann. Indeß ihr müßt bedenken, was man daraus folgern könnte. Böse Zungen dürften vielleicht zischeln, was geht es die Jacobi'schen Schwestern an, wenn sich zwei Leute, gleichviel welchem Stande sie angehören, lieben? Sollte sich am Ende eine von ihnen in den Heinrich Schenk vergafft haben? Ist er vielleicht aus Eifersucht fortgeschickt worden? Seltsam, daß ein solcher Schritt gethan wird, während die Herren vom Hause fern sind! Aber wenn die Katzen heraus sind, dann tanzen die Mäuse über die Tische und Bänke. Freilich wird niemand von euch so thöricht sein, einen Mann zu lieben, der eine andere liebt, meinte er mit einem bezeichnenden Seitenblicke auf die junge Schwester. Das wäre ja ein wahrer Blödsinn. Jedoch ihr seid offenbar recht unvorsichtig gewesen.

Lotte wollte den Dichter ausforschen, woher er das alles wisse. Aber er rief: Genug davon! Ich bin des trockenen Tones satt. Auch hab' ich keine Zeit, jetzt hier zu bleiben. Die alte Katharine im Stadthaus hat mir gesagt, daß Frau Betti in Aachen und daß euere Brüder in Elberfeld sind. Ich will noch heute in das Wupperthal, um Fritz und Georg zu sehen. Dann komme ich zurück und bleibe noch eine Weile bei euch, und wir leben einige Tage in Sturm und Drang rauschender, brausender Jugend. Lebt wohl!

Damit stürmte er so rasch, wie er gekommen war, von bannen. Den jungen Mädchen war es, als hätte ein Meteor vor ihren Augen vorübergeblitzt. Sie starrten ihm nach. Lotte rief: Goethe, Goethe! So bleiben Sie doch! Stärken Sie sich! Lösen Sie uns doch die räthselhaften Worte! Aber alles war vergeben. Der junge Mann kam nicht zurück und ließ Lotte in hundert Zweifeln, die er in ihre junge Seele gestreut hatte.

Vor der Thür traf er wieder mit Schenk zusammen, der ihn getreulich erwartet hatte. Wollen Sie heute Morgen mein Begleiter und bei Tisch mein Gast sein? rief er ihm entgegen.

Es wird mir zur besondern Ehre gereichen, lautete die Antwort. Wohin soll ich Sie jetzt führen?

Natürlich zur Galerie, sprach Goethe.

Sie machten sich auf den Weg zum alten Schloß, an welches sich die Gebäude der Kunstsammlungen an-

reihten. In der Natur, wie in den Sälen, die von
herrlichen Bildern prangten, blieb der Dichter sich gleich
an unverwüstlicher, herrlicher Lebenskraft, mit welcher er
die Eindrücke rasch, frisch und mächtig sammelte und
genial, feurig und sprudelnd wiedergab. Als es gegen
Mittag ging, kehrte er voll von neuer, schöner Begeisterung über all die gewaltigen Werke, welche der schöpfe-
rische Geist der Menschheit zu Tage fördert, mit Schenk
in den Gasthof zurück. Dort bestellte er sogleich zwei
gute Reitpferde für den Nachmittag und den folgenden
Tag. Dann gingen sie einen Augenblick auf Goethe's
Zimmer, wo er sofort zu einer Schreibmappe griff,
um an Betti Jacobi zu schreiben.

Mit fliegender Hand warf er folgende Zeilen aufs
Papier:

„Sie erwarten keinen Brief von mir, am wenigsten
datirt:
     Düsseldorf, 21. Juli 1774,
gegen zwölf mittags in dem Gasthofe Zum Prinzen von
Oranien, kommend von der Galerie, die meines Herzens
Härtigkeit erweicht, gestärkt und folglich gestählt hat.

„Vor acht heut früh lief ich nach Ihrem Hause in
der Neustraße ans Flinger- oder Flinderthor (deswegen
geh' ich so ins Detail, daß Sie sich dort überzeugen,
daß ich hier bin, da ich es selbst kaum glaube:) Katharine machte auf und große Augen und stutzte, erkannte
mich und schien vergnügt zu sein. Das Haus war leer.
Die Herrschaft verreist, die andern in Pempelfort. Ich
hinaus nach Pempelfort. Lottchen, Lenchen, die Kinder 2c.

„Daß mir's weh thut, Sie nicht zu treffen, fühlen Sie — just jetzo, eben jetzo.

„Was weiter wird? Steht in der Götter Hand.
Goethe." *)

Er ließ sich von Schenk die Adresse sagen. Dann wurde der Brief zur Post geschickt. Beide aber gingen nunmehr zu Tisch, zu dem eben die Glocke läutete. Goethe entwickelte einen trefflichen Appetit. Auch der verstoßene Hauslehrer wurde von Moment zu Moment munterer durch den hinreißenden Humor des Dichters. Als die Tafel beendet war, meldete man, daß die Pferde gesattelt vor der Thür ständen. Die beiden jungen Leute schwangen sich auf den Rücken der Thiere und schlugen die Landstraße nach Elberfeld ein.

---

*) Vgl. Briefwechsel zwischen Goethe und Jacobi, S. 20, 21.

Sechstes Kapitel.

Am andern Morgen klingelte es in aller Frühe an der Wohnung des Herrn Doctor Heinrich Jung, genannt Stilling, zu Elberfeld, der im Jahre 1740 zu Im-Grund bei Siegen im Nassauischen geboren, viele wunderbare Schicksale erlebt hatte. Seine Aeltern waren so arm, daß er in seiner frühesten Jugend beschloß, Kohlenbrenner zu werden. Er erlernte dann das Schneiderhandwerk, beschäftigte sich aber zwischenher mit höhern Dingen und suchte ein Schullehreramt in seiner Heimat zu erhalten. Leider blieben aber seine Bemühungen ohne Erfolg. So kehrte er zu seinem Handwerke zurück, von dem er indeß bald wieder abgerufen wurde, um eine Hauslehrerstelle anzutreten. Nachdem er einiges erspart hatte, studirte er in Strasburg Medicin, wo er auch mit Goethe näher bekannt wurde. Nach Beendigung seiner Studien ließ er sich in Elberfeld nieder und übte dort die praktische Arzneikunde. Und hier war es auch, wo er sich als Augenarzt und besonders als Operateur des grauen Staars einen großen Ruf erwarb.

Der Doctor Jung saß gerade mit seiner Christel, die er schon als Student geheirathet hatte, beim Frühstück und las nach seiner frommen Art mit lauter Stimme ein Kapitel aus der Heiligen Schrift. Als aber die Klingel ging, sprang er auf und steckte den Kopf durchs Fenster. Unten stand ein Hausknecht, der auf seine Frage antwortete: Im Zweibrücker Hofe sei ein Gast eingekehrt, der über Nacht krank geworden wäre und den Herrn Doctor um einen schleunigen Besuch bitte. Das Frühstück wurde nun so rasch wie möglich beendet. Die weitere Lectüre der Bibel mußte unterbleiben. Jung-Stilling eilte seiner Berufspflicht zu genügen.

In dem Gasthause angelangt, wurde er sogleich in das Schlafzimmer des Patienten geführt. Der Kranke lag mit einem dicken Tuche um den Hals und den Kopf mit Binden umwickelt unter der Decke des Bettes, die ihn so dicht und fest umhüllte, daß man kaum die Nase erblicken konnte. Jung gab sich als den Doctor zu erkennen und fragte nach dem Befinden des Fremden. Dieser streckte seine Hand aus den Hüllen und redete ihn mit schwacher und dumpfer Stimme an: Herr Doctor, ich bin gar krank und schwach.

Der Arzt setzte ein ernsthaftes Gesicht auf und fühlte den Puls.

Seltsam! sagte er dann, der Pulsschlag ist ganz ruhig und regelmäßig und die Temperatur durchaus in der Ordnung.

Der Kranke seufzte.

Haben Sie lokale Schmerzen? fragte Jung.

Da hob es sich plötzlich im Bette, der Patient riß

die Binden ab, er warf die Decke beiseite und sprang zum größten Schrecken des Arztes in das Zimmer.

Kennst du mich noch, Jung? rief er aus.

Goethe*), du hier? stotterte der erstaunte Doctor.

Freilich, ich bin's, erwiderte dieser und eilte auf den alten Freund zu.

Die Jugendgenossen lagen sich in den Armen. Ihre Freude war unbeschreiblich. Auch Schenk, der in der Nebenstube die komische Scene belauscht hatte, trat jetzt hinzu. Goethe stellte ihn Jung vor und verfiel dann wieder in jene ungebundene Laune, die ihm auf der Reise eigen war. Er erinnerte den Freund während dem Anziehen an ihren strasburger Aufenthalt und rief, als er mit der Toilette fertig war: Jetzt wollen wir deine Christel besuchen. Sie wird uns hoffentlich einen guten Kaffee spenden.

Und so gingen sie denn, von Schenk begleitet, zu Jung's Hause, dessen Frau sie auf das freundlichste empfing. Als sie am Tische saßen, traf auch Heinse ein. Goethe's Freude, ihn kennen zu lernen, war außerordentlich. Zeigte sich für Jung mehr jenes Gefühl, das auf gemeinsam verlebten Tagen beruht, so fand er in dem Dichter der „Laidion" einen Mann, mit dem er die vielfachsten geistigen Berührungspunkte hatte. Heinse

---

*) Die Beschreibung dieser Scene und des später folgenden Gastmahls findet sich in „Heinrich Stilling's häusliches Leben", S. 53 fg. Auch Heinse schreibt am 13. October von dem elberfelder Gastmahl, vgl. Heinse's „Sämmtliche Schriften", Bd. 1, S. LVI.

ging mit seiner derb sinnlichen Empfindungsweise aus der Sentimentalität und blassen Weichlichkeit, welche die Zeit beherrschte, heraus. So verstand er ihn denn auch von vornherein besser, als die Jacobi, Jung-Stilling und Lavater dazu im Stande waren. Sein ironisches Lächeln und sein ironisches Stillschweigen schienen Goethe nicht wie den andern Mitgliedern des Kreises ein unlösbares Räthsel. Deshalb fehlte es auch nicht an den mannichfachsten Anknüpfungspunkten. Heinse aber wurde ganz Feuer und Flamme und schien im Innersten aufgelöst, als der Verfasser des „Götz" ihm auch heute mit der wärmsten Anerkennung jene Lobsprüche wiederholte, die er bereits gestern bei Schenk geäußert hatte.

Zwischen diesen Reden erhielt Jung-Stilling eine Einladung zu den Brüdern Vollrath, in deren Hause sich Lavater und die beiden Jacobi befanden.

Die Jacobi sind da? rief Goethe. Wohl, so gehe ich mit.

Der Arzt wurde verlegen. Es sind doch eigenthümliche Leute, sprach er. Du wirst dich nicht in die Gesellschaft finden können.

Und warum nicht? fragte der Dichter.

Sie gehören zu den Pietisten, meinte Stilling, und du —

Du meinst, ich würde da wieder Teufelsdinge vollführen, lachte Goethe. Ei was, dummes Zeug. Je nachdem der Mann, je nachdem die Wurst. Ich werde mich, fuhr er mit meckernder Stimme im Predigertone der Frommen fort, der äußersten Salbung befleißen, welche der Herr seinen Auserwählten ertheilt, denn wie paßte ein Böckelein unter die Lämmelein?

Die Anwesenden lachten laut auf. Goethe mußte aber allen Ernstes versprechen, seinen Muthwillen zurückzuhalten. Heinse erhielt nun den Auftrag, voranzugehen und den beiden Jacobi die Ankunft des Dichters im geheimen beizubringen.

Er erschien denn auch bald mit glühendem Gesichte in dem versammelten Kreise und nahm die pempelforter Freunde beiseite, indem er ihnen zuflüsterte: Goethe ist da. Der schönste Junge, den ihr euch denken könnt. Vom Wirbel bis zur Zehe Genie, Kraft und Stärke, ein Herz voll Gefühl, ein Geist mit Adlerflügeln, qui ruit immensus ore profundo. Er ist ein Meisterstück der Natur. Ich kenne keinen Menschen in der ganzen gelehrten Geschichte, der in solcher Jugend so rund, so voll von eigenem Genie gewesen wäre wie er. Da ist kein Widerstand. Er reißt alles mit sich fort, und seine „Götter, Helden und Wieland", eigentlich doch ein Werk von herculischer Stärke, wenn man's recht und Zeile vor Zeile durchdenkt und durchsucht und wofür unser Freund Wieland immer seine „Musarion" geben würde, wenn er es vernichten könnte, kommt in keine große Betrachtung, wenn man ihn persönlich reden hört.*)

War er in Pempelfort? fragte Georg Jacobi.

Er hat euch dort vergebens gesucht, lautete die Antwort, Schenk führte ihn her.

Wo ist er? forschte der Hofkammerrath in großer Aufregung.

Er kommt her mit Stilling, sprach Heinse.

---

*) Heinse's „Sämmtliche Schriften", Bd. 1, S. LVIII.

Aber um Gottes willen, riefen die Brüder zugleich, was soll er in diesem Kreise?

Indeß die Thür öffnete sich. Jung-Stilling führte Goethe und Schenk herein und stellte sie den Versammelten vor, die besonders den frankfurter Doctor, von dem die meisten trotz ihrer ausschließlich theologischen Richtung doch wol gehört haben mochten, mit theilweise höchst mistrauischen Gesichtern anschauten. Dann setzte man sich wieder gemeinsam um den großen ovalrunden Tisch, der zugleich auf elberfelder Art mit Speisen besetzt war.

Das Gastmahl wurde eigentlich zu Ehren Lavater's abgehalten, dessen Ruf als Theologe aus der Schweiz bis zum Land der Berge vorgedrungen war. Da er einen guten Theil von Selbstgefälligkeit besaß, so fühlte er sich in seiner Rolle sehr wohl und spielte sie auch mit einer gewissen Virtuosität. Uebrigens war sein feines und sinniges Gesicht, das Jung-Stilling „ein Evangelisten-Johannes-Antlitz nannte, welches alle Herzen mit Gewalt zur Ehrfurcht und Liebe hinriß", wohl geeignet, einen günstigen Eindruck zu machen. Auch legte er einen muntern geselligen Witz und einen lebhaften unterhaltenden Humor an den Tag, wodurch er diejenigen Anwesenden, denen die Lustigkeit und das Lachen nicht unter die verbotenen Dinge gehörte, unterhielt. Neben der Theologie galt aber seine Reise auch physiognomischen Zwecken. Die Menschen und ihre Gesichter zu erforschen, galt ihm sogar mehr oder weniger als Hauptsache, weshalb er denn auch überall geschäftig seine Fühlhörner ausstreckte. Aus diesem Grunde führte er einen jungen

Maler, Namens Schmoll, mit sich, der ihm überall die Köpfe berühmter oder charakteristischer Männer abconterfeien mußte.

In der That fehlte es an dieser Tafel auch nicht an höchst seltsamen Exemplaren der Menschheit, über die sich Goethe, der neben Jung saß, nähere Auskunft erbat.

Wer ist der Kranich, fragte er, der oben am Tische sitzt?

Jung erwiberte: Es ist Deschenmacher, ein alter durch den Ruf von Lavater's praktischer Gottseligkeit herbeigelockter Terstegianer*) voll sanfter Züge, ruhig im Blick, und nach den Grundsätzen der Mystik äußerst behutsam und ängstlich zart. Er sieht mitunter mit freundlicher Unruhe um sich und spricht auch wol zuweilen heimliche Ermahnungsworte, da er hier im Kreise Geister anderer Gesinnung wittert.

Da mag der Kranich recht haben, sprach der Freund. Wer ist denn dort der Rabe? Sein düsteres Gesicht scheint Lavater's ganzes System erschüttern zu wollen. Bös und widrig ist er nicht, aber er zeigt auch nichts, was auf wahre Seelengröße deutet.

Nun, meinte der Arzt, ich denke, aus des frommen Doctor Collenbusch, meines Collegen, Gesicht, das freilich sehr von den Blattern entstellt ist, leuchtet doch eine geheime stille Majestät hervor, und seine mit dem schwarzen und grauen Staar kämpfenden Augen sowie sein zwei

---

*) Ueber den Mystiker Gerhard Terstegen zu Mühlheim an der Ruhr 1697—1769 vgl. Hegenbach, „Kirchengeschichte des achtzehnten und neunzehnten Jahrhunderts", I, 142 fg.

Reihen schöner weißer Zähne zeigender Mund scheinen die Wahrheit welträumeweit herbeiziehen zu wollen. Auch fesselt seine höchst gefällige einnehmende Sprache, verbunden mit einem hohen Grade von Artigkeit und Bescheidenheit, jedes Herz, das sich ihm nähert.

Ich bitte, das meinige auszunehmen, Jung, meinte Goethe, du hast wirklich seltsame Schönheitsbegriffe. Aber weiter, Mann, nenne mir jetzt den Dompfaff, jenen hektischen hagern Gesellen mit dem länglichen Gesichte, der spitzen Physiognomie und dem — außer für mich — sehr ehrfurchterweckenden Gesichte.

Es ist der Prediger Hasenkamp, erwiderte der Gefragte, ein sehr feiner Kopf. Jedes Wort von ihm ist ein Nachdenken und Wohlgefallen erregendes Paradoxon. Er stimmt selten mit dem System überein. Sein Geist sucht überall Luft und ängstet sich in seiner Hülle nach Wahrheit, bis er die Hülle zersprengt und mit einem lauten Halleluja zur Urquelle des Lichts emporfliegt.

Ach was, flüsterte Heinse von der andern Seite Goethe ins Ohr: Glauben Sie den Unsinn nicht. Es sind ganz nichtswürdige Pietisten.

Genug, sprach nun Goethe zu Jung-Stilling. Die andern sind, wie ich merke, Lückenbüßer.

Wirklich ergab sich bald die Gelegenheit, die Gesinnungen der wupperthaler Rädels- und Redeführer näher zu erkennen. Als nämlich die Sprache auf Klopstock's „Messiade" kam, hielt Hasenkamp ein strenges scharfes Strafgericht über dieses profane Buch. Er wollte das Leben des Herrn nur in der Darstellung der Bibel und nannte jeden Versuch, den ein anderer Sterblicher in

Betreff der Behandlung eines solchen Stoffes wagte, eine Entheiligung. Deschenmacher und Doctor Collenbusch stimmten ihm in der entschiedensten Weise bei. Seltsamerweise wagte es kaum einer aus dem Kreise, sich der Dichtung und des Dichters anzunehmen. Hielten sie es für überflüssig, mit diesen Zeloten zu kämpfen, weil sie dieselben doch nicht zu glimpflichen Meinungen bringen konnten, oder schämten sie sich des Zusammenseins mit solchen Leuten, kurz, die beiden Jacobi schwiegen, und Lavater saß mit unschuldigem Lächeln auf den verführerischen Lippen da, indem sein ganzes Gesicht den Ausdruck der Ueberzeugung trug, er hege doch eine ganz andere Meinung von dem Dichter, den die Deutschen zu jenen Zeiten als ihr größtes Licht verehrten.

Aber Goethe sprang mit zornigen Blicken auf und rief: Larifari! Jeder Mensch hat das Recht, sich selber die Art und Weise, in der er die Welt und die Dinge aufnimmt, so zu gestalten, wie es ihm von der Natur gegeben ist. Alles ist mein, was den Kreis meiner Wirksamkeit erfüllt.*) So darf ich das Heilige und das Profane geben. Das war auch das Recht Klopstock's, als er den „Messias" schuf. Und das ist auch mein Recht, indem ich mich in dieser ernsten Gesellschaft äußerst heiter fühle und dieser Heiterkeit den Ausdruck gebe, der mir jetzt durch die Glieder spukt.

Damit sprang er auf und tanzte wie toll im Kreise umher. Dazwischen faßte er seine Freunde an die Köpfe, ihnen Wangen und Kinn streichelnd und sie an den

---

*) Vgl. Goethe's „Prometheus".

Zöpfen rupfend, und schoß gleichsam mit großem hellem Blick die Pietisten danieder, die ihn mit starren, bemitleidenden Augen ansahen. Alle, die ihn und seine Weise kannten, meinten vor Lachen zu platzen, bis zu dem frommen Jung, den Orthodoxen aber fing es an bang zu werden.

Der ist vom Satan besessen, flüsterte Hasenkamp.

Gott sei bei uns! sprach Collenbusch.

Höllenwerk! rief Deschenmacher.

Es ist wahrhaftig weit gekommen, fuhr nun der wilde Dichter des „Götz" auf, nachdem er noch einigemal tanzend um die Tafel gesprungen war, denn ich, der Heide, muß Klopstock, den Christen, vertheidigen.

Ein Heide! rief Hasenkamp wüthend aufspringend. Dann müssen sich die Auserwählten Gottes entfernen.

Ein Heide! erhob Collenbusch mit Entsetzen die Stimme. Fort von dieser Stelle!

Ein Heide! schrie Deschenmacher. Apage Satanas! Israel geht zu seinen Zelten.

Und so drängten sie sich gleichzeitig zur Thür, so sehr sie auch die Hausherren zurückzuhalten strebten. Wäre es möglich gewesen, die Haare der Perrüken hätten sich gesträubt. So wackelten nur die Zöpfe hinter ihren erhitzten Gesichtern. Sie verschwanden den Blicken in einer Wolke von Puder, der, von den Bewegungen erregt, emporstob.

Lavater und Jung, die wenig erbaut von dieser Störung waren, machten Goethe einige Vorwürfe über die von ihm verursachte Scene, indem sie ihm sein Heidenthum verwiesen, das sie nicht verstehen wollten, und ihn mit Anklagen, Gründen und Zeugnissen bestürmten.

Der Dichter aber nahm plötzlich nach seiner tollen Ausgelassenheit eine ebenso ernste Miene an und rief: Glaubet mir, es wird die Zeit kommen, wo wir uns verstehen werden. Ihr redet von mir als einem Ungläubigen, der begreifen will, der bewiesen haben will, der nicht erfahren hat. Und von dem allen ist gerade das Gegentheil der Fall in meinem Herzen. Bin ich nicht viel resignirter im Begreifen und Beweisen als ihr? Habe ich nicht eben das erfahren als ihr? Ich bin vielleicht ein Thor, daß ich euch nicht den Gefallen thue, mich mit euern Worten auszudrücken, und daß ich nicht einmal durch eine reine Experimentalphysiologie mein Innerstes euch darlege, daß ich ein Mensch bin und daher nicht anders sentiren kann als andere Menschen, daß alles, was unter uns Widerspruch scheint, nur Wortstreit ist, der daraus entsteht, weil ich die Sachen unter andern Combinationen sentire und darum, ihre Relativität ausdrückend, sie anders benennen muß, was aller Controversien Quelle ewig war und bleiben wird. Und daß ihr mich immer mit Zeugnissen packen wollt! Wozu die? Brauch ich Zeugniß, daß ich bin? Zeugniß, daß ich fühle? Nur so schätze, lieb', bet' ich die Zeugnisse an, die mir darlegen, wie Tausende oder einer vor mir das gefühlt haben, das mich kräftiget und stärket. Und so ist das Wort der Menschen nur Gottes Wort, es mögen Pfaffen oder H— gesammelt und zum Kanon gerollt oder es als Fragmente hingestreut haben. Und mit inniger Seele fall' ich dem Bruder um den Hals:

Moses, Prophet, Evangelist, Apostel, Spinoza oder
Macchiavell. Darf aber auch zu jedem sagen: Lieber
Freund, geht's dir auch wie mir. Im einzelnen sentirst
du kräftig und herrlich; das Ganze ginge in deinen Kopf
so wenig als in meinen.*)

Diese Rede für das Recht der Individualität übte
den entschiedensten Eindruck aus. Lavater und Jung
beruhigten sich und wurden wieder freundlich. Gleichwol
verließen sie bald das Zimmer. Und da auch mehrere
andere Lückenbüßer fortschlichen, so entstanden wirklich
Lücken in der Reihe am Tische, aber nicht in den Reden.
Uebrigens ward es bald Zeit zum Aufbrechen. Die Pferde
hatten sich allmählich vor der Thür eingefunden. Man
verabschiedete sich bei den Gastfreunden und ritt westwärts durch die Berge der Ebene des Rheinthals zu.

Georg und Fritz Jacobi fanden bald Gelegenheit sich
zu überzeugen, daß Heinse nicht übertrieb, wenn er sagte,
Goethe sei unwiderstehlich. Hatte sein dämonisches Wesen von ferne die Geister gepackt, so fesselte er in der
Nähe auch die Gemüther. Man merkte vor allen Dingen
in jedem Zug und Wort sein unverbrüchliches Gefühl
für Wahrheit und Freiheit. Freilich war er leck und
übermüthig, aber er zeigte sich ebenso innig und liebevoll.
Seine Anerkennung für alles Gute und Edle quoll begeistert hervor. Und sein Spott überschritt nie die liebenswürdige Anmuth. Ja er spottete oft am herbsten
über sich selbst und hatte für sich und seine Schöpfungen

---

*) Diese Worte finden sich in einem Briefe Goethe's an Pfen-
ninger. Vgl. Lewes' „Goethe", übersetzt von Frese, S. 229, 230.

die geringste Nachsicht. Das ist aber nur die Tugend eines in sich freien Menschen. Wie herrlich drückte er sich dabei aus über Natur, Kunst, Dichtung! So hatten die Genossen der Fahrt noch niemand reden gehört. Die unmittelbare Ursprünglichkeit seines Ausdrucks war bezaubernd. Seine Reden rauschten dahin, wie jene süßen, strömenden Gedichte, welche, von ihm gesungen, in die Welt gingen und die Menschen bezauberten.

Man fragte ihn auf dem Ritt, der bald in frischem Trab und bald in ruhigem Schritt dahinging, nach den neuen Werken, mit denen er beschäftigt war. So erzählte er denn von „Werther" und „Clavigo". Zum ersten hatte ihm der Tod des jungen Jerusalem und seine Bekanntschaft mit der reizenden Charlotte Buff in Wetzlar Anlaß gegeben. Der letztere dankte einem gesellschaftlichen Scherze seinen Ursprung. In seinem frankfurter Kreise wurde nämlich von einer Anzahl von Freunden und Freundinnen das Spiel getrieben, daß die anwesenden unverheiratheten jungen Leute zeitweise als Mann und Frau verlost wurden, wobei dann der Freund der Freundin alle Aufmerksamkeit des Gatten schenken mußte. Anna Sibylla Münch wurde Goethe's Gespielin. Sie gab ihm die Aufgabe, die bekannte Anekdote aus Beaumarchais' Memoiren dramatisch zu behandeln. Im Uebermuth machte er sich anheischig, binnen acht Tagen das Stück zu bringen. Und so geschah es auch. Freilich taugt das Ding nicht viel, schloß er. Aber Gelegenheit macht Diebe. Gelegenheitsdichtung ist die wahre.

Alle staunten über seine leichte Art und Weise. Man beneidete ihn, daß er so frisch in das Menschenleben zu

greifen verstehe und daß er sich frank und froh lebendigen Stoff aus der unmittelbaren Gegenwart schöpfe.

Ja wohl, rief er aus, man muß nur die rechten
Augen mitbringen und nicht über die Grenzen desjenigen,
was sich von selbst bietet, in das Blaue hinausstarren.
Auch jetzt auf meiner Reise habe ich wieder einen trefflichen Stoff zu einer kleinen Novelle gefunden.

Alle baten ihn um die Mittheilung, zumal da sie die
Pferde augenblicklich an den Grafenbergen abwärts Schritt
gehen ließen. Vor ihnen lag die Rheinebene in gewaltiger Breite ausgestreckt. Im Westen ging die Sonne
unter. Die Fläche mit dem silbernen Faden des schönen
Stroms schwamm in goldenen Gluten.

Goethe aber begann, indem das Abendroth sein schönes Haupt bestrahlte, folgendermaßen: So höret denn,
was mir ein Fremder jüngst auf dem Schiffe rheinab-
wärts erzählte. Freilich theile ich nur das Gerippe der
Thatsachen mit. Die poetische Einkleidung bleibt dem
künftigen Dichter überlassen.

Die umgebenden Personen lenkten ihre Pferde recht
nahe aneinander.

Der Freund sprach mit gehobener Stimme: In einer
mäßig großen Stadt, ich glaube sie liegt in Südfrank-
reich an der Rhone, lebte eine wohlhabende zahlreiche
Familie, die, aus lauter guten Menschen bestehend, patriarchalische Sitten pflegte, denn außer den Großältern
lebten mehrere Söhne und Töchter mit ihren Gattinnen
und Gatten unter demselben Dache. Auch unverheira-
thete Kinder waren vorhanden. Es fehlte sogar nicht
an einer beträchtlichen Enkelschar, die sich in jugendlicher

Fröhlichkeit durch das weite Haus und die umfangreichen Gärten herumtummelte und auch eines gemeinsamen Unterrichts genoß. Um sie nämlich nicht in die öffentlichen Schulen zu schicken, hatte man einen jungen Mann als Hofmeister in das Haus genommen, der seinen Pflichten mit der größten Geschicklichkeit und Unverdrossenheit nachkam und sich der allgemeinen Liebe und Achtung erfreute. Nun geschah es aber, daß die gefällige Gestalt, das liebenswürdige Wesen, der klare Geist und das tiefe Gemüth des jungen Mannes großen Eindruck auf eine der unverheiratheten Töchter der Familie machte, sobaß sie in heller Leidenschaft zu ihm entbrannte. Das Mädchen gab sich, wie es die unerfahrene Jugend zu thun pflegt, rücksichtslos ihren Hoffnungen hin, ohne daran zu denken, daß der Hauslehrer, über dessen vergangenes Leben man wenig oder gar nichts wußte, auch wol anderwärts gebunden sein könnte. Leider war dies aber wirklich der Fall. Eines Tags nämlich, als alle ältern Mitglieder der Familie eine kurze Reise in die Nachbarschaft angetreten hatten, um dort Vermögensangelegenheiten zu ordnen, bei denen ihre persönliche Gegenwart in der Behausung eines Rechtsgelehrten nöthig war, entdeckten die Daheimgebliebenen durch ein Ungefähr, daß der Hauslehrer eine Liebschaft mit einer hübschen Metzgerstochter habe. Es hatte ihn nämlich einer der jungen Söhne des Abends bei einem Stelldichein in zärtlicher Umarmung mit seiner Geliebten an der Thür ihres älterlichen Hauses erblickt. Er brachte diese Nachricht mit einigem Hohn und Spott an den heimatlichen Herd. Die Schwester, welche dem Hauslehrer im Herzen zugethan war, begann laut aufzuschluchzen und zu weinen. Eine andere Tochter des Hauses, welche um diese geheime Leidenschaft wußte, konnte die Gefühle der Empörung nicht unterdrücken. Aber sie hütete sich, den wahren Grund zu gestehen, sondern nannte es mit zornigen Mienen besonders strafbar, daß der junge Mann eine so plebejische Neigung habe und daß er also eine gemeine Sinnesart an den Tag lege. Die verschiedenen Aeußerungen gegen den ruchlosen Hausgenossen führten zu einem kleinen Familienrath unter den jungen Leuten, welche den Beschluß faßten, trotz der Abwesenheit der Aeltern, den Unglücklichen sofort aus dem Hause zu entfernen. Gesagt, gethan. Man setzte einen Brief auf, der dem Hauslehrer heischte, den Ort, wo er sich doch vielfach nützlich gemacht hatte, sogleich zu verlassen, was dieser denn auch mit traurigem Herzen that.

Hier machte der Dichter eine Pause. Schenk, der gleich von vornherein verstand, daß es sich um seine eigene Geschichte handelte, ritt beiseite und war äußerst verlegen. Auch Heinse schien eine Ahnung von der Absicht des Erzählers zu haben, denn er kannte die Neigung des Hauslehrers, die er aber weislich für sich behalten hatte. So spielte denn wieder das ironische Lächeln über seine Züge.

Als Goethe aber nach langem Schweigen den Faden nicht wieder aufnahm, meinte Fritz Jacobi: Die Geschichte kann doch noch nicht zu Ende sein.

Das ist sie auch nicht, rief Goethe. Mein Reisender hatte gerade die Stadt verlassen, als die Ereignisse bis zu diesem Punkte gediehen waren. So konnte er mir also auch den Ausgang nicht mittheilen. Aber sagen Sie mir, was würden Sie der Begebenheit für einen Schluß geben, wenn Sie eine Novelle daraus machen sollten?

Nun, die Lösung liegt meines Erachtens auf der Hand, sprach Georg Jacobi. Die Alten kommen heim, sehen den dummen Streich der jungen Leute ein und rufen den verbannten Hauslehrer zurück.

Und das junge Mädchen, fügte Fritz hinzu, bekehrt sich von seinem Irrthum und betrachtet später die Geschichte als ihre erste Liebe, die doch nun einmal in der Regel unglücklich endet.

Bravo, rief Goethe, das ist auch meine Meinung. Nur fehlt noch die hübsche Metzgerstochter, die nun auch herbeigeholt und mit dem Geliebten verlobt wird, welchem der alte angesehene Hausherr in der Folge eine einträgliche Stelle verschafft. So wollen wir die kleine Novelle schließen.

Unter diesen muntern Reden hatten sie den Jacobi'schen Garten erreicht. Goethe mußte natürlich als Gast mit den Brüdern in das Haus. Schenk, der dem Dichter heimlich die Hand drückte, übernahm es, die Pferde in die Stadt zu bringen und den Reisekoffer des geistvollen Frankfurters hinausschaffen zu lassen. Und so saßen die trefflichen Brüder nebst Lotte und Lene denn bald mit dem neuen Freunde, dem sich alle Herzen lebendig ergaben, in dem heimelnden Hause zu Pempelfort.

Siebentes Kapitel.

Am andern Morgen, der herrlich und golden über der sommerlichen Erde aufgegangen war, versammelte sich der Kreis unserer Freunde in einer Laube vor dem Hause, in welcher Lotte und Lene das Frühstück aufgetragen hatten. Ringsumher dehnten sich die herrlichsten Blumenbeete. Schöne Orangenbäume standen, Blüten und Früchte zugleich tragend, in der Runde und strömten Wohlgerüche aus. Lotte strahlte von Vergnügen, den frankfurter Gast bei sich zu haben. Auch Lene schien freier in ihrem Wesen, obgleich sie noch nicht recht mit sich selbst fertig werden konnte. Georg und Fritz Jacobi schwärmten in neuem Entzücken über den Freund, der ihnen bald eins seiner Lieder vorsagte und sich bald in allerlei interessante Gespräche mit ihnen vertiefte.

Nun kam auch der Postbote und brachte einen Brief an den Doctor Goethe. Es war bereits eine Antwort der Frau Betti aus Vaels. Sie schrieb folgendermaßen:

„Freilich, Herr Doctor, konnte ich keinen Brief von

Ihnen, noch weniger aus Düsseldorf erwarten. Mein Erstaunen darüber war so groß, daß ich in einem Herjemine ausbrach, welches meiner Mutter die Brille von der Nase fallen machte. «Was habt Ihr, Tochter?» O nichts, Mama. Goethe ist in Düsseldorf und ich just nicht. «Wer ist Herr Goethe?» Ach, nun kratzte ich mich hinter den Ohren, antwortete aber, ein guter Bekannter aus Frankfurt. Die Antwort war nicht hinlänglich. Die guten Alten fragen gern, und hätte ich nicht gesagt, Sie wären ein geschickter Advocat, so hätte sie meine obige Exclamation verüblet. Ein Poeten=Herr=Doctor steht hier in jämmerlichem Ansehen. Daß es mir indeß leid thut, daß ich nicht mit Ihnen in unserer herrlichen Galerie herumwandere, ist wahr, und daß es Ihnen ebenfalls leid thut, daß ich nicht dort bin, will ich zu meinem Vergnügen glauben. Wäre ich und alles was ich liebe in Düsseldorf gewesen, so sollte unsere alt=deutsche ehrliche Bewirthung Sie nicht misvergnügt haben abreisen lassen. Sind Sie oder sind Sie nicht mehr daselbst? Wo Sie sind, folge Ihnen Glück, Freude und Vergnügen. Das wünscht von ganzem Herzen
Betti Jacobi."*)

Nach beendigtem Frühstück gingen die Männer nach der Stadt, um einige Stunden in der Galerie zu verweilen, wo es denn wieder nicht an bedeutenden und fruchtbaren Mittheilungen fehlte. Dieselben anregenden Gespräche wurden auch bei der Mittagstafel fortgesetzt.

---

*) Briefwechsel zwischen Goethe und Jacobi, S. 21, 22.

Fritz Jacobi mit seiner receptiven Natur fühlte sich jeden Augenblick mehr und mehr zu Goethe hingezogen. Er hörte und sah fast nichts anderes mehr als den Gast. Selbst für die Hausordnung hatte er kein Auge. Erst als die Gesellschaft beim Dessert saß, hörte er den unbändigen Lärm der Kinder vor dem Hause und wurde dadurch zuerst auf Schenk's Abwesenheit aufmerksam, der sonst das kleine wilde Heer in Ordnung zu halten pflegte.

Aber wo ist denn Schenk? fragte er Lotte, ich erinnere mich nicht, ihn beim Frühstück und beim Essen gesehen zu haben.

Die beiden Mädchen wurden über und über roth und schwiegen verlegen.

Goethe, der sich mit Heinse bereits in Einverständniß über die gestern erzählte Novelle gesetzt hatte, winkte dem letztern beiseite. Beide verließen das Zimmer und begaben sich in den Garten. So blieben denn die Familienmitglieder zusammen.

Nun, wo ist denn Schenk? wiederholte Bruder Fritz seine Frage an die Schwestern.

Lene fing an zu weinen. Lotte erzählte den Vorgang des vorgestrigen Tages. Das Erstaunen der beiden Brüder wuchs mit jedem Augenblicke, denn sie hörten nun dieselbe Geschichte, die Goethe ihnen auf dem Wege von Elberfeld nach Düsseldorf mitgetheilt hatte. Fritz war sehr aufgebracht.

Taktloses Mädchenvolk! rief er mit dem höchsten Zorne aus, dessen sein sanftes Wesen fähig war. Was geht es euch an, wenn ein junger Mensch die Tochter eines Metzgers liebt? Hat sein Herz nicht sein eigenes Recht? Spricht es nicht für ihn, daß er in einer bessern Stellung der Neigung seiner Jugend treu bleibt? Ich schätze den braven guten Jungen nur desto mehr. Pfui, daß ihr, die ihr euch durchaus nicht zu seinem Richter aufwerfen durftet, ihn auf solche Weise behandelt. Aber das soll in aller Eile geändert werden. Komm, Georg!

Die Brüder verließen das Zimmer und trafen im Garten mit Goethe und Heinse zusammen.

Was machen Sie, Goethe? rief Fritz Jacobi. Sie nehmen ja den Stoff zu Ihren neuen Novellen hier aus dem Hause.

Wahrheit und Dichtung, sprach der Gast mit feinem Lächeln. Ich wollte nur die Entscheidung der Alten über den Schluß, den die Sache nehmen sollte, hören. Denken Sie heute noch wie gestern? Soll Schenk zurückkommen? Wird der Conflict geebnet werden?

Wir haben unsere Meinung nicht geändert, antworteten die Brüder.

Schön, rief Goethe. So lassen Sie mich und Heinse die Katastrophe herbeiführen.

Niemand würde dazu besser geeignet sein wie Sie, sprach der Hofkammerrath.

Ich hätte dann aber den Wunsch, daß die Mädchen für den Abend entfernt würden, zumal wenn sie es selber wünschen. Es scheint mir nämlich, daß der arme Schenk so ungebührlich vor die Thür gesetzt worden ist, daß er mit Ehre wieder einziehen muß.

Sie sind wirklich ein guter Mensch, mein lieber

Goethe, sprach Fritz Jacobi mit tiefer Rührung. Dabei
gab er ihm die Hand, die Georg gleichfalls schüttelte.
Dann fuhr er fort: Ich will mit den Schwestern reden
und sie noch den Abend zu Freunden in Gerresheim
schicken, wo sie die Nacht bleiben sollen. Jetzt holen
Sie uns den Schenk, dessen eigentlicher Patron Sie in
dieser Angelegenheit geworden sind.

Und darf ich dabei auch einigen theatralischen Hokus-
pokus machen, der zugleich in diesem Kreise eine kleine
Ueberraschung bietet? fragte der Dichter.

Thun Sie, was Sie wollen, erwiderte der Hausherr,
Sie haben freies Spiel. Jetzt aber müssen Sie mich
für eine Weile entschuldigen; ich habe auf dem Zollamte
zu thun.

Desto besser können wir überlegen, sprach Goethe,
der sich nun mit Heinse entfernte, während Georg auf
sein Zimmer ging und der Hofkammerrath sich zu seinen
Schwestern verfügte, mit denen er eine längere Unterredung hatte, und dann nach seinen Bureaux in der
Stadt begab.

Es begann bereits zu dunkeln, als Fritz und Georg
Jacobi sich in der bekannten Gesellschaftsstube links vom
Hausflur einfanden, um verabredetermaßen Goethe und
Heinse zu erwarten. Auf dem gedeckten Tische, der für
die Abendmahlzeit bereitet war, brannte eine große Lampe
und sandte freundliche Strahlen durch den mit schönen
großen Kupferstichen ausgeschmückten traulichen Raum.
Aber die Gäste ließen eine Viertelstunde nach der andern
auf sich warten. Plötzlich hörte man einen Wagen am
Gartenthor vorfahren. Die Brüder dachten natürlich

an die erwarteten Freunde. Wie groß war daher die
Ueberraschung, als statt ihrer Frau Betti eintrat.

Sie flog ihrem geliebten Fritz an den Hals, fragte
aber in demselben Athem: Wo ist Goethe?

Ei, ei, sprach der Gemahl, seinetwegen bist du von
Baels zurückgekommen. Da hätte ich alle Ursache, eifer=
süchtig zu sein.

Nun ja; meinte die schöne Frau, ich gestehe, daß ich
für ihn ein Freundschaftsgefühl hege wie für keinen an=
dern Sterblichen.

Und du hast recht, erwiderte Fritz, er ist der herr=
lichste Mensch, den ich je gesehen habe.

So wie er ist, habe ich ihn mir nicht gedacht,
fügte der Kanonikus hinzu, der jetzt auch der Schwägerin
die Hand reichte.

Seht ihr es nun, ihr Kleingläubigen! rief sie trium=
phirend aus. Habe ich es euch nicht immer gesagt, daß
er euch selbst bekehren würde? Aber ist er denn schon
wieder nach Frankfurt?

Nein, er ist in Pempelfort, rief jetzt eine volltönende
Stimme hinter ihr, und bringt der allerbesten Frau Betti
seine besten Huldigungen an ihrem Herde.

Es war Goethe, der das Zimmer leise betreten
hatte, sich vor der Hausfrau kniete und ihre Hand
küßte.

Dann rief er zu Fritz Jacobi gewandt: Da bringe
ich Ihnen auch Ihren verbannten Schenk zurück.

Die Brüder traten zu dem Hauslehrer und schüttel=
ten ihm die Hand, indem sie sich wegen des heftigen
Schrittes der Schwester entschuldigten. Frau Betti, welche

auf der Stelle merkte, daß etwas Ungewöhnliches geschehen sei, erhielt auf ihre Frage einen kurzen Bescheid, der ihr alsbald klare Einsicht in die Verhältnisse gestattete. Natürlich stellte sie sich gleich auf die Seite der Männer und lobte sie nicht wenig, daß sie auf Goethe's sinnreiche Veranlassung die Angelegenheit in das rechte Gleis gebracht hatten.

Kaum aber war eine Verständigung der Anwesenden erzielt, als sie sammt und sonders mit Ausnahme von Goethe alle Ursache hatten, in ein neues Erstaunen zu gerathen. Heinse trat nämlich herein und brachte drei Leute mit sich, welche der anständigen Bürgerklasse angehörten. Anfangs dachte man an eine Mummerei. Aber es war unmöglich, aus der Verkleidung bekannte Personen herauszufinden. Ueberdies benahmen sich die Eintretenden äußerst blöde und verschämt. Der dicke Mann mit dem fetten Gesichte und den fleischigen Händen sammt der schlanken Frau in hoher Mütze wußten weder ihre Schritte sicher zu setzen, noch ihre Glieder recht zu lassen. Das Mädchen, welches sie begleitete und in der einfachen Tracht eine auffallende Schönheit an den Tag legte, suchte mit ängstlichen Blicken den Boden, während Schenk mit glühendem Gesichte im Hintergrunde stand. Heinse sprach kein Wort der Erklärung, er lächelte wieder mit höchst ironischer Miene.

Nach einer kleinen Pause, in welcher auch auf Goethe's Zügen eine leise Satire spielte, trat dieser endlich vor und sagte: Meine Freunde, ich stelle Ihnen hier den Metzgermeister aus der Kapuzinergasse nebst seiner Frau und Tochter vor. Jungfer Gertrud ist die Geliebte unseres Schenk. Wie ich hoffe, wird sie heute Abend seine Braut. Will der Herr Hofkammerrath das Versprechen halten, seinem jetzigen Hauslehrer mit der Zeit eine Anstellung im Staatsdienst zu verschaffen, so hat der Vater nichts gegen diese Verbindung.

Was in meinen Kräften steht, sprach jetzt Fritz Jacobi, werde ich mit Vergnügen thun.

Dann habe ich nichts wider diese Verbindung, meinte der ehrliche Metzger.

Ich bin immer dafür gewesen, fügte die Mutter hinzu.

Bravo! rief Frau Betti.

Bravo! sprach Heinse. Aber Sie müssen auch ihr Bravo dazu sagen, Herr Kanonikus, wandte er sich an Georg, denn ich, der schon längst um diese Neigung wußte, habe unsern Schenk noch als Unteroffizier im Hofgarten belauscht, wie er seiner Geliebten den Hof mit Ihren Versen machte. Es war das Lied:

> Komm, Liebchen, es neigen
> Die Wälder sich dir,
> Und alles mit Schweigen
> Erwartet dich hier.

Bravo! ließ sich nun auch der Dichter vernehmen.

Da wir denn alle übereinstimmen, nahm jetzt Goethe das Wort, so wollen wir die Verlobung feiern. Damit faßte er Schenk, führte ihn zu dem Mädchen und legte ihre Hände ineinander. Und nun auch noch einen Kuß, fügte er hinzu.

Aber die jungen Leute waren äußerst verlegen. Sie

wußten sich nicht zu nehmen. Indeß der Dichter ließ nicht nach mit Scherz und Humor, bis der Kuß gegeben war.

Jetzt ist's fertig, rief Goethe. Gottlob! das nenne ich eine vollständige Verlobung. Wir gratuliren mit Pauken und Trompeten.

Alle drängten sich an das Paar und schüttelten ihm und den Aeltern des Mädchens die Hände.

Während dieses Vorgangs öffnete sich die Thür aufs neue. Welche Ueberraschung war es für die Mitglieder der Familie sowie für Goethe und Heinse, als Lotte und Lene, die man über alle Berge glaubte, nun doch hereintraten! Freilich hatten sie dem Bruder das Versprechen gegeben, nach Gerresheim zu fahren, und dem Anschein nach auch den Wagen bestiegen. Aber sie waren gegen Abend wieder in den Garten geschlichen und hatten, im Gesträuche verborgen, die Versammelten allmählich eintreten sehen. So ahnten sie denn auch ganz richtig, worum es sich handelte. Lotte hatte der Schwester Muth eingesprochen, gute Miene zum bösen Spiel zu machen. Und da nun einmal die Dinge nicht zu ändern waren, so fühlte Lene mit einem male einen ungewöhnlichen Heldenmuth. Die Mädchen pflückten sogar ein paar Sträuße, die im Mondschein leidlich gut geriethen. Sie schritten mit ihren Blumen auf das Brautpaar zu, dem sie beide in der herzlichsten Weise Glück wünschten. Lotte bat sogar Schenk mit lauter Stimme um Verzeihung.

Jetzt heißt es aber Bravissimo, jubelte Goethe. Haben wir's gut gemacht, so machen's die Mädchen doch noch besser. Wer sich selbst besiegt, der ist der größte Sieger.

In den Kreis kam nunmehr die fröhlichste Stimmung. Selbst die arme Lene fühlte eine bitter-süße Befriedigung. Frau Betti drängte darauf, die guten Bürgersleute heute Abend zu bewirthen. Bei Tisch ging es äußerst lustig zu und Goethe ließ es sich nicht nehmen, dem Paare, das eigentlich durch ihn so rasch und glücklich zusammengekommen war, einen fröhlichen Trinkspruch auszubringen. So war es denn kein Wunder, daß die Bewohner der Kapuzinergasse höchst befriedigt heimkehrten. Wer aber war glücklicher als Heinrich Schenk und seine Gertrud, daß auf das trübe Wetter so bald ein Sonnenschein gefolgt war, den sie lebenslang dem schönen jungen Dichter aus Frankfurt danken mußten! Jedoch auch auf Lene übte die gewaltsame Cur eine rasche Heilung. Die Krise war heftig, aber dafür auch entscheidend.

Am folgenden Tage war für Goethe, der seine Reise schon über die bestimmte Frist ausgedehnt hatte, die Zeit zum Aufbruch gekommen. Er verabschiedete sich bei Frau Betti und den Mädchen, von denen Lotte ihm mit Thränen in den Augen nachsah, und bei den Kindern in der herzlichsten Weise. Georg und Fritz Jacobi begleiteten ihn mit Heinse rheinaufwärts. Sie besuchten das bergische Lustschloß Bensberg, wo sie die herrliche Aussicht ins Rheinthal und Gemälde von Weenix bewunderten. Dann gingen sie nach Köln, dessen herrlicher Dom einen unaussprechlichen Eindruck auf Goethe machte. Auch die andern wundervollen Bauwerke aus früherer Zeit verfehlten nicht, eine großartige Wirkung auf sein Gemüth auszuüben. Einen lebendigen Begriff von dem Leben vergangener Tage erhielt er in dem alten bürgerlichen Hause der Familie Jabach, in dem auch jenes berühmte figurenreiche Porträtbild, das gegenwärtig Eigenthum des berliner Museums ist, ihn mächtig interessirte. Gegen Abend aber saßen die Freunde in einer Laube des am Ufer des Rheins gelegenen Gasthofs Zum heiligen Geiste.*) Vor ihnen in den Römern perlte der goldene Wein, der an den Hängen des schönsten Stroms der Welt wächst. In der Ferne über dem Siebengebirge stieg der Vollmond auf. Die Wasser des Flusses blitzten in dem Kusse seiner leuchtenden Strahlen. So genossen die Freunde noch schöne herrliche Stunden in gemeinsamem Austausch ihrer Gedanken. Endlich schlug es Mitternacht von den alten Thürmen der Stadt. Es war Zeit zum Scheiden, denn Goethe wollte schon in aller Frühe auf das Marktschiff, das ihn in die Heimat tragen sollte. Alle brachen auf, um sich zur Ruhe zu begeben. Goethe aber hielt Fritz Jacobi, der durch sein schönes rein menschliches Wesen den größten Eindruck auf das Gemüth des Dichters gemacht hatte, zurück und warf sich ihm in der Dunkelheit an die Brust.

Auf treueste Freundschaft, rief er, mein Bruder. Auf Du und Du, mein Fritz!

Auf ewige Brüderschaft, antwortete Fritz Jacobi, dem die Augen naß wurden. Ich bin und bleibe der Deine.

So wurde hier ein Bund für das Leben geschlossen.

Einige Tage später langte ein Brief des Reisenden

---

*) Jetzt Der königliche Hof.

an Betti Jacobi in Pempelfort an, der folgendermaßen
lautete:

„Ihr Fritz, Betti, mein Fritz. Sie triumphiren,
Betti, und ich hatte geschworen, ihn nie zu nennen vor
seinen Lieben, bis ich ihn nennen könnte, wie ich ihn
nie zu nennen glaubte und nun nenne. Und so will=
kommen, tausendmal willkommen, die gesperrte Schiff=
fahrt geöffnet, Handel und Wandel im Flor, und gnade
Gott den scheelsüchtigen Nachbarn. Wie schön, wie herr=
lich, daß Sie erst nicht in Düsseldorf waren, daß ich
that, was mich das einfältige Herz hieß. Nicht einge=
führt, marschallirt, excusirt, grab 'rab vom Himmel ge=
fallen vor Fritz Jacobi hin! Und er und ich und ich
und er! Wir waren schon, eh noch ein schwesterlicher
Blick drein präliminirt hatte, was wir sein sollten und
konnten. Adieu, liebe Frau. Küssen Sie mir die Buben
und die Mädchen."*)

---

*) Briefwechsel zwischen Goethe und Jacobi, S. 22, 23.

Achtes Kapitel.

An einem schönen Augustabende des Jahres 1805, also einunddreißig Jahre nach den Ereignissen, die wir in diesen Blättern geschildert haben, saß in einem Sessel seines Wohnzimmers der Geheime Staatsreferendar Heinrich Schenk*) zu München im Kreise der Seinigen und freute sich der milden Luft, die, durch die offenen Fenster strömend, draußen über die Erde ging und einen wundervollen Sommertag hervorgezaubert hatte. Auf dem Sofa hatte Frau Gertrud ihren Platz genommen. Um den Tisch waren seine Kinder versammelt. Nach dem Wunsch seines Sohnes Eduard, eines siebzehnjährigen Jünglings, der sich ganz besonders für die deutsche Literatur interessirte und auch später als Dichter einen rühmlichen Namen erwarb, hatte der Vater der Familie in den Schatz seiner reichen Erinnerungen gegriffen und den

---

*) Die folgenden Data sind der Schrift von Friedrich Roth: „Zum Andenken Heinrich Schenk's" (München 1813), entnommen.

Kindern seine Begegnungen mit den Brüdern Jacobi, Goethe, Heinse und andern Freunden des pempelforter Kreises mitgetheilt, unter denen jene Erlebnisse, die wir eben erzählt haben, die hauptsächlichste Stelle einnahmen.

Aber nun erzähle uns doch auch, sprach sein ältester Sohn, ein junger tüchtiger Arzt, der sich noch mehr für das Leben des Vaters wie für dasjenige seiner Freunde interessirte, wie es dir und der Mutter weiter ergangen ist?

Der gute Hofkammerrath Jacobi, fuhr nun der Alte fort, hat nach seiner treuen Weise das gegebene Wort gelöst. Nachdem ich in seinem Hause sowie auf Reisen, auf denen ich ihn begleitete, noch viele vergnügte Stunden erlebt und eine Menge der interessantesten Menschen unserer Zeit, nämlich Klopstock, Lessing, Herder, Hamann, Hemsterhuis, die Fürstin Gallitzin, Claudius, die Grafen Stolberg, Georg Forster, den Freiherrn von Fürstenberg, Dohm, Schlosser und Johannes von Müller kennen gelernt hatte, verschaffte er mir zunächst eine Stelle im Zollwesen. Wir waren dann auch lange Zeit Nachbarn, denn ich habe meistens in Pempelfort in jenem Hause gewohnt, das durch eine Gasse von dem Jacobi'schen Garten getrennt, mit seinen Fenstern in den Hofgarten sieht. In meinem neuen Amte machte ich im Jahre 1779 mit meinem treuen Beschützer eine Reise nach München, wohin man Jacobi in einer wichtigen Sache berufen hatte. Hier wurde ich mit dem Freiherrn Franz Karl von Hompesch bekannt, der damals Finanzminister war, und hatte das Glück, seine Theilnahme zu erregen. Nach Düsseldorf zurückgekehrt, führte ich nun auch im

Jahre 1780 meine liebe Gertrud als Braut vor den Altar und von demselben als Gattin in das neueingerichtete Haus. Wir waren in der schönsten Ehe so glücklich, in euch vier gesunde kräftige Söhne zu erhalten. Der Weg in die Aemter des Staats ist nicht der schnellste, aber er ist ein sicherer, wenn man ihn nicht ohne Talent, Fleiß und Pflichttreue einschlägt. Der Freiherr Hompesch gab mir die Stelle als Militärökonomierath. Als solcher habe ich, wie ich mit Selbstbewußtsein behaupten kann, viel Gutes gestiftet. Zugleich machte ich damals manche Reisen, welche mich die Welt kennen lehrten, denn meine Geschäfte führten mich nach Paris und nach Rastadt, wo ich viele nützliche und lehrreiche Bekanntschaften anknüpfte und Förderung nach allen Seiten erhielt. Im Jahre 1799 aber, als unser trefflicher Kurfürst Maximilian Joseph den Thron bestieg, wurde ich auf den Vorschlag meines alten Gönners, des Staatsministers Freiherrn von Hompesch, zum Staatsreferendar ernannt. So verließ ich die alte Heimat am Rhein. Gott hat meine Wege gesegnet. Ich bleibe ihm dankbar ewiglich.

Wie ist es aber Jacobi und seiner Familie ergangen? fragte jetzt Eduard.

Der Dichter und Kanonikus Georg Jacobi, sprach Schenk, wurde 1784 Professor der schönen Wissenschaften in Freiburg, wo er sich friedlicher und freundlicher Zustände erfreut. Dagegen hat der brave, treffliche Fritz Jacobi viele herbe Schicksale erlebt. Zwar wurde er im Jahre, wo ich mit ihm nach München ging, jülichbergischer Geheimrath und Ministerialreferent über das gesammte Zollwesen, er fiel aber, als er sich damals zu

Gunsten des Freihandelsystems der Ausdehnung der bairischen Mauth über die Herzogthümer Jülich und Berg widersetzte, in Ungnade, und zog sich alsdann in das Privatleben zurück, um sich ganz und gar den Wissenschaften zu widmen. So verbrachte er denn im Umgange mit den ersten Geistern des Jahrhunderts in seinem schönen Pempelfort ein genußreiches Leben, zu dem ihm auch sein bedeutendes Vermögen alle Mittel an die Hand gab. Goethe blieb sein treuer Freund. Auch meiner gedachte er stets mit Wohlwollen. Ja, er hat mir seine Schrift über Spinoza gewidmet. Leider traf ihn aber damals der harte Schlag, seine treffliche Gattin zu verlieren. Doch damit war es noch nicht genug. Als die Bewegungen der Französischen Revolution über den Rhein drangen und ihm zugleich einen großen Theil seines Besitzes nahmen, zog er mit seiner Familie im Jahre 1794 nach Holstein, wo er ein unstetes Wanderleben führte. Er mußte sogar sein geliebtes Pempelfort veräußern. Glücklicherweise ist indeß diese anmuthige Stätte wieder in die Hände der Familie gekommen, denn sein Sohn Georg Arnold Jacobi, mein früherer Schüler, hat sich in zweiter Ehe mit Luise Brinkmann, der Tochter eines bedeutenden Arztes in Düsseldorf vermählt, der das pempelforter Gut nach Jacobi besaß und es dem Schwiegersohn aufs neue übergab. Jacobi selbst aber ist bisjetzt noch nicht zu einer neuen Heimat gelangt.

Und geschieht denn nichts, um ihm eine solche zu schaffen? fragten die Söhne.

Ich habe meine Freundschaft für den edeln Mann,

dem ich das Glück meines Lebens verdanke, nicht vergessen, sprach Schenk, und hoffe, daß sich seine Wohlthaten an mir lohnen werden.

In demselben Augenblicke hörte man draußen einen Wagen über das Pflaster rollen, der vor dem Hause anfuhr. Die Söhne eilten an das Fenster.

Eduard rief: An der Thür hält eine hochgepackte Kutsche.

Wohnt hier der Geheime Staatsreferendar Schenk? fragte draußen eine milde Stimme aus dem Wagen den öffnenden Bedienten.

Er ist's, sprach Schenk, der sich rasch aus seinem Sessel erhob und an die Thür eilte.

Die Seinigen folgten ihm.

Ein alter Mann mit einem feingeschnittenen, milden Gesichte und grauen Locken stieg eben aus. Ihm folgten zwei Damen, die um weniges jünger erschienen.

Schenk und der Ankommende fielen sich in die Arme.

Gottlob! daß Sie da sind, mein lieber Jacobi, rief der Hausherr. Willkommen, willkommen, Lotte und Lene!

In derselben herzlichen Weise empfing Frau Schenk die Gäste, die nun gleich in das Haus geführt und mit den Söhnen bekannt gemacht wurden. Die letztern umstanden und begrüßten mit Achtung und Ehrfurcht den Mann, von dessen Geist, Güte und Liebenswürdigkeit ihnen der Vater erst eben so erhebende Dinge erzählt hatte. Die Absicht Jacobi's, sich an der Thür nach einem passenden Gasthof zu erkundigen, wurde auf der Stelle vereitelt. Da die Fremdenzimmer immer in Bereitschaft standen, so wurde das Gepäck von den Söhnen und Dienstboten abgeladen und in das Haus gebracht. Nach einem kurzen Wirrwarr, den jeder Besuch mit sich zu bringen pflegt, traf sich die Gesellschaft im Wohnzimmer, wo nun auch allerlei Erfrischungen aufgetragen wurden.

Nun aber sagen Sie, fragte jetzt Frau Schenk die Ankömmlinge, was schafft uns das Vergnügen, Sie hier zu sehen?

Wie, das wissen Sie nicht? rief Lotte.

Das hat Ihnen Schenk nicht gesagt? fügte Lene hinzu.

Der edle Mann, sprach jetzt Jacobi, der dem Freunde die Hand reichte, indeß ihm große Thränen aus dem Auge fielen. Ihr Gatte ist es, liebe Frau Schenk, der nicht gerastet und geruht hat, bis er mir bei Ihrem trefflichen, geistvollen, freisinnigen Kurfürsten eine Stelle in der Akademie ausgewirkt hat. Durch seine Bemühungen sind die Umstände, unter denen ich hier einziehe, so glänzend ausgefallen, wie ich sie nur wünschen kann. Ich komme also hierher, um mir ein Haus zu gründen. Durch Schenk habe ich nach langen unsteten Wanderjahren wieder eine Heimat gefunden.

Aber warum hast du mir denn davon gar nichts gesagt? fragte die Hausfrau.

Thaten sind besser wie Worte, sprach der Geheime Staatsreferendar. Ueberdies wollte ich dir gern eine angenehme Ueberraschung bereiten.

Man sollte kaum glauben, wie es möglich ist, fiel nun Lotte ein, denn die Correspondenzen über diese Angelegenheit sind doch fast ein ganzes Jahr lang geführt worden.

Ja, so ist es, er thut das Gute immer im stillen, sprach die gerührte Frau.

Was ist denn dabei besonders Gutes, sagte Schenk. Ich löse nur ein kleines Theilchen der Dankbarkeit, die ich einem Manne schuldig bin, der mich in einen glücklichen Lebenspfad geleitet hat. Ueberdies aber ernte ich den größten Gewinn von der Uebersiedelung meines Freundes. Wir haben unsere jungen Tage in wechselseitiger Anregung verbracht, ich denke, unsere alten Tage sollen das Gegenbild dazu abgeben.

Das sollen sie, sprach Jacobi mit einem Blick gen Himmel. Amen!

Der Abend verfloß natürlich in der heitersten Weise. Tausend alte Erinnerungen tauchten auf. Jacobi, der auf seiner Herreise auch Weimar besucht hatte, brachte die besten Grüße von Goethe, welcher jetzt, nachdem Schiller im Frühjahr gestorben war, den deutschen Dichterthron in unantastbarer Größe einnahm. Der fröhlichen Tage und des Abenteuers bei Schenk's Verlobung mit Frau Gertrud hatte er sich lebhaft und freudig erinnert, zumal da er vernahm, daß der früher protegirte Hofmeister jetzt den protegirenden Hausherrn in seinen Schutz und Schirm nahm. Von dem Widerwillen der Jacobi'schen Schwestern gegen die Metzgerstochter aus der Kapuzinergasse war keine Spur mehr zu merken. Hatte sie einst in der Jugend der verschiedene Rang mehr oder weniger auseinander gehalten, so legte sich das Alter versöhnend über die vergangenen Misverhältnisse. Frau Schenk überhob sich nicht als die Gattin eines der ersten bairischen Beamten, und Lotte und Lene schienen die Herkunft der Dame vergessen zu haben. Sie lebten fürder herzlich und freundlich zusammen, wenn den ältlichen Damen, die unvermählt geblieben waren, vielleicht auch innerlich oft der Gedanke auftauchte, daß der Mensch sich nicht gegen den Menschen sträuben soll, weil er nicht weiß, in welchen Lagen der eine dem andern in der Zukunft noch begegnen kann.

Die beiden alten Freunde lebten ihr Alter vielfach zusammen und zugleich mit manchen ausgezeichneten Männern, welche der hochsinnige Max Joseph, der im Jahre 1806 König von Baiern wurde, zur Hebung der Wissenschaft in seinem Lande vereinigt hatte. Cajetan Weiller, Johann Michael Sailer, Friedrich Immanuel Niethammer, Friedrich Jacobs, Thiersch, Sömmerring, Schlichtegroll und andere bildeten den Kreis, in dem sie sich hauptsächlich bewegten. Heinrich Schenk, den sein König stets mit dem unbedingtesten Vertrauen beehrte und den er „einen seiner verdienstvollsten Diener, einen bewährten Freund und einen rechten Ehrenmann" nannte, erwarb 1808 zu seinem Amte auch den Titel eines Wirklichen Geheimraths und wurde überdies 1810 Generaldirector der Finanzen. Friedrich Heinrich Jacobi aber erhielt das Amt eines Präsidenten der Akademie und eröffnete am 27. Juli 1807 dieses neugeordnete Institut mit einer Rede „über Geist und Zweck gelehrter Gesellschaften". Zwischen mancherlei Anfeindungen, welche die Fremden in der neuen Heimat zu dulden hatten, verfloß ihr Leben doch im wesentlichen heiter und vergnügt. Schenk hatte eine thatenreiche Vergangenheit hinter sich, die zwar nicht die glänzende Laufbahn eines bedeutenden

Dichters oder Philosophen war, die ihn aber in praktischer Thätigkeit, welche mit geistigen Bestrebungen Hand in Hand ging, von Staffel zu Staffel immer höher führte. Auf Jacobi's Dasein senkte sich nach einer glücklichen Jugend, die durch herbe Schicksale abgelöst wurde, der schöne goldene Sonnenschein eines ruhigen Lebensabends. Schenk starb am 1. Mai 1813, fünfundsechzig Jahre alt, eines schnellen Todes. Jacobi's Ende fiel nach einer achttägigen Krankheit auf den 10. Mai 1819 im vierundsiebzigsten Jahre. Wer die nachbarlichen Gräber dieser beiden Männer auf dem großen Gottesacker zu München in dem dritten Gange zur linken Hand des Eintretenden aufsucht, denkt mit Rührung der Segnungen einer edeln, reinen, treuen Freundschaft.

Furioso.

Erstes Kapitel.

An einem schönen warmen Junitage des Jahres 1785 ging durch den tiefen Wiesengrund des Siebengebirges, der sich von Königswinter nach dem Oelberge zieht, ein hochgewachsener schlanker junger Mann in jener Kleidung der damaligen Zeit, welche den Studenten oder Musenjünger erkennen ließ. Auf seinem Haupte trug er ein dreieckiges Hütlein, hinten im Nacken baumelte der gebräuchliche Zopf, ein brauner Rock mit aufstehendem Kragen, kurze gelbliche Hosen, farbige Strümpfe und Schuhe mit Schnallen bildeten den Anzug. Darüber hinaus aber hatte er sich mit einer Botanisirbüchse belastet, welche an einem grünen Bande um die Schulter hing. Auch war er mit einem Schmetterlingsnetze und mit einer Insektenbose sowie mit einem Fläschchen voll Spiritus versehen. Diese Gegenstände schien er öfter zu gebrauchen, denn er bückte sich bald an den Boden, den er nach allen Richtungen mit scharfen Augen beschauend durchschritt, um eine Pflanze zu pflücken, die er sofort in dem Blechkasten barg, bald haschte er einen sich am saftigen Grün der Sträucher oder auf einer süßen Honigblume wiegenden Schmetterling, den er mit der Nadel spießte und in der Dose aufsteckte, bald fing er einen Käfer, dem er in dem Fläschchen den Tod gab, um ihn später seiner Sammlung einzuverleiben. Man sah sofort, daß der junge Mann der Naturforschung ergeben war.

So emsig der Student nun auch seinen Beschäftigungen oblag, und so bedachtsam und vorsichtig er jedem neuen Gegenstande, der ihm in die Hände fiel, seine Aufmerksamkeit zuwendete, so gewahrte man doch, daß er nicht blos ein Auge für die besondern Dinge hatte, die er eben einsammelte. Sein Geist schien auch den allgemeinen Schönheiten der ihn umgebenden Natur geöffnet, denn er stand mitunter in den Anblick des herrlichen Laubwaldes versenkt, der sich von den beiderseitigen Bergwänden bis an den Rand der Wiesen erstreckte, durch die sich sein Weg hinschlängelte, und er hielt nicht selten an einer Windung des Pfades, wo sich ihm eine neue Aussicht in die junge frische Ueppigkeit der herrlichen Waldnatur erschloß, die damals noch unangetasteter in diesem herrlichen Gebirge prangte und lachte, wie heute, wo man den hohen Forst der Halden fast ganz und gar vernichtet hat. In seinen kleinen klugen Forscheraugen blitzte mitunter eine helle Freude, die sich alsdann auch den langgezogenen Zügen mittheilte, welche sich besonders durch eine gebogene Nase und einen scharfen Mund auszeichneten, wenn er seitwärts am Wege das volle Lied der Nachtigall klingen hörte und wenn er auf einem neu sich erschließenden Plane ein Rudel Hirsche oder Rehe, die ihn erblickt hatten, im Forst verschwinden sah. Es wurde alsdann klar, daß ihm nebenbei die poetische Auffassung der Natur nicht mangelte. Drängte ihn auch sein Fach, manches Thier zu tödten und manche Pflanze zu vernichten, so geschah es doch nicht in blindem Uebermuth, sondern im Dienste der Wissenschaft.

Die Wanderung des jungen Mannes hatte schon mehrere Stunden mit kurzen Unterbrechungen gedauert, in denen er am Saum des kleinen Bächleins oder auf einem Rasenplatze ausruhte und mit seinem botanischen Handbuche die gesammelten Pflanzen zu bestimmen suchte, als sich der anstrebende steinige Kegel des Oelberges vor ihm erhob. Diese mächtige Kuppe zu ersteigen, welche stolz über alle Höhenzüge des Mittelrheins emporragt und einen unendlichen Blick in die umliegenden Lande gestattet, lag allerdings in der Absicht des Studenten. Er bemerkte indeß eine plötzliche Veränderung in der Luft. Der Wind war aus dem Osten in den Westen übergesprungen. Die Sonne, welche hell und leuchtend in den duftigen Glanz des Morgens geschienen und die Blumen zur Blüte und die Vögel zum Singen gelockt hatte, barg sich mit einem male in den Wolken. Die blaue duftige Färbung der Landschaft ging in eine graue Stimmung über. Das Grün verlor seinen Glanz, die Falter, die auf allen Blumen hingen, suchten Schutz in Laub und Kraut, und die tausendstimmigen Lieder der Waldsänger verstummten. Und da sich nun auch der Wind erhob und immer dichtere und geballtere Wolken herantrieb, sodaß ein Gewitter zu fürchten war, blieb der Student gewissermaßen stutzig stehen, sah sich nach allen Seiten um und schien zu überlegen, ob er von dem Vorsatze, den Berg zu erklettern, nicht ablassen sollte.

So drohend sich das Wetter indeß auch anließ, so war doch bald ein Entschluß gefaßt; brach der Regen los, so mußte er sich bei der Entfernung aller menschlichen Wohnungen in das unvermeidliche Geschick, einmal gehörig naß zu werden, fügen. Die oben an der Kuppe des Oelberges hervortretenden Felsen boten ihm in ihren Ritzen und Spalten einen bessern Schutz als die Eichen und Buchen des Waldes, an denen der Blitz sogar zuweilen vorzugsweise gern herabzüngelt. Deshalb zögerte er denn auch nicht lange, sondern schritt weitausholend mit den langen Beinen gegen die Bergspitze an, indem er ohne den kleinen Fußsteig innezuhalten quer durch das Gestrüpp und über das Geröll, das nicht selten unter dem flüchtigen Fuße wich, zum Gipfel eilte. Je höher er stieg, desto heftiger wehte der Wind, der in einen Orkan umschlug, Gesträuch und Gestrüpp peitschte und zischende und heulende Stimmen erschallen ließ. Nun fing es auch in der Ferne an zu donnern. Ein dichter Nebel zog heran und hüllte eine graue Decke um die Ferne! Selbst die nähern Gegenstände fingen an sich zu verdunkeln. Der junge Wanderer war unterdeß der Spitze des Berges immer näher gekommen; dort suchte er nach einem ihm schon von frühern Besuchen bekannten Felsen, den er auch unweit des Gipfels erreichte und hinter dessen schützender Wand er den gewünschten Zufluchtsort fand.

Kaum aber hatte er sich dort niedergekauert, als das

Wetter in der vollsten Wucht zum Ausbruch kam. Wenn auch die Wuth des Windes, der von den Wolken gedrängt ihnen vorangegangen war, sich einigermaßen legte, so machten sich jetzt die Wolken selbst in höchst unangenehmer Weise mit ihrem feuchten, nassen Inhalt geltend. In mächtigen vollen Tropfen quoll der Regen aus der Höhe, dabei zitterte es so unaufhörlich von Blitzen, daß die Luft sich wie in einem Zustande von ununterbrochenen Zuckungen befand, die von den Schreckenslauten eines unaufhörlichen Donners begleitet wurden. Der Student hatte das Gefühl, als befinde er sich mitten im Bereich der Blitze, die herüber= und hinüberschießend und bröhnend hier um den Gipfel des Berges ihr grauenerregendes Spiel trieben. Es war ihm in dieser verlorenen Einsamkeit recht unheimlich und grausig zu Muthe. Er hatte manches schlimme Wetter aus dem sichern Hause und hinter geschlossenen Fenstern im Kreise verwandter und befreundeter Menschen angeschaut, ohne jemals ein Gefühl von Angst oder Furcht zu haben. Hier aber, wo er sich, ein einzelner Mensch, abgeschieden von allen lebenden Wesen in den Streit der Elemente versetzt sah, ging ihm der Athem schneller und klopfte ihm das Herz heftiger.

Eben hatte sich wieder ein gewaltiger Schlag entladen, dessen Echo in den umliegenden Schluchten mächtig und langsam verrollte. Da dünkte dem jungen Mann, als höre er von der Höhe des Berges eine Stimme in ein lautes Bravo, Bravissimo ausbrechen. Er schaute über sich nach dem Gipfel und sah dort eine kurze gedrungene männliche Gestalt, deren lange bunkle Haare sowie Kleider alle weit im Sturme dahinflatterten. Der wilden ihn anprallenden Gewalten des Wetters hatte der seltsame Mensch nicht Acht. Es schien dem Studenten im Gegentheil, daß der Bravorufer sich sehr wohl fühlen müsse, denn er bewegte sich oben auf seinem einsamen Standpunkte hin und her, schüttelte sich wie vor innerer Wonne und warf seine Arme oft wie im Uebermuth in die Luft. Oder wollte er mit der jetzt regelmäßig hin- und herfahrenden Hand, die einen Stock führte, den Takt zu dieser musikalischen Aufführung des Himmels schlagen? Es hatte in der That den Anschein, denn er rief jetzt plötzlich: Nun ein Allegro! Ein Blitz folgte und ein in abgebrochenem Geknatter tönender Donner schloß sich an. Abagio maestoso, klang es von neuem. Und wirklich folgte ein gleichmäßig lang dahinrollender Donner. Prestissimo furioso! schrie dann der Wetterdirector, und gerade als ob der Himmel sich nach seinen Forderungen richte, erdröhnte jetzt wieder ein Gemisch von Blitzen und Schlägen, die einem wilden symphonischen Satze entsprachen, wo eine Stimme die andere und ein Instrument das andere zu übertoben sucht. Dem Studenten grauste es vor dem geheimnißvollen Wetterbesprecher, der ihm im Licht der letzten Blitze gleichsam Feuer auszusprühen schien.

Seltsamerweise klärte sich jetzt die obere Schicht der Luft ganz plötzlich. Der Himmel über ihm wurde blau, und die Spitze des Berges hob sich wie eine Felseninsel aus dem Meere der Wolken, die zu seinen Füßen das ganze Gebirge bedeckten. Der Student sah nunmehr die Gestalt oben auf dem Berge, die sich ruhig niedersetzte, in klarem Lichte, und rief in lautem Staunen aus: Der tolle Junge!

Dann stieg er den Gipfel empor und sprach: Furioso, tolles Kind, Ludwig, was machst du für Zeug?

Der Bursche, an den diese Worte gerichtet wurden, stand dem Alter nach zwischen dem Knaben und Jüngling und zeichnete sich durch ein höchst ungewöhnliches Aeußere aus. Die Gestalt war fest und gedrungen und zeigte einen vorzugsweise starken Knochenbau. Auf den verhältnißmäßig breiten Schultern saß ein starker Kopf, dessen dunkles dichtes und nach allen Seiten kühn aufstehendes Haar ihm einen ganz besondern Charakter verlieh. Bei näherer Prüfung erschienen aber auch die Züge des Gesichts höchst interessant. Wenn die etwas breite Nase hinderlich war, um eine feine Schönheit entfalten zu lassen, so imponirte doch die breite Stirn, die mächtig unter dem Haare hervorquoll, nicht weniger wie die von seltenem Feuer leuchtenden Augen, die bald wunderbar aufblitzten und dann wieder wie in stiller Träumerei in die eigene Seele zu schauen schienen. Auch um die trotzig aufgeworfenen Lippen zuckte ein wechselndes Leben.

Du spielst wieder einmal den Furioso, meinte der Student näher tretend, denn der Knabe hatte ihm bisjetzt nicht geantwortet, sondern schaute tiefversunken dem abziehenden Gewitter nach.

Das war einmal eine Symphonie aus dem Herzen Gottes, rief er dann aufspringend. So etwas kann doch weder Haydn noch Mozart machen. Sie sind schön, reizend, anmuthig, neckisch in ihren Schöpfungen. Aber ich meine, es fehlt ihnen die Leidenschaft, die durch Welt und Menschen tobt und die noch irgendeiner, ohne sich an das Wort des Dichters anzulehnen, in selbständigen Tönen erschließen muß.

Du gehst, wie es scheint, mit sehr himmelstürmenden Planen um, sprach der Student.

In der Einsamkeit fahren einem allerlei Gedanken durch das Hirn, antwortete der Junge. Gott, welche Einsamkeit!

Und beide Hände ausstreckend, zeigte er mit starren Augen um sich.

Es war in der That ein eigenthümlicher Moment, den die beiden jungen Leute erlebten. Der Gipfel des Berges, der nun im hellsten Sonnenschein lag, war das einzige Stück Erde weit und breit. Fast schien er eine verlorene Klippe im weiten Ocean oder ein steinernes Schiff, das durch die Luft fliegt. Die übrigen Kuppen des Gebirges, die Waldthäler, die fernen weiten Ebenen, wo waren sie geblieben? Das Auge traf fernhin nur auf schwere graue Nebelmassen. Welt und Menschen waren weit, weit weg.

In solcher Einsamkeit ließe sich ein Werk zu Stande bringen! murmelte der Knabe vor sich hin.

Ich lobe mir den Zusammenhang mit der Erde und ihren Bewohnern, antwortete der lange Jüngling, sieh da, gottlob! Land, Land!

Er zeigte nach der Gegend des Rheins hin, wo sich die Wolken vom Winde getragen zuweilen öffneten und solche Lücken ließen, daß man hier und dort ein Stück der unten liegenden Landschaften erblicken konnte. Es waren rasch wechselnde Bilder, die wie im Kaleidoskop kamen und verschwanden. Bald war es ein Berg, bald ein Stück Wald und Feld, bald ein Dorf oder eine Burg, die sich flüchtig dem Blicke bot, um sofort wieder einer andern Ansicht Platz zu machen.

So ist's auch schön, wenn man nur wie durch ein Fenster auf die Erde schaut, sprach der Junge wie in Träume versinkend.

Aber es war bald aus mit der geliebten Einsamkeit. Ein frischer Hauch wehte immer lustiger in die Nebelmassen und zerrte zunächst den Gebirgshäuptern die grauen Mützen von den Scheiteln, auch die Thäler fingen an sich zu hellen, die Landschaft im Osten strahlte bald im lichten Sonnenschein, während das Wetter immer weiter im Westen verschwand. Nur noch in einzelnen Schluchten des Gebirges krochen lange schlangenartige Gewölke fort, die aber auch in kleinen Flocken verdampften, sodaß die Luft allerwärts ihre frühere Klarheit und die Landschaft allerwärts ihren frühern Reiz wiedergewann. Wie prächtig war dies Gebirge mit seinen Kuppen und Thälern, auf die sie von ihrer Höhe herabschauten, während sich darüber hinaus die glänzendsten Fernsichten boten.

Die jungen Leute wechselten noch hin und wieder ein Wort über die Naturerscheinungen. Der Student betrachtete die Landschaft wiederum mit den Augen des Forschers, der alles, was sich seinen Sinnen bietet, sorgsam zergliedert. Die Bemerkungen des Knaben ließen auf eine allgemeine poetische Auffassung schließen.

Aber wie kommst du nur hierher, Ludwig? fragte der Student, der die Rede auf andere Dinge bringen wollte.

Weiß ich's? antwortete der andere. Als ich diesen Morgen aufwachte, lachte die Sonne so hell ins Zimmer. Ich sprang auf, warf mich in die Kleider und lief an den Rhein. Es trieb mich hinaus.

Und wohin? forschte der andere weiter.

Ein Fischerjunge, den ich kenne, löste gerade den Kahn am Ufer, er fragte, ob ich mit ihm wollte? Ich sprang in das Boot, wir fuhren von Bonn nach Beul. Dort lief ich ihm fort und ging nach dem Gebirge.

Und welchen Weg hast du genommen?

Gar keinen Weg, erwiderte Ludwig. Ich mache mir stets meine Wege selbst. Zuerst bestieg ich den Ennert, dann ging es weiter, immer über die Spitzen durch Wald und Gestein bis hierher! Auf die höchste Höhe hat mich's gedrängt. Ja, es drängt mich immer nur so auf die höchsten Höhen! schloß er mit einem eigenthümlich begeisterten Aufblick.

Und wer hat dir die Richtung gezeigt? fragte der Student.

Mein eigener Kopf, sprach der Knabe auf seine breite Stirn zeigend.

Zugleich aber schüttelte er sich vor Kälte, denn seine Kleider waren völlig durchnäßt und der frische Wind wehte hindurch.

Du bist kalt und wirst dir noch eine Krankheit holen, meinte der Naturforscher. Welcher Unsinn, sich so leichtsinnig dem Wetter preiszugeben!

Ich muß schauen und leben, war die Antwort, was kann ich mich da um die Außendinge kümmern. Ihr beschaut und erlebt nur aus sicherm Hinterhalte. Ich muß im Mittelpunkte stehen. Ihr betrachtet alles von außen. Ich stürze mich hinein.

Du bist ein närrischer Bursche, immer derselbe Furioso, wie sie dich schon in der Schule nannten. Aber hast du denn auch gefrühstückt?

Ludwig bedachte sich.

Ich bin noch nüchtern, sagte er dann lächelnd.

Unpraktisches Kind, rief der Student. Zugleich aber holte er aus einer Abtheilung seiner Botanisirbüchse eine kleine Flasche Wein und ein Stück Brot. Beides reichte er dem Knaben.

Da iß und trink, fuhr er fort, aber zugleich laß uns gehen, damit dir die nassen Kleider keinen Schaden thun. Denk an deine Mutter, deren Trost und Hoffnung du bist.

Dieses Wort wirkte wie ein Zauber auf den Knaben. Er nahm den Wein und das Brot, setzte sich in rasche Bewegung den Berg hinunter und genoß im Gehen, indem er mit vollen Backen kaute und in langen Zügen schlürfte.

Es scheint denn doch, daß auch die Himmelstürmer, die es stets zu den höchsten Höhen treibt, nicht ohne irdische Nahrung fertig werden, rief ihm der Gefährte mit gutmüthigem Spott zu.

Glaube nicht, daß ich mich überheben will, entgegnete der Knabe, der sich von Moment zu Moment behaglicher fand und nun auf dem steilen Weg neben dem Studenten hinschritt. Es ist nun einmal meine Natur, so und nicht anders zu fühlen und zu denken. Wer kann gegen seine Natur an? Diese Natur macht mich nicht einmal glücklich. Wie viel besser hast du es? Du

8*

gehst den Weg der Wissenschaft, der ein klarer und sicherer Weg ist. Dir steht ein bestimmtes Ziel in greifbaren Dingen vor Augen. Wo ist mein Ziel? Ich ahn' es, aber ich sehe es nicht. Ach, die Kunst, sie thut so wohl und sie thut so weh.

Ich verkenne die Schwierigkeiten eines künstlerischen Daseins nicht, entgegnete der Student, aber ein höchster Mann der Kunst steht auch vermöge seiner aus dem Geist entspringenden Schöpfungskraft höher als ein höchster Mann der Wissenschaft.

Wer auf einen solchen Gipfel gelangte! rief Ludwig. Werde ich es trotz alles meines Strebens dahin bringen? Denke doch nur an die äußern Verhältnisse. In meinem väterlichen Hause hat die Armuth ihren Sitz aufgeschlagen.

Ich bin auch nur der Sohn einfacher Bürgersleute, tröstete der Student.

Aber die Wissenschaft führt dich gleich in die ersten und angesehensten Lebenskreise, sprach der Junge. Die Bildung öffnet alle Thüren und Thore. Wie steht es aber mit uns? Man betrachtet mich als ein Musikantenkind. Musikanten und Vagabunden sind im Sinne der Welt fast einerlei. Wie oft bin ich als solcher behandelt worden! Das hat mich scheu und blöde gemacht. Ich fürchte mich beinahe, mit gebildeten Menschen zusammenzukommen, denn es regt sich sofort bei mir das Mistrauen, daß sie mich doch nur für einen armen Schlucker ansehen, den sie aus Mitleiden gelten lassen. Auch meine ich immer, daß die Leute, die mein Klavierspiel bewundern, weniger einem bewußten Kunstgefühl als dem

Staunen über die Ueberwindung technischer Schwierigkeiten, also dem rein Aeußerlichen der Kunst folgen.

Solche altklugen Grübeleien passen durchaus nicht für einen Kindskopf wie du bist, rief der Student. Man muß die Welt nehmen, wie sie ist, und in sich selbst erstreben, was die Seele zu leisten vermag. Aber genug davon. Sieh, dort im Thale liegt die Abtei Heisterbach. Wir wollen den Mönchen einen Besuch abstatten. Sie haben immer einen guten Imbiß und eine leckere Flasche für ein paar fahrende Schüler.

Das Gespräch erhielt eine andere Wendung. Der Student erzählte dem jungen Musiker nunmehr die Geschichte des alten Klosters, insofern sie ihm bekannt war. Seine Kunden aber lauteten dahin, daß ein Ritter, Namens Walter, sich im Anfange des zwölften Jahrhunderts als Einsiedler auf dem Stromberge niedergelassen habe. Derselbe robete den Wald auf dem Gipfel, baute eine Zelle und Kapelle und zog noch mehrere Brüder an. Das beginnende Kloster wurde dem heiligen Petrus geweiht. So erhielt der Berg auch den Namen Petersberg. Aber die Mönche wanderten später nach Reußrath in das Sülzthal, und der kölner Erzbischof Philipp von Heinsberg zog nunmehr Cistercienser an die verlassene Stätte. Diese Cistercienser waren wie ihr ganzer Orden kluge Männer, die nicht allein beteten und fasteten, sondern auch die Arbeit suchten und, wo sie eine Niederlassung gründeten, das Land bebauten und Feld, Weinberg und Wald pflegten. So gefiel es ihnen denn auf dem hohen, kalten, steinigen und wasserarmen Berggipfel nicht, und ihr Abt, der Hermann hieß, erbat sich von seinem Kirchenfürsten die Erlaubniß, in das Thal von Heisterbach hinunterzuziehen. Dies geschah im Jahre 1191. Dort begann, umgeben von den Bergwänden des sogenannten Heisterbacher Mantels, sich ein neues Leben in dem Grunde zu entfalten, welches im Laufe der Jahrhunderte die schöne und reiche Abtei hervorgebracht hat. Aber auch die Wissenschaften wurden in diesem reizenden weltverborgenen Thale gepflegt. Es hat hier sogar einer der berühmtesten Schriftsteller des Mittelalters gelebt und manche Bücher verfaßt. Sein Name ist Cäsarius von Heisterbach. — Derselbe war um 1180 in Köln geboren und wurde, da er keine starke Gesundheit hatte, dem geistlichen Stande bestimmt, weshalb er im Andreasstifte seine Studien begann und später in die Einsamkeit des Siebengebirges ging. Seine Werke sind lateinisch geschrieben und enthalten außer manchen ernsten religiösen Schriften viele kurzweilige und lustige Erzählungen und Darstellungen, die für die Culturgeschichte von großer Bedeutung sind, denn sie schildern das Ritter-, Mönchs- und Volksleben der alten Tage.

Aber auch die Kunst hat hier mitunter einen Zufluchtsort gefunden, schloß der Student seine Mittheilungen, was für unsere Aufnahme, wie mir dünkt, ein gutes Vorzeichen ist, denn zu Zeiten des Kaisers Rothbart kehrte hier einst ein Mann ein, der machte prächtige lateinische Verse und hieß Walter von Mappes. Das Volk nannte ihn aber den Erzpoeten. Nun kam er einst unter dem Namen Nikolaus arm und krank ins Kloster und that, als ob er Klosterbruder werden wollte. Die Mönche pflegten ihn an Leib und Seele, sobaß er

alsbald genas. Kaum aber fühlte er eine frische neue
Gesundheit, so warf er die Kutte von sich und lief lachend
in die lockende Welt hinaus und sang und trank aufs
neue. Von ihm ist aber das schöne Studentenlied: „Mihi
est propositum, in taberna mori." („Ich habe mir
vorgesetzt, in der Schenke zu sterben.")

Und der Naturforscher erhob nun das Lied, daß es
weit in den Wald tönte.

Während dieser Unterhaltungen hatten sie sich der
Abtei mehr und mehr genähert. Es war in der That
eine stattliche, herrliche Niederlassung, welche die Mönche
im Laufe der Jahrhunderte in diesem stillen, grünen Thale
am Fuße des Strom- oder Petersberges angesiedelt
hatten. Als die jungen Leute aus dem tiefen Forst
traten, gewahrten sie zur Rechten in dem Grund, der
nach dem Rhein zieht, weite Fruchtfelder und Wiesen.
Am Rande des Forstes waren große Fischweiher angelegt. Dann führte der Weg an einer langen, aus Bruch-
steinen errichteten Mauer vorbei, welche das Kloster mit
seinen Gärten und seinem Park umschloß. So kamen
sie an den Thorbau, dessen Glocke der Student sofort
anzog. Der Bruder Pförtner erschien und schaute durch
das Gitter, und als er die jungen Leute erblickte, beeilte
er sich zu öffnen, indem er ihnen auf die Bitte um eine
Herzstärkung freundlich zunickte und sie nach dem Kloster
im Hintergrunde wies. Sie schritten durch die Allee
dem prächtigen Gebäude zu. Rechts lag die Oekonomie,
im Mittelgrunde erhob sich die Abtei mit zahllosen Fenstern, links ragten die Thürme der schönen romanischen
Kirche empor. Zwischen den verschiedenen Häusern

erstreckten sich freundliche Plätze mit Blumenbeeten und Baumgruppen, Springbrunnen rauschten hier und dort empor, und überall ließen sich die Vögel von den Zweigen hören. Es war ein Ort schönster und hellster Beschaulichkeit.

Die wiederholte Bitte um einen Trunk und Imbiß fand sofort durch einen Mönch, der ihnen aus der Abtei entgegenkam, Gewährung. Der Bruder Kellermeister und der Bruder Küchenmeister waren gewohnt, die hungerigen und durstigen Gäste nicht darben zu lassen. Bald stand auf einem Steintische zwischen den Blumen kalte Küche und eine Flasche guten Menzenbergers. Der Abt und der Lector kamen selbst, die Fremden zu begrüßen und sie einzuladen, den reichlich gebotenen Gaben zuzusprechen. Da nun der Student sich als ein Schüler der Akademie zu erkennen gab, fragte der Abt: Quid novi ex Bonna? (Was gibt es Neues in Bonn?)

Der junge Naturforscher legitimirte sich sofort in flüssigem Latein über seine Studien und sprach namentlich mit Begeisterung über den neuen Kurfürsten Max Franz, der ein großer Freund der Wissenschaften sei, und der nun auch in nächster Zeit die schon von seinem Vorgänger Clemens August beabsichtigte Universität ins Leben rufen werde. Der Abt und der Lector theilten das Lob, das der junge Mann ihrem kirchlichen Oberherrn spendete; von der Gründung der Universität schienen sie aber nicht viel zu halten, indem sie die Meinung aussprachen, daß die alte ehrwürdige Schule von Köln alle Bedürfnisse erfülle und namentlich deshalb die größte Achtung verdiene, weil sie sich von dem verderblichen Geiste der neuen Anschauungen freihalte und getreu bei der Lehre bleibe, welche die heilige katholische Kirche als ewige Wahrheiten verkünde.

Da Ludwig an diesem Gespräche keinen Theil nehmen konnte, so fragte der Abt: Quis juvenis ille? (Wer ist der junge Mann?)

Ein junger Musikus, antwortete der Student, der, wenn Ew. Gnaden ihm die Kirche öffnen lassen wollen, gewiß ein herrliches Stück auf der Orgel zum besten geben wird.

Dafür möchte er doch wol zu jung sein, erwiderte der Abt mit zweifelndem Gesichte.

Wagen Ew. Gnaden nur den Versuch, sprach der Naturforscher.

Der Abt ließ nun den Bruder Sakristan holen und auch die übrigen Klosterbrüder in die Kirche laden. Dann begab man sich nach den geöffneten Hallen, in welchen immer mehr Patres eintrafen. Auch der Bruder Orgelspieler kam, aber nicht ohne einen mistrauischen Blick auf den struppigen Kopf des vermessenen Kunstjüngers zu werfen.

Der Knabe setzte sich frei und frank vor die Tasten des mächtigen Instruments und begann, als er sich von der Kraft der Blasebälge überzeugt hatte, in leisen Tönen zu intoniren. Aus den einfachen Klängen entwickelte sich eine sonnighelle, schöne Melodie, die er mit den feinsten Harmonien umkleidete und wunderbar variirte. Er sah babei mit verklärtem Auge gegen Himmel, dann fing es mit einem male in seinem Auge an zu leuchten, seine Brauen zogen sich zusammen, sein Haar schien emporzusteigen. Und jetzt erhob sich ein wildes Thema, das sich in einer seltsamen Tonfolge, die dem Blitz und Donner nicht unähnlich war, entlud. Der ganze schön gewölbte Bau der edeln Kirche war mit einem Meer von Tönen gefüllt, die bald majestätisch grollend, bald wild auf- und niederzuckend dahinwogten. Die Mönche sahen sich erstaunt an. Nur an die ruhig dahinfließenden Melodien der Psalmen, Matutinen und Vigilien gewöhnt, hatten sie nie ein so leidenschaftlich durchbebtes Werk in diesem Gotteshause vernommen. Auf dem höchsten Gipfel der Raserei angelangt, wandte sich die Musik indeß wieder in sanftere Bahnen. Der junge Künstler schloß friedlich wie er angefangen hatte, indem er seine Töne in einer alten kirchlichen Hymne aushauchen ließ, die wie ein erhabenes Lob Gottes klang.

Das ist ja ein wahrer Meister! rief der Abt.

Wer hätte ein solches Genie in dem kleinen Burschen vermuthet? schloß sich der Lector an.

Der Pater Orgelspieler schwieg. Er war sehr ernst geworden.

Der Student schien selber erstaunt. Er hatte dem Kinde eine solche Kraft und Fülle der Phantasie nicht zugetraut. Als Ludwig im Kreise der Klosterbrüder zu ihm kam, drückte er ihm herzlich die Hand und flüsterte ihm zu: Furioso, wenn du einen Freund brauchst, so denk' an mich.

Einen Freund, erwiderte der Knabe leidenschaftlich. Ja, den such' ich. Ich halte dich beim Wort.

Nachdem der Abt und die Mönche dem Knaben noch manches lobende und theilnehmende Wort gesagt hatten, verabschiedeten sich die jungen Leute, um dem Rhein und ihrer Heimatstadt Bonn zuzuwandern.

Noch eins, rief ihnen der Abt nach: Ich wünsche den Namen des Herrn Studiosus zu erfahren.

Franz Gerhard Wegeler, antwortete der lange junge Mann.

Und wie nennt sich der junge Künstler? fragte der Abt.

Ich heiße, rief der Knabe im Fortgehen, Ludwig van Beethoven.

———

Zweites Kapitel.

Die Stadt Bonn besaß in den Tagen, aus denen wir erzählen, noch nicht jene stattliche Ausdehnung, welche sie erst in den letzten Jahrzehnden gewonnen hat. Von den glänzenden Häuserreihen, die sich vor dem Koblenzer Thore an der gleichnamigen Straße längs der Poppelsdorfer Allee und ihren Seitengängen sowie vor dem Sternenthore angesiedelt haben, war noch keine Spur vorhanden. Bonn wird unter den Vesten aufgeführt, welche die Römer von den Alpen bis an das Meer längs dem schönsten deutschen Strome gründeten, der zugleich ihre Grenze gegen Germanien bildete. Als die kühnen Eroberer jenseit der Alpen zurückweichen mußten, ward es eine fränkische Festung, die in der Folge an das Erzstift Köln kam und keine besondere Rolle in der Geschichte spielte. Nach der Mitte des dreizehnten Jahrhunderts, im Jahre 1267 unter Engelbert von Falkenstein, aber nahmen hier die aus Köln vertriebenen Erzbischöfe und spätere Kurfürsten ihren Sitz. Von der mächtigen Bürgerschaft der größten deutschen Stadt am Niederrhein gezwungen, durften sie nur mit besonderer Erlaubniß des Rathes in jenem Orte übernachten, welcher dem Lande den Namen gegeben hatte. Ueber ihren frühern Palast gibt die Geschichte nur geringe Auskunft. Bonn behielt lange Zeit seinen mittelalterlichen festungsartigen Charakter bei. Derselbe bekundet sich noch heute in den Mauern und Gräben der Westseite. Als aber die Bourbonen in Frankreich ihre stolzen Schlösser bauten, und die großen und kleinen deutschen Fürsten ihnen nachzukommen bestrebt waren, wuchsen auch in und um Bonn alle jene weitläufigen Gebäude empor, die wir noch in unsern Tagen mit Staunen und Bewunderung betrachten. Der Kurfürst Joseph Clemens, der von 1691 —1723 regierte, begann das große Residenzschloß, das jetzt die Universität, die Klinik und die Bibliothek enthält, und das von seinem Neffen und Nachfolger Clemens August, der von 1723—1761 auf dem Throne saß, vollendet wurde. Dieser üppige und verschwenderische Herr baute ferner die Galerie vom Schlosse bis zum Koblenzer Thor, dieses Thor und die Reihe der Gebäude bis zum Alten Zoll, sodaß von ihm die Südseite der alten Stadt geschlossen wurde. Außerdem entstanden durch ihn Schloß Clemensruh und der Clemenshof in Poppelsdorf, die Vinea Domini vor dem Koblenzer Thor, die prachtvolle Augustusburg mit dem herrlichen Park in Brühl, das jetzt verschwundene Schloß Herzogslust oder Röttchen im Kottenforst, die Schlößchen Falkenlust bei Brühl und Entenfang bei Berzdorf, sowie auch die Residenzschlösser in Arnsberg und Paderborn und das Jagdschloß Clemenswerth im Emslande. In gleicher Weise wurden damals der Hofgarten und die Alleen um die Stadt angelegt.

Alle diese Anlagen gaben der Stadt das Gepräge einer fürstlichen Residenz, der es überdies nicht an einem bunten, mannichfaltigen Leben fehlte. Der zahlreiche Hofstaat mit seinen vielen Bediensteten, die Gesandten, der Adel des Landes, der die Nähe des Herrschers aufsuchte, bewegten sich in und um das Schloß, und auch der kleine Bürger durfte hier mit Behaglichkeit in der Umgebung der Stadt lustwandeln und spazieren. Außer den öffentlichen Parks und Alleen gab es aber auch kleine Gärten, deren eingefriedigter und abgeschlossener Besitz besonders den wohlhabenden Bürgern und Beamten wünschenswerth erschien. Dieselben lagen meistens vor dem Koblenzer Thore nach dem Rhein hin und waren mit Laubgängen von Reben und kleinen Sommerhäusern geschmückt, die vorzugsweise auf dem hohen Ufer des breiten Stromes errichtet wurden, weil sich hier eine reiche und anmuthige Aussicht auf den stets von Schiffen belebten Fluß, auf die gegenüberliegende Ebene und auf die herrlich gestaltete Kette des im Hintergrunde ruhenden Siebengebirges bot. In unsern Tagen hat diese Gegend eine besondere Berücksichtigung gefunden, denn es sind hier eine Menge von Häusern errichtet worden, die Landschaft ist aber dieselbe geblieben. Berg, Thal, Fluß und Ortschaften sehen sich heutzutage gerade so an wie damals. Es ist das herrliche Bild, das der Einwohner der Stadt wie der Reisende so gern auf dem Alten Zoll betrachtet.

In einem dieser Gärten stand an einem der folgenden Tage gegen Abend die Frau Hofräthin von Breuning vor einem Tische, der unmittelbar am Ufer des Rheins unter einem großen Apfelbaume errichtet war, und beschäftigte sich mit der Aufstellung von Flaschen, Gläsern und Tellern sowie von Brot und kalter Küche, was sich alles auf dem blanken Linnen äußerst sauber und lockend ausnahm. Ein Diener und eine Magd, welche diese Dinge aus einem großen Korbe gepackt hatten, brachten zum Schluß auch noch einen großen Suppennapf zum Vorschein.

Während sie die letzte Hand an ihr Werk legte, schallte aus dem Hintergrunde des Gartens nach der Straße hin eine laute Kinderstimme: Mutter, Mutter, hier bringe ich den Grafen von Waldstein.

Die Frau schien verlegen zu werden und murmelte: Das närrische Kind, was macht es nun wieder für Streiche.

Aber schon im nächsten Augenblicke brachte ein junges, etwa dreizehnjähriges Mädchen einen feinen und vornehmen Herrn, den es mehr nachzog als führte.

Ihr Töchterchen, sprach der Eintretende, schleppt einen ungebetenen Gast heran, gnädige Frau! Verzeihen Sie mir, aber ich vermochte mich nicht zu wehren. Als ich an der Thür des Gartens vorbeiging, stürzte das Kind hervor und lud mich so einbringlich ein, ja sie nahm mich bei der Hand und zerrte und riß, daß ich nicht anders als ihr folgen konnte.

Lore, Lore! verwies die Mutter dem Kinde.

Aber wir haben ja Gäste, sprach das Mädchen, die

Brüder haben sich jeder einen Freund gebeten, da darf ich auch einen Freund bitten.

Ich muß für das vorlaute Ding um Entschuldigung bitten, sprach die Mutter zu dem Grafen gewendet.

Warum nicht gar, antwortete Waldstein, die kleine Lore hat das Herz auf dem rechten Flecke. Lassen Sie mich immerhin als ihren Freund gelten.

Wenn es Sie nicht langweilt, sprach die Hofräthin, so bitte ich Sie Platz zu nehmen. Meine Söhne haben sich einige Freunde eingeladen. Die jungen Leute werden bald hier sein. Ich suche meine Kinder so sehr wie möglich ans Haus zu fesseln und gestatte ihnen unter meinen Augen einen ausgedehnten und möglichst heitern Umgang, denn ich glaube sie auf diese Weise am besten vor Abwegen zu bewahren. Der Vater ist ihnen unglücklicherweise zu früh gestorben. Da ich ihnen als Witwe draußen nicht folgen kann, so ist es mein Bestreben, sie in meinem Gesichtskreise sich durchaus frei bewegen zu lassen.

Und Sie verfolgen damit ein vortreffliches Princip, erwiderte der Graf. Da ich mich aber unter der frischen Jugend stets wohl befinde, so mache ich gern von Ihrer Erlaubniß Gebrauch, eine Weile zu bleiben und die Sprossen einer so würdigen Mutter kennen zu lernen. Nur bitte ich, daß Sie sich durch meine Anwesenheit in Ihren Vorbereitungen nicht weiter stören lassen.

Und so nahm er neben der Dame Platz, die sich wieder dem Tische zuwandte und nach dem Suppennapfe griff, indem sie dem Töchterchen zurief: Lore, hast du auch an die Kräuter gedacht?

Gewiß, Mutter, erwiderte das Kind, und schüttete aus seiner Schürze einen kleinen Haufen verschiedener zarter Pflanzen.

Es gibt hier am Rheine doch mancherlei eigenthümliche Sitten, sprach der Graf, die wir in Süddeutschland nicht kennen. Um diese Zeit nimmt man bei uns keine Suppe.

Die Suppe ist gar nicht so übel, antwortete die Hofräthin, ich denke, sie wird Ihnen munden, wenn sie fertig ist.

Und dann legte sie auf den Boden des Gefäßes einige dicke Stücke Zucker, bedeckte sie mit einem Haufen Kräuter, die aus feinen Stengeln und sternförmig um dieselben stehenden glänzenden länglichen Blättern bestanden, und schnitt eine Apfelsine in Scheiben, die sie gleichfalls darüber fallen ließ. Dann aber goß sie den Wein der nebenstehenden Flaschen in hellen Strahlen in den Napf. Bald erhob sich ein feiner Duft aus dem Gefäße.

Das ist allerdings ein eigenthümliches Gebräu, machte der Graf seine Bemerkungen, der bald auf Kaltschale und bald auf andere Dinge kam. Aber die Hofräthin ließ ihn hin- und herrathen, indem sie ihn bat, sich nur eine Weile zu gedulden, während sie zugleich den Inhalt des Napfes wacker durcheinander rührte. Schon nach wenigen Minuten reichte sie ihm ein volles Glas und fragte: Nun, wie schmeckt Ihnen die Suppe?

Vortrefflich, vortrefflich, rief er aus, nachdem er gekostet hatte. Welch ein duftiger Trank! Wie nennen Sie ihn?

Maitrank, sprach die Hofräthin, es ist eine rheinische Zusammensetzung. Wir trinken ihn in jedem Jahre am Ufer dieses Stromes und sind froh und heiter dabei. Meine Jungen haben heute eine Maitrankspartie.

Der Graf erkundigte sich nun nach der Zubereitung. Sie nannte ihm den Waldmeister, die Apfelsine und den Zucker als die Ingredienzen. Er schwärmte für den Gedanken, den Trank in seine österreichische Heimat zu verpflanzen.

Unterdeß kam ein Häuflein frischer Jünglinge in lustigem Gespräch in den Garten. Es waren die Söhne der Hofräthin, Stephan, Christoph und der kleine Laurenz, der gewöhnlich Lenz genannt wurde, mit ihren Studiengenossen, unter denen auch die Gestalt des jungen Mannes sichtbar wurde, den wir bereits als Franz Gerhard Wegeler kennen gelernt haben. Als die akademischen Schüler indeß den Grafen von Waldstein erblickten, verstummten einigermaßen die lauten Klänge, die erst eben so ungehemmt den Kehlen entfahren waren, denn sie erkannten in diesem Deutschordensritter den Liebling und beständigen Begleiter des jungen Kurfürsten Max Franz. Und so nahmen sie denn auch nicht ohne eine gewisse scheue Zurückhaltung Platz auf den um den Tisch gestellten Stühlen. Der Graf wußte indeß als feiner Weltmann die Zungen zu lösen. Die jungen Leute verloren bald ihre Befangenheit und es erhob sich nunmehr ein leichtes und fröhliches Gespräch in der Runde.

Wie ist es Ihnen denn bei Ihrer Naturforscherexpedition im Siebengebirge ergangen? fragte die Hofräthin den langen Studenten.

Wegeler hat eine neue Naturerscheinung entdeckt, rief Stephan, der älteste Sohn der Hofräthin.

Ja wohl, ein Wunder, ein Phänomen, einen neuen Stern, fiel Christoph, der zweite Sohn, ein.

Ihr mögt spotten, wie ihr wollt, antwortete Wegeler, ich stehe und falle mit meiner Behauptung.

Dürfen wir nicht auch Kenntniß davon erhalten? fragte der Graf.

Erzähle, erzähle, riefen nun die jungen Leute im Kreise.

Wegeler aber berichtete nun von seinem Zusammentreffen mit Beethoven, der das Phänomen und Wunder sein sollte. Seine Erzählung war lebendig und erschöpfend, sie übte auf die verschiedenen Hörer indeß die verschiedenste Wirkung aus. Die jungen Akademiker meinten, der Freund habe sicherlich aus zu begeisterten Augen gesehen und bringe Schwindelei und Aufschneiderei vor. Und so ließ denn bald der eine, bald der andere ein zweifelndes Gelächter erschallen. Am eigenthümlichsten wurde offenbar der Graf berührt, der am Schlusse die Meinung äußerte, daß hier doch allerdings eine außergewöhnliche Erscheinung vorhanden sein müsse.

Ich habe schon früher von dem Knaben gehört, sprach jetzt Frau von Breuning. Als er elf Jahre alt war, hat er dem verstorbenen Kurfürsten drei Sonaten von eigener Composition gewidmet, welche mit seltsam pomphaften Worten eingeleitet waren, die freilich von seinem Meister herrührten. Man hat damals viel von ihm geredet. Die einen nannten ihn ein Wunderkind, die andern zuckten über diese frühreife Entwickelung die Achseln. Seitdem sind die Gespräche über ihn ziemlich verstummt. Ich glaube, die Familie befindet sich in schlechten Verhältnissen. Der Vater soll ein Trunkenbold sein.

Gerade aus diesem Grunde, rief Wegeler, scheint es mir die Menschlichkeit zu gebieten, daß man dem armen Jungen hilft, zumal da er es nicht weniger seines Herzens, wie seines Talentes wegen verdient.

Theilen Sie uns doch etwas aus seinem Leben mit, sprach der Graf.

Mit großem Vergnügen, antwortete der Student. Sie können sich übrigens auch auf die Wahrheit der Thatsachen, die ich aus Ludwig's eigenem Munde habe, verlassen, denn wir sind Nachbarskinder. Ich bin fünf Jahre älter wie er, und habe ihm auf Bitten seiner Mutter einige lateinische Stunden gegeben. Die Kunden über die Familie gehen nicht über seinen Großvater hinaus, der wie der Enkel Ludwig hieß, unter dem Kurfürsten Clemens August Bassist war und später unter Maximilian Friedrich Kapellmeister wurde. Derselbe stammte wahrscheinlich aus Mastricht und soll ein kleiner kräftiger Mann mit äußerst lebhaften Augen gewesen sein. Aus seiner letzten Stellung ergibt sich übrigens, daß er mehr wie ein gewöhnlicher Sänger, sondern vielmehr ein tüchtiger Musiker war. Man rühmt ihn noch heute als Darsteller in dem Singspiel „L'Amore artigiano" und im „Deserteur von Monsigny". Er soll aber auch selbstcomponirte Opern auf die Bühne gebracht haben. Zugleich scheint er in guten und auskömmlichen Verhältnissen gelebt zu haben, denn es existirt von ihm noch ein gar stattliches Bildniß, welches der Hofmaler Radoux gemalt hat. Der Sohn dieses Mannes, Johann van

Beethoven, den wir als kurfürstlichen Tenoristen kennen, verheirathete sich gegen Ende der sechziger Jahre mit Helene Keverich aus dem Thal Ehrenbreitstein gegenüber Koblenz, welche die Witwe des frühern kurfürstlichen Kammerdieners Nikolaus Laym war, und führte seine Frau in die väterliche Wohnung ein, denn Vater und Sohn wohnten damals zusammen im Hinterhause Nr. 515 der Bonngasse. Das erste Kind dieser Ehe, ein Knabe mit Namen Ludwig Maria, starb schon in den ersten acht Tagen nach seiner Geburt. Am 17. December 1770 erschien aber ein zweiter Sprosse, bei dessen Taufe der Großvater Pathe und eine Nachbarin, Gertrud Müller, Pathin wurden. Es war unser Ludwig van Beethoven.

Der alte Kapellmeister, fuhr dann Wegeler nach einer Pause fort, starb, als Ludwig drei Jahre alt war. Mit ihm verlor die Familie ihre beste Stütze. Ueberdies mehrten sich die Sorgen, als noch zwei Söhne geboren wurden, von denen der ältere Karl, der jüngere Johann heißt. Das Einkommen des Vaters war zu gering, um das gewohnte Leben fortzusetzen. So wurde denn das kleine Erbe bald verzehrt, zumal da der Tenorsänger die schlechte Gewohnheit des Trinkens angenommen hatte, die er auch noch heute in einer Weise fortsetzt, welche ihm die Achtung aller tüchtigen Menschen benimmt. Seine Frau ist dagegen eine vortreffliche und kreuzbrave Mutter und Hauswirthin, die sich alle mögliche Mühe gibt, ihre Kinder gut zu erziehen und rein und sauber zu halten. Leider muß sie nur oft mit dem größten Mangel kämpfen. Ihr hat es der Sohn hauptsächlich zu danken, daß er auf dem Wege ist, ein ordentlicher und tüchtiger Mensch zu werden.

Hat der Knabe schon früh Talent zur Musik gezeigt? fragte der Graf.

Im Musikantenstande erbt das Gewerbe des Vaters fast noch mehr vom Vater auf den Sohn wie anderwärts, erwiderte der Student. Ein Wunderkind wie Mozart ist er aber keinesfalls gewesen. Den ersten Unterricht in der Musik erhielt er von seinem Vater, der ihn mit der größten Strenge ununterbrochen vielfältige Uebungen machen ließ, weil er sich in dem Knaben sobald wie möglich eine neue Erwerbsquelle heranziehen wollte. Es läßt sich denken, daß der Junge unter diesen Umständen gerade nicht gern an die Arbeit ging und oft an das Instrument getrieben werden mußte. Zum Violinspiel hatte er meistens noch weniger Lust. Ungleich mehr Frende gewährten ihm die Stunden, welche ihm später der Musikdirector und Hautboist Pfeiffer gab, der als ein trefflicher Künstler und genialer Mann bekannt ist. Im Orgelspiel erhielt er dann ferner vom Hoforganisten von der Eber Unterweisung. Endlich war der Musikdirector und Hoforganist Neefe sein Lehrer in der Composition. Derselbe hat ihn aber, wie er behauptet, oft durch eine allzu harte und scharfe Kritik abgestoßen. Was die sonstige Erziehung des Knaben angeht, so ist diese weder auffallend vernachläßigt noch besonders gut. Lesen, Schreiben, Rechnen und etwas Latein hat er in der öffentlichen Schule gelernt.*)

---

*) Vgl. Dr. F. G. Wegeler und Friedrich Ries, „Biographische Notizen über Ludwig van Beethoven" (Koblenz 1838), S. 1 fg.

Aber in all diesen Mittheilungen ist ja nicht das Mindeste, was auf ein besonderes Menschenkind rathen läßt, warf Stephan von Breuning ein.

Ein ganz gewöhnlicher Lebenslauf, fügte Christoph hinzu.

Um so mehr ist es anzuerkennen, daß der Junge sich dennoch so eigenthümlich entwickelt hat, entgegnete der junge Naturforscher. Was er geworden ist, das ist er aus sich geworden. Und meiner Ansicht nach ist er auf dem Wege, etwas höchst Bedeutendes zu werden. Ueber seine musikalischen Leistungen will ich mir kein Urtheil anmaßen, denn ich bin zu wenig in die Geheimnisse dieser Kunst eingeweiht. Ich habe nur die sichere Ahnung, daß er auf diesem Gebiete eine außerordentliche Kraft entwickeln wird, vorausgesetzt, daß die Natur ihn wirklich mit dem nothwendigen Talente ausgestattet hat. Ein Talent aber auszubeuten, dazu ist er der Mann, mag er auch noch ein Junge sein. Niemals habe ich einen Menschen mit solcher Zähigkeit und Ausdauer arbeiten sehen. Wenn er sich den Uebungen, die sein Vater mit ihm anstellen wollte, entzog, so drängte er sich zu Aufgaben, die er sich selber stellte. Dieser Knabe leistet nur in der Freiheit etwas, im Zwang wird er mürrisch und unwirsch. Ueberdies aber besitzt er eine erstaunenswerthe Klarheit in Betreff der Ziele, die er sich gestellt hat. Ueber seine Kunst spricht er Dinge, die er nirgendwo gehört hat, sondern nur aus eigener Seele schöpft. Und diese Aeußerungen haben stets einen eigenthümlichen Zuschnitt. Alles das macht mich sicher, daß er ein großer Mann werden muß.

Sagen Sie uns doch auch, was Sie von dem Gemüthe des jungen Menschen halten, fiel ihm der Graf ins Wort. Bei Geistern von so entschiedenem und scharfem Gepräge ist es häufig schlecht damit bestellt. Ohne Herz kein Künstler!

Er hat die reichste Fülle, rief Wegeler mit gehobener Stimme. Sein Gemüth flößt mir gerade die innigste Theilnahme für ihn ein. Wenn mich die geistigen Seiten seines Wesens im höchsten Grade interessiren, so ziehen mich die Eigenschaften seines Herzens doch mehr an. Als wir jene Gänge durch das Siebengebirge machten, von welchen ich Ihnen erzählt habe, fühlte ich gewissermaßen unbewußt die tiefe Einsamkeit heraus, in welcher sich der anstrebende Künstler befindet. Sein Gebaren auf der Spitze des Berges im Gewitter, seine abgerissenen Mittheilungen, sein Orgelspiel in der Kirche zu Heisterbach hatten mir mehr verrathen, als er mir sagen wollte und gesagt hatte. So bot ich ihm meine Freundschaft an. Er drückte mir leidenschaftlich die Hand. Als wir aber am Abend in einem Kahne von Dollendorf aus auf dem mondbeschienenen Rheine nach Bonn fuhren, kam eine weiche Stimmung über ihn, er ergriff aufs neue meine Hand, die Thränen standen ihm im Auge, während er mit gepreßter Stimme zu mir sprach: So habe ich denn einen Freund! Auf den du stets vertrauen kannst, antwortete ich ihm; aber nun schütte mir dein Herz aus. Ich sehe dir an, daß dir allerlei auf der Seele lastet. Er erwiderte: Ich habe mich entsetzlich allein in meinen Verhältnissen gefühlt. Jetzt weiß ich doch einen Menschen, mit dem ich über

alles reden kann und der mir in meiner Fortbildung
nützen und frommen wird. Von seinen Verhältnissen
theilte er freilich trotz alledem wenig mit. Ich kannte
sie aber von dem häufigen Verkehr in seinem Hause her.
Wenn er sich keine Beschuldigungen gegen die regellose
und verderbliche Lebensweise seines Vaters erlaubt, so
fühle ich doch aus allem heraus, daß sie ihm in tiefster
Seele zuwider ist. Daß er seiner frommen, sanften
Mutter eine schwärmerische Liebe widmet, hörte ich aus
manchem Worte. Er sucht sogar heimlich ihre traurige
Lage zu bessern, indem er Stunden bei kleinen Bürgers-
leuten gibt, deren Ertrag er in der zartesten Weise dem
Haushalt zuwendet, ohne je einen Heller für sich in Anspruch zu nehmen. Auch für seine kleinern Brüder hat
er eine eigenthümliche verhaltene Liebe. So trotzig und
wild der Junge aussieht, so schwillt sein Herz doch stets
in einem Sturm von leidenschaftlichen Gefühlen. Freilich
verbirgt er sich nach außen hin. Er ist scheu und ver-
schlossen. Und daran sind zumeist die traurigen Verhältnisse des Hauses schuld. Weil sein Vater keines
Ansehens genießt, glaubt er sich auch misachtet und ge-
mieden. Und so führt denn der begabte Knabe ein trauriges Dasein, auf dessen Abänderung wohlwollende und
freundliche Menschen denken sollten.

Die Hofräthin und die jungen Leute waren allmählich doch von Wegeler's Schilderung ergriffen und saßen
schweigend in der Runde umher. Der Deutschordensritter aber meinte: Wenn die Freundschaft Ihnen nicht
zu lebhafte Farben an die Hand gibt, so handelt es sich
hier allerdings um eine ganz absonderliche Natur.

Das ist er, sprach der Student, ich glaube nicht zu übertreiben.

Und wie meinen Sie, daß man dem jungen Künstler nachhelfen kann? forschte der Graf weiter. — Vielleicht — —

Als Ludwig's Freund habe ich darüber nachgedacht, fiel ihm Wegeler ins Wort. Vor allen Dingen möchte ich Sie bitten, nicht zunächst an materielle Unterstützungen zu denken, denn sie könnten den reizbaren und mistrauischen Geist eher erkälten und befremden, als ihm zur Freude gereichen. Nachdem ich gesehen habe, wie wohl ihm der Umgang eines höher strebenden Menschen thut, denn dafür halte ich mich, ist es mir zur Gewißheit geworden, daß ihn nichts mehr fördern und höher heben würde als der Verkehr in einem gebildeten Kreise edler Männer und Frauen. Ich will gestehen, daß ich hierbei hauptsächlich an das Haus unserer vortrefflichen Wirthin gedacht habe, dem auch ich so vielfache Veredlung des Herzens und Geistes verdanke.

Aber braucht es denn dazu so vieler Worte? rief die Hofräthin. Bringen Sie mir doch Ihren jungen Freund.

Ich danke Ihnen, sprach der Student, und hoffe Sie werden den Zuwachs, den dieser junge Kreis in dem Musiker gewinnt, nicht bereuen. Da Ihre Söhne selbst die Kunst treiben, in die auch ich mit meinem Violoncell ein wenig pfusche, so werden unsere Trios und Quartette gewiß ihren Vortheil davon haben.

Aber wir müssen doch auch daran denken, die Lage

der Mutter und der kleinern Geschwister zu erleichtern, erhob der Graf das Wort. Die Welt und die menschliche Gesellschaft sind nun einmal in einer Weise eingerichtet, daß man ohne Mittel nicht leben kann.

Wenn Frau von Breuning den jungen Beethoven einmal kennen gelernt hat, meinte Wegeler, so hege ich die Hoffnung, daß sie sich vielleicht entschließt, ihm den Unterricht des kleinen Lenz und der kleinen Lore anzuvertrauen. Die Kinder sollen ja ohnehin bald mit den Anfangsgründen des Klaviers beginnen. Ich bin überzeugt, Ludwig wird seine Sache gut machen.

Wenn er mir sonst gefällt, so habe ich nichts dagegen, erwiderte die Hofräthin.

Aber ich möchte doch auch gern etwas für den jungen Künstler thun, fiel der Graf ein. Ich liebe die Musik über alle maßen und würde es für ein Glück halten, wenn ich einem begabten Jünger dieser Kunst wesentlichen Vorschub leisten könnte.

Dem steht ja nichts entgegen, rief der Student. Ich hielt es für meine Pflicht, die ersten Wege für den jungen Freund zu ebnen. Nachdem dies in wünschenswerther Weise geschehen ist, will ich gewiß niemand abhalten, sich in anderer Art für sein Fortkommen zu interessiren. Ich bitte Sie im Gegentheil, sich den jungen Beethoven anzusehen. Wie die Sachen jetzt stehen, werde ich nicht zögern, ihn recht bald bei der Frau Hofräthin einzuführen, wo Sie ihn dann betrachten und sein Talent prüfen mögen.

Das soll geschehen, sprach der Graf, aber ich habe mich hier bei Maitrank und Künstlerschicksalen schon über meine Zeit aufgehalten, die Dienstpflicht ruft mich zum Kurfürsten. Nehmen Sie meinen besten Dank für die liebenswürdige Gastfreundschaft und die interessanten Mittheilungen. Und auch dir den besten Dank, kleine Lore.

Er wollte sich eben entfernen, als ein kleiner Mann in den Garten trat, der sich durch ein paar lebendige Augen und sehr bewegliche Züge auszeichnete und dabei in seinem ganzen Wesen eine entschiedene Energie aufwies.

Ei da ist auch der Kapellmeister, der Lehrer, der Professor, riefen die jungen Leute.

Gut, daß Sie kommen, mein lieber Ries, übertönte sie die Stimme Wegeler's. Legen Sie noch rasch ein Zeugniß ab: Was halten Sie von Ludwig van Beethoven?

Er ist ein Genie, sprach Ries. Geht er den rechten Weg und hat er Glück, so wird er einer der größten Meister seiner Kunst.

Bravo! rief der Student.

Sorgen wir also, daß er den rechten Weg gehe und auch ein wenig Glück habe, schloß der Graf mit seinem Lächeln. Dann verabschiedete er sich in verbindlicher Weise bei der Hofräthin, drückte der kleinen Lore die Hand, verbeugte sich gegen die Herren und verließ, von den Söhnen der Dame begleitet, den Garten.

Als der Gast und dann auch die Hofräthin mit dem Musikdirector Franz Ries gegangen waren, brach in dem Kreise der Jünglinge sofort das durch seine Gegenwart unterdrückte Leben desto entfesselter empor. Sie sprachen dem köstlichen Tranke zu, jauchzten und sangen, daß es bis an den späten Abend über Fluß und Land klang. Keiner aber schien vergnügter als der treue Wegeler. Es war ihm eben ein schönes Freundschafts= werk gelungen.

———

Drittes Kapitel.

Der kurfürstliche Tenorist Johann van Beethoven hatte nach seines Vaters, des Bassisten und Kapellmeisters Tode die Bonngasse verlassen und bewohnte mit seiner Familie ein paar bescheidene Zimmer in dem Hause Nr. 934 der Rheingasse. In die Thür dieses hochgegiebelten Gebäudes trat am Nachmittage des folgenden Tages der Studiosus Wegeler, durchschritt den Gang und tastete sich die dunkle Treppe hinauf bis an die Wohnung, in welcher er den jungen Componisten aufzusuchen beabsichtigte.

Als er auf dem Flur angelangt war, wo sich das Quartier des Sängers befand, hörte er durch die Spalte der angelehnten Thür eine Unterhaltung, die er weniger aus Neugierde als aus Bescheidenheit nicht stören wollte. So hielt er die Schritte an und wurde Zeuge eines Gespräches, das von einem Manne und einer Frau geführt wurde.

Nein, nein, ließ sich eine sanfte weibliche Stimme

vernehmen. Ich kann das Geld nicht annehmen. Es ist zu viel, es ist zu viel.

Ich sage Ihnen aber, erwiderte der Mann, daß ich eine alte Schuld löse. Wenn ich ein tüchtiger Musiker geworden bin, so verdanke ich es hauptsächlich dem alten Kapellmeister, Ihrem Schwiegervater. Er hat mir jahrelang Stunden im Generalbaß ertheilt und sich unsägliche Mühe mit mir gegeben. Ich war damals ein armer Schelm und konnte ihm all die Arbeit nicht vergüten. Jetzt aber bin ich in guten Verhältnissen, habe ein einträgliches Amt bei der Kapelle und dazu noch Stunden vollauf. Es würde mein Gewissen bedrücken, wenn ich nicht den frühern Verpflichtungen nachkäme. Da nun der alte Herr gestorben ist, so zahle ich natürlich die Schulden an die Nachkommen.

Wenn sich auch alles so verhält, wie Sie sagen, sprach die Frau, so haben Sie mir mit der Zeit doch schon so beträchtliche Summen in das Haus gebracht, daß sie sicherlich die möglichen Forderungen, die der Schwiegervater an Sie haben konnte, übersteigen.

Aber Sie werden mir doch glauben, tönte die ärgerliche Antwort.

Ehe ich noch etwas von Ihnen annehme, muß ich meinen Mann fragen, erwiderte jetzt wieder die Frau mit einer tiefen Weichheit. Er muß wissen, ob Sie nicht zu viel thun.

Daß Sie mir nur nicht eine solche Thorheit beginnen, rief nun der andere. Sie wissen, ich will nichts mit ihm zu thun haben in dieser Angelegenheit.

Ach Gott, seufzte die Frau.

Wozu sollen wir uns etwas weismachen, sprach darauf der Mann tröstend. Er trägt ja all seinen Verdienst in die Schenke. Sie leiden ein schweres Schicksal.

Und Sie wollen dieses Schicksal durch Almosen erleichtern, schluchzte sie unter Thränen.

Kommen Sie doch nicht immer darauf zurück, sondern vertrauen Sie mir, ermuthigte der andere.

Es wird mir zu schwer, nehmen Sie das Geld wieder mit, bat jetzt die Frau. Wenn der Kapellmeister Ihnen Unterricht ertheilt hat, so vergelten Sie es ja hundertfach an meinem Ludwig, der es Ihnen allein verdankt, daß er die Geige, von der er sonst nichts wissen wollte, liebt, und daß er, wie Sie sagen, gute Fortschritte im Spiel macht. Lassen Sie also Schuld um Schuld aufgehen.

Ei, wer behauptet denn, daß ich ihm das Honorar schenken will, fiel ihr der Mann ins Wort. Glauben Sie nur, ich schreibe jede Stunde an und nicht etwa in den Kamin, sondern schwarz auf weiß gebucht. Sobald er im Stande ist, soll er alles zahlen. Der Ludwig ist ein tüchtiger Bursche und wird sicherlich ein trefflicher Musiker. Da bekommen Sie gute Tage und ich meinen Lohn. Aber ich muß in die Stunde. Hier liegt das Geld auf dem Tisch und nun leben Sie wohl!

Wegeler hörte rasche Tritte im Zimmer. Er trat in eine dunkle Ecke, um den Anschein, als habe er den Lauscher gemacht, zu meiden. Hätte er nicht schon die Stimme des Redenden erkannt, so würde ihm der Anblick des an ihm vorbeistürmenden Mannes keinen Zweifel über dessen Person gelassen haben.

Der Ries ist doch ein trefflicher Mensch, sprach er für sich. Er weiß seine Wohlthaten in der besten Form anzubringen. Die Musikanten sind in der That nicht so schlimm, wie die Welt sie oft machen möchte.

Nach einer Weile klopfte er an die Thür und trat ein. Ludwig's Mutter barg eben etwas in der Tasche. Sie hatte noch die Thränen in den Augen und stellte sich gegen das Licht, um sie zu verbergen.

Wegeler that, als ob er nichts sehe, und fragte nach dem Sohne.

Er ist in der Kammer, sprach die Frau.

Der Student schritt in eine Stube, die nach dem Hofe hinaus gelegen war und ein äußerst einfaches Ansehen bot. Ein schlichtes Bett von rohem Holz und mit den gewöhnlichsten Einlagen stand in der Ecke und bewies, daß man sich in einem Schlafzimmer befand. Dagegen zeugte ein altes Klavier, das seinen Platz an der Wand, und eine Geige, die auf demselben ruhte, sowie ein wackeliger mit Noten und Büchern belegter Tisch dafür, daß hier zugleich ein Asyl für musikalische Arbeiten war. Ueber dem Klavier aber hing ein stattliches Porträt in Oel, das den alten Kapellmeister Ludwig van Beethoven in sauberer und reicher Kleidung darstellte. Außerdem waren noch manche Kupferstiche, mit den Köpfen berühmter Tonsetzer, an den Wänden zu sehen.

In dieser kleinen Welt hauste der Knabe Ludwig van Beethoven. Mit glühendem Haupte und wirren Augen saß er mit einem Beine auf einem alten Stuhle, indem er mit dem andern zum Aufstehen bereit war.

Vor ihm lagen verschiedene Notenblätter, auf die er eben in rascher Eile eine Menge von Noten warf. Er schien so vertieft in seine Arbeit, daß er den eintretenden Freund nicht merkte. Wegeler schritt denn auch an ihm vorüber und setzte sich ans Fenster, indem er dem eigenthümlichen Gebaren des Knaben zuschaute, der bald an das Klavier lief und dort ein paar Accorde griff, dann eine abgebrochene Tonreihe mit rauher Stimme sang, und schließlich wieder an seinen Tisch ging, um die gefundenen Melodien und Harmonien zu fixiren. Bei dieser Beschäftigung zitterte, zuckte und bebte ein eigenthümliches Feuer und Leben durch den Jungen, dessen Beobachtung den jungen Naturforscher in einer Art interessirte, daß er jede Bewegung mied und fast den Athem anzuhalten suchte.

Endlich rief Ludwig: Fine! und machte einen großen Kratzfuß unter seine Noten.

Nun, Furioso, was hast du fertig gebracht? fragte der Student.

Ein Trio in Es dur für Pianoforte, Violine und Violoncell. Es ist einer der höchsten Versuche in der freien Schreibart und enthält ein Scherzo, etwas ganz Neues, das vielerlei Nachahmung haben wird.*)

Kennst du auch das Sprichwort: Eigenlob — — sprach der Student ironisch.

Pah, erwiderte Ludwig, selbst ist der Mann. Ich weiß, was ich weiß, und sag es auch dreist.

---

*) Vgl. Schindler, „Biographie von Ludwig van Beethoven" (dritte Auflage, Münster 1860), S. 10.

Willst du es drucken lassen? fragte Wegeler.

Wenn ich einen Verleger hätte, gewiß, antwortete der Knabe, aber wer wird etwas von mir nehmen? Dazu gehört ein Name. Nun, ich werde mir einen Namen machen.

Und dann wirst du viel Geld verdienen, mein Furioso! fügte Wegeler trocken hinzu.

Geld wie Heu, sprach der Knabe, aber zunächst geht es um den Ruhm.

Nun, so laß dein Trio doch aufführen, rief der Freund, da kommt der Ruhm geflogen.

Als ob mir das einer aufführte, lautete die trotzige Antwort. Ich bin den Leuten noch zu jung. Man lacht mich aus. Die meisten Musiker sind Neidhämmel, aber es wird die Zeit kommen, wo ich sie auslache. Du sollst es erleben.

So werde ich dir die Composition aufführen lassen, sagte der andere.

Wie wolltest du das machen?

Das ist meine Sache, sprach Wegeler sehr bestimmt. Hast du das Trio abgeschrieben?

Die Stimmen sind eben fertig geworden, antwortete der Componist.

So gib sie mir, ermunterte der Freund; aber du mußt das Klavier spielen.

Mir ist's recht, erwiderte der Knabe, indem er ihm einige Notenblätter übergab.

Noch eins, sagte jetzt Wegeler, ich habe Aussicht, dir in einem vornehmen Hause Stunden zu verschaffen, hast du Lust dazu?

Gewiß, wenn mir die Leute gefallen. Wo soll ich sie geben? forschte Beethoven.

Bei einer Familie, erklärte der Student, wo du nicht allein Lohn für deine Mühe, sondern auch Förderung und Erhebung für Geist und Herz finden wirst, denn ein anregender bildender Umgang thut dir vor allem noth.

Der junge Beethoven sah ihn mit freudigen Augen an und sprach: Du guter Franz!

So mach' dich fertig, ordne deinen Anzug und komme mit mir, gemahnte der andere.

Wohin? fragte der etwas erstaunte Knabe.

Folg' und vertrau' mir, erwiderte der Student, ich werde dich einen guten Weg führen.

Es sei! schloß der Künstler lachend. Dann ordnete er sein wirres Haar, wusch sich in einer Ecke und zog seine besten Kleider an, in denen er gleichwol noch immer struppig genug aussah. Unterdeß trat auch die Mutter in das Zimmer und fragte, wohin er gehe? Wegeler that geheimnißvoll wie vorher. Die gute Frau meinte aber, daß sie ihm den Sohn vertrauensvoll übergeben dürfe. Dann verließen die jungen Leute das alte Haus und schritten durch verschiedene Gassen über den Markt dem Platze zu, an welchem das schöne im romanischen Stile erbaute Münster seine schlanken Thürme und Wölbungen in die Luft hebt.

Dieser herrlichen Kirche quer gegenüber an der nordöstlichen Seite des Platzes erhebt sich ein stattliches Gebäude aus der Mitte des vorigen Jahrhunderts, das tiefer in die Häuserreihe hineingerückt ist und einen hofartigen Vorplatz besitzt, der durch ein eisernes Gitter mit einem in der Mitte eingefügten Thore geschlossen wird. An diesem Thore hielt Wegeler mit seinem Begleiter und läutete die Glocke. Ein Bedienter kam aus dem Hause und öffnete. Der Student schritt wie ein alter Bekannter, ohne irgendwelche Erkundigungen einzuziehen, in den Hof und dann in das Haus, wo er an eine Thür klopfte und, fast ohne ein Herein abzuwarten, eintrat, indem er den etwas scheuen Musiker an der Hand hinter sich herzog.

Da bringe ich meinen jungen Freund Ludwig van Beethoven! rief Wegeler. Und dann stellte er dem Knaben die Anwesenden vor. Es waren aber die Mitglieder der Familie von Breuning, nämlich die Hofräthin, ihre Söhne Stephan, Christoph und Lenz und die Tochter Leonore. Die würdige Frau empfing den Neuling, dem man ansah, daß er sich noch wenig in der Gesellschaft bewegt hatte, mit der wohlwollendsten Freundlichkeit und sprach die Hoffnung aus, daß er wie Wegeler ein Freund ihrer Kinder werden würde. In derselben treuherzigen Weise begrüßten ihn die Kinder. Die beiden ältern Söhne, welche ihn an Jahren überragten, reichten ihm die Hand. Lenz, der ihm im Alter am nächsten stand, und Lore sahen ihn aus leuchtenden Augen an. Der junge Künstler wurde durch diesen Empfang in der freundlichsten Weise berührt. War er auch wegen seines Klavierspiels in dieses oder jenes Haus gerufen worden, so hatte man ihn doch immer entweder als Wunderkind oder als etwas Absonderliches betrachtet und danach behandelt. Hier fand er dagegen ein so rein menschliches Verhalten, daß sich sein Herz freudig öffnete.

In dem großen Zimmer, das in seinen massiven Möbeln, in den an den Wänden hängenden Bildern und einem schönen Flügel sowie andern musikalischen Instrumenten die Zeichen der Wohlhabenheit seiner Besitzer an den Tag legte, befanden sich noch verschiedene andere Personen, in denen Beethoven sofort seinen Lehrer, den Violonisten und Kapellmeister Franz Ries, und einige Mitglieder der kurfürstlichen Kapelle erkannte, die ihn nunmehr auch bewillkommneten. In zwei Fremden stellte Ries, der auf dem vertrautesten Fuß mit dem Schüler stand, den Violonisten Andreas und den Violoncellisten Bernhard Romberg vor, die sich als Virtuosen eines äußerst vortheilhaften Rufes erfreuten. Mit den übrigen Anwesenden kam Ludwig vorläufig nicht in Berührung. Er hatte ihrer auch kaum Acht. Nur eine hübsche Blondine mit langen fliegenden Locken und hellen blauen Augen, die oft in leichten anmuthigen Bewegungen durch das Zimmer flog, um hier und dort etwas zu besorgen, und ihm im Vorübergehen einen muntern Blick zublitzte, machte ihm jedesmal, wenn er sie sah, einen tiefen Eindruck.

Es handelte sich in dieser Gesellschaft, wie sich bald zeigte, um einige musikalische Aufführungen. Abgesehen davon, daß Frau von Breuning die Musik als geist- und herzbildende Kunst in ihrem Hause hegte und pflegte, suchte sie auch bei ihren Söhnen den Fleiß und Ehrgeiz anzuregen, indem sie dieselben bei solchen Gelegenheiten mitwirken ließ. Der Mutter war es nicht darum zu thun, ihre Kinder zu Virtuosen zu erziehen, denn sie wußte, daß dazu eine ganz besondere Begabung gehört, aber sie wußte auch, daß zur Einsicht in das Wesen einer Kunst nichts förderlicher ist als eine liebevolle Beschäftigung mit derselben, und daß ferner jede Beschäftigung in diesem Sinne der allgemeinen geistigen Bildung zugute kommt.

Und so gab es denn einige Aufführungen von Quartetten und Trios, bei denen Stephan und Christoph sowie auch Wegeler, der ein wenig Violoncell spielte, in zweiter Reihe thätig waren, während die Mitglieder der Kapelle die ersten und schwierigen Stimmen spielten. Beethoven aber erhielt den Platz am Klavier und entledigte sich seiner Aufgabe zur größten Zufriedenheit.

Nun wurde auch die anmuthige Blondine zum Vortrag einiger Lieder herangezogen. Ludwig sollte sie begleiten und Frau von Breuning stellte sie dem jungen Musiker als Fräulein Jeannette d'Honrath aus Köln vor. Wie fast alle jungen Mädchen, wenn sie zu einer musikalischen Leistung herangezogen werden, zierte sie sich zuerst eine Weile, indem sie über eine kleine Heiserkeit und dann über eine Gemüthsstimmung, die nicht zum Singen passe, klagte, dann aber griff sie doch nach den Liederheften und blätterte bald in dem einen, bald in dem andern die Kreuz und Quer, während sie behauptete, dieses liege ihr zu hoch und jenes zu tief. Endlich wollte sie es denn doch mit einem versuchen, das sie sich über den Flügel gebeugt noch einmal ansah und durchlas, wobei ihre Locken bald die Blätter, bald die Schultern des jungen Musikers streiften, und ihr Hauch durch seine Haare ging. In einer solchen Lage hatte sich der Knabe noch nie befunden. Es wurde ihm heiß und kalt bei dieser anmuthigen weiblichen Koketterie, die ihn wie ein neues Leben umflatterte.

Endlich begann sie zu singen. Sie hatte eine schöne, klare Stimme, deren Töne hell und kräftig den Saal durchklangen. Auch wußte sie der Melodie und den Worten des Dichters einen eigenthümlichen Ausdruck zu verleihen. Beethoven begleitete vortrefflich, er schmiegte sich ihrem Gesang an und verstand sie gleicherweise mit sich fortzureißen. Als das erste Lied unter dem allgemeinen Beifall der Anwesenden beendet war, folgten ungebeten eine Reihe anderer. Von der belegten Stimme und den unpassenden Tonlagen war keine Rede mehr. Im Rausche der Anerkennung verschwanden alle Bedenklichkeiten. Das schöne Mädchen ließ mit lachendem Nicken einen Theil des Lobes dem trefflichen Begleiter zukommen. So steigerte sich die Begeisterung beider. Sie sahen sich, um das rechte Einverständniß zwischen Melodie und Accompagnement herzustellen, stets häufiger in die Augen. Dem jungen Musiker klopfte das Herz laut auf, als sie, ihn aus den hellen, leuchtenden Augen betrachtend, ein damals bekanntes Lied schloß:

> Mich heute noch von dir zu trennen,
> Und dieses nicht verhindern können
> Ist zu empfindlich für mein Herz.*)

Als das Lied unter erneutem Beifalle beendet war und dem jungen Ludwig noch alles vor den Augen

---

*) Wegeler, a. a. O., S. 42 fg.

schwamm, trat Wegeler auf ihn zu und flüsterte ihm zu: Paß auf, jetzt wird dein Trio aufgeführt. Verrath' dich nicht. Keiner darf merken, daß die Arbeit von dir ist. Ich hab' es dem Grafen von Waldstein gegeben. Er ist dir sehr gewogen. Also mach' deine Sache gut!

In demselben Augenblicke trat der Graf, der erst vor kurzem in die Gesellschaft gekommen war, zu den Musikern mit den Worten: Die Frau Hofräthin hat mir von Ihrer Anwesenheit in ihrem Hause gesagt. Nun habe ich gerade ein Trio zugeschickt erhalten, das mir sehr gerühmt wird. Da ich aber hier so vortreffliche Kräfte zusammenfinde, so würde es mich außerordentlich interessiren, und ich glaube, daß es für Sie selber nicht minder interessant sein wird, das Werk zu hören.

Von allen Seiten hörte man zustimmende Worte erschallen, wobei zugleich die Frage nach dem Meister laut wurde, und sich hier und dort die Ansicht äußerte, der Graf, der in der That ein geschickter Tonsetzer war, werde selber der Componist sein.

Ich denke, wir lassen den Verfasser vorläufig beiseite und halten uns an das Werk, meinte Waldstein mit feinem Lächeln. Wir wollen dann sehen, ob wir aus der Arbeit den Künstler erkennen.

Auch dieser Vorschlag fand allgemeinen Beifall. Der Graf aber bat die beiden Romberg und den kleinen Beethoven, die Aufführung zu übernehmen, welche sich denn auch gleich zu den Instrumenten setzten und das Stück begannen, das, obgleich sie es prima vista oder vom Blatte spielten, voll und gediegen zur Ausführung kam und bei den Zuhörern einen entschieden günstigen Eindruck machte. Besonders das Scherzo überraschte durch seine originellen und neuen Wendungen. Man spendete dem unbekannten Componisten reichliches Lob.

Nun und wer ist der Meister? fragte jetzt Waldstein.

Von Haydn kann es nicht sein, dafür ist es zu leidenschaftlich, sprach der ältere Romberg.

Auch Mozart hat es nicht verfaßt, setzte sein Vetter Bernhard hinzu, einige dunkle Stellen und Absonderlichkeiten im Satze sprechen dagegen.

Jedenfalls ist es ein Mann, der seine Sache trefflich versteht, meinte Ries.

Herr Graf, treten Sie doch aus dem bescheidenen Dunkel hervor, wandte sich jetzt die Hofräthin an den Deutschordensritter.

Ja, ich will Ihnen das Räthsel lösen, sagte der Graf. Der Componist des Trios ist hier dieser junge Ludwig van Beethoven.

Auf allen Gesichtern, mit Ausnahme von Waldstein und Wegeler, der übrigens mit freudigen Augen auf den jungen Freund sah, lag das offenkundigste Erstaunen. Die anwesenden Musiker, selbst Ries nicht ausgenommen, hatten das Ansehen, als fielen sie aus den Wolken. Nach den ersten Ausrufungen der Verwunderung begann eine allgemeine Gratulation für den genialen Knaben, bei der die Mitglieder der Breuning'schen Familie die größte Herzlichkeit an den Tag legten und der sich selbst die Musiker, wenn es auch bei dem einen oder andern mit einem gewissen Misbehagen geschah, nicht entziehen konnten. Wegeler drückte den Freund an sich. Der Graf war voller Wohlwollen und Zuvorkommenheit für den jungen Musiker. Als ihm aber auch Jeannette d'Honrath die Hand reichte, durchzuckte ihn ein heißes Gefühl bis an das Herz hinan.

Frau von Breuning nahm in Begleitung von Wegeler den Musiker beiseite und fragte ihn, ob er den jüngern Kindern des Hauses Unterricht auf dem Klavier geben wollte. Im Gefühle der Dankbarkeit für eine Familie, wo er gleich von vornherein so schöne Stunden verlebt hatte, sagte er sofort zu, und Lenz und Lore, die nun zu Bette gehen sollten, wurden herbeigeholt und lächelten den jungen Lehrer vergnüglich an.

Unterdeß nahm Waldstein den Kapellmeister Ries in eine Ecke des Saales und fragte: Aber warum ist dieser junge Mensch nicht Mitglied der Kapelle?

Ich hätte ihn längst vorgeschlagen, lautete die Antwort, wenn ich unsere Musiker nicht kennte. Unter den Leuten der Harmonie ist leider die Disharmonie zu Hause. Neid und Misgunst haben kein Ziel und Ende. Was würden die alten Knasterbärte zu der Anstellung eines solchen jungen Fants sagen? Er wäre seines Lebens nicht sicher.

Das wollen wir doch einmal sehen, rief der Graf. Der Junge ist kostbar. Er wiegt ihrer ein Dutzend auf. Ich werde mit dem Kurfürsten reden.

Die Gesellschaft sammelte sich nun um einen großen Tisch, auf dem ein einfaches Mahl bereitet war, und blieb noch lange in heiterer Stimmung beisammen. Ludwig saß mit funkelnden Augen neben Jeannette d'Honrath. Viele Worte standen ihm freilich nicht zu Gebote. Als endlich aufgebrochen wurde, taumelte er voller Glück und froher Hoffnung für die Zukunft neben Wegeler nach Hause.

Viertes Kapitel.

Der junge Beethoven war in der Breuning'schen Familie bald wie Kind im Hause. Die Stunden, welche er Lenz und Lore gab, und die ihm, da sowol der Knabe wie das Mädchen Talent und Lust an den Tag legten, Freude machten, führten ihn fast jeden Tag in die Wohnung am Münsterplatze. Da für den Unterricht aber der späte Nachmittag gewählt war, so blieb er nachher auch gewöhnlich den Abend, wo sich die verschiedenen Mitglieder des Hauses im Familienzimmer versammelten und je nach den Umständen ernste oder heitere Dinge trieben.

Was die ernsten Seiten angeht, so öffneten sich hier dem jugendlichen Künstler mancherlei neue Gesichtspunkte. Als Gegengabe für seine musikalischen Leistungen erhielt er durch die jungen Akademiker, denen sich Wegeler mit seiner Strebsamkeit und vielseitigen Bildung anschloß, manche Einsichten in Literatur und Wissenschaft, welche nicht wenig zu seiner geistigen Förderung beitrugen. Als

Grundlage der damaligen Bildung galt die Kenntniß des Alterthums. Da Ludwig nun nicht im Stande war, die Schriftsteller der Vorzeit in der Ursprache zu lesen, so sorgten seine Freunde, daß er ihre Werke wenigstens in der Uebersetzung kennen lernte, die denn auch nicht selten gemeinschaftlich vorgelesen wurden. Welche Freude eröffneten ihm aber die Irrfahrten des klugen Odysseus, die der alte Vater Homer so herrlich besungen hat und die damals schon in der schönen Uebersetzung von Voß vorlagen! Wie erhoben und begeisterten ihn ferner die Lebensbeschreibungen der großen Männer, deren Historiker der treffliche Plutarch geworden ist, und die ihm mit einem male als nachahmungswürdige Vorbilder auftauchten! Er lernte schon damals die Bücher kennen und lieben, die später die Begleiter seines ganzen Lebens geworden sind. Aber auch in die gleichzeitige Literatur des Vaterlandes, die sich mit einem male zu einer vollen ungeahnten Blüte erschloß, wurden reiche Blicke gewonnen, denn die junge Leute beschäftigten sich mit Lessing, Klopstock, Herder und Goethe, dessen Stern bereits strahlend aufgegangen war. Wegeler sowie Stephan und Christoph von Breuning versuchten sich dabei selbst in Gedichten, die sie sich gegenseitig mittheilten und zu denen Ludwig mitunter Melodien lieferte. So fehlte es denn nicht an mannichfachen Anregungen.

Daß auch Scherz und Spiel nicht verbannt war, wie es die unbesorgte Jugend liebt, welche noch wenig vom Ernst des Lebens kennt, brauchen wir wol nicht zu sagen. Und es kennt auch jeder ihre Art und Weise, denn Scherz und Spiel haben allerwärts den gleichen

Zuschnitt. Sie sind kostbar für den, der hineinverwickelt ist, und gleichgültig für den, der sie von fern anschaut. Aber es bildeten sich im Breuning'schen Hause auch Verhältnisse, die über die gewöhnlichen Dinge jugendlicher Geselligkeit hinausgingen. Die jungen Herzen befanden sich nämlich in dieser Zeit in keiner geringen Aufregung. Den Grund und die Ursache zu vielfachen Gemüthsbewegungen gab aber niemand anders als Jeannette d'Honrath. Außer Wegeler waren eigentlich die Jünglinge und Knaben sämmtlich angebrannt. Und das konnte allerdings nicht zu verwunderlich sein. Das Mädchen glänzte durch eine frischentblühte anmuthvolle Schönheit, durch einen überaus muntern und heitern Geist, wie durch Gefälligkeit und Liebenswürdigkeit des Wesens. Freilich war sie verhältnißmäßig viel zu alt für die jungen Burschen. Aber wer von ihnen dachte an die große Hauptsache, die dem Knaben, dessen Herz zu pochen beginnt, eine geringfügige Nebensache ist? Fast jedes junge männliche Herz beginnt mit einer Leidenschaft, deren Gegenstand eigentlich nur ruhige mütterliche Gefühle zu dem stürmischen, heftigen Liebhaber hat. So mochte es auch hier sein. Jeannette hatte aber zugleich eine kleine Neigung zur Koketterie. Da sie merkte, daß die Akademiker Stephan und Christoph, der Gymnasiast Lenz und der Musikus Beethoven ihr zugethan seien, so hielt sie alle in Athem, gab dem einen und andern ein gutes Wort und Beethoven süße Lieder mit schmachtenden Blicken:

> Mich heute noch von dir zu trennen,
> Und dieses nicht verhindern können
> Ist zu empfindlich für mein Herz.

Nun hatte sie dem Jüngling-Knaben auch eines Abends zugeflüstert, daß sie die Hoffnung hege, er werde ihr doch auch bald einmal ein Lied von seiner Composition bringen, welches sie ihm dann so schön wie möglich vorsingen wolle. Ludwig war hochroth im Gesicht geworden. So sehr ihn aber der Auftrag beglückte und entzückte, so bestand seine Antwort doch nur in einigen unartikulirten Tönen, welche die lächelnde Jeannette indeß vollkommen gut verstand.

Schon am folgenden Tage schleppte Beethoven, der gerade nicht über eine große Bibliothek zu gebieten hatte, sich aus dem Breuning'schen Hause und der Wegeler'schen Studirstube so viele poetische Bücher zusammen, als er nur auftreiben konnte. Er hatte nämlich die Absicht, in denselben irgendein Gedicht zu suchen, welches die leidenschaftliche Erregung seines Herzens widerspiegelte, und welchem er ein leidenschaftliches musikalisches Kleid geben wollte, um auf diese Weise dem Mädchen seine Gefühle zu offenbaren.

Und so blätterte er denn mit emsigem Fleiße in den verschiedenen Gedichtsammlungen. Aber die Sache ging nicht so leicht von statten, wie er gedacht hatte. Er konnte den Drang seiner stürmischen Gedanken in keinem einzigen Liede wiederfinden. Die meisten waren ihm zu flau und nichtssagend. Andere, in welchen ein Anklang an seine Gefühle hauchte, paßten nicht zu der Lage, in welcher er sich befand. Er fing an, höchst verdrießlich über die deutschen Dichter zu werden, von denen kein einziger ihm eine zweckmäßige Unterlage für seine Composition bot.

Da trat plötzlich Stephan von Breuning in seine Stube. So lieb der Freund auch Beethoven geworden war, so empfand er doch in diesem Augenblick seine Gegenwart als eine Störung und zeigte wenig Lust, mit ihm anzubinden. Aber auch Stephan schien einigermaßen befangen. Die erste Begrüßung wollte ihm nicht recht flott über die Lippen.

Guten Tag, Beethoven, sprach er mit halber Stimme.

Was gibt's? fragte Ludwig.

Ich kam gerade des Weges, lautete die stotternde Antwort, da wollte ich einmal nach dir sehen.

Der Musiker gab keinen Bescheid und blätterte in dem Buche, das vor ihm auf dem Tische lag, weiter.

Eine kleine Pause folgte, in der Stephan auf und ab im Zimmer ging und sich die Bilder betrachtete. Dann fragte er: Wer ist der Mann, den das Porträt über dem Klavier vorstellt?

Ludwig that, als ob er nichts höre, und träumte über seinen Gedichten.

Du scheinst ja in sehr ernste Studien vertieft, meinte der Student. Was suchst du? Kann ich dir vielleicht helfen?

Blitz und Donner! rief jetzt der Tonkünstler und warf das Buch in eine Ecke. Was die Poeten doch für dumme Kerls sind. Da sitze ich nun schon stundenlang und suche mir ein Gedicht für die Composition, ohne daß ich drei vernünftige Strophen zu finden vermag. Es ist ein Jammer um die verdorbene Zeit.

Vielleicht kann ich dir ein passendes Gedicht geben, rief jetzt Stephan mit einem leisen Erröthen.

Laß sehen, entgegnete Ludwig.

Du könntest mir sogar einen Gefallen damit thun, — — wenn du mir eine Melodie zu dem Texte machen wolltest, fuhr der junge Breuning muthiger, aber noch immer stotternd fort. — Das Gedicht ist von einem Freunde von mir — — einem Akademiker — — der in ein hübsches Mädchen verliebt ist. — — Er möchte ihr damit eine Erklärung machen. — — Willst du vielleicht?

So laß doch sehen, rief Beethoven aus.

Ich darf es nicht aus den Händen geben — — der Freund hat es verboten — — aber ich will es dir vorlesen.

So lies meinetwegen.

Stephan nahm ein Papier aus der Tasche und erhob die befangene Stimme:

> Du pochst so heiß, du junges Herz,
> O Herz, was soll das geben?
> Du bist voll Lust, du bist voll Schmerz,
> O Herz, welch neues Leben!
>
> Das thut, ein blaues Augenpaar,
> Ein Mund in ros'gen Wangen
> Und helles, blondes Lockenhaar,
> Die halten mich gefangen.
>
> Ach, schüttelt sie die Locken licht
> Und blitzt sie mit den Augen,
> Wenn sie aus süßen Lippen spricht,
> Da will kein Fliehen taugen.
>
> Du pochst so heiß, du junges Herz,
> O Herz, was soll das geben?
> Du bist voll Lust, du bist voll Schmerz,
> O Herz, welch neues Leben!

Als er geendet hatte, sprang Beethoven auf und rief: Junge, das ist just, was ich suche. Ich will es componiren. Gib her.

Ich darf es nicht ausliefern, aber ich will es dir abschreiben, sprach Stephan.

So nimm Feder und Tinte, fiel ihm der Freund in das Wort und reichte ihm die Schreibmaterialien.

Beethoven war so vergnügt in dem Gedanken, das richtige Lied zu besitzen, daß es ihm gar nicht einfiel, Stephan könne selbst der Dichter und seine Erzählung nur eine leere Ausflucht sein. Daß der Freund auch für Jeannette schwärme, lag ihm vollends fern. Die erste Liebe denkt überhaupt nur an sich selber. Als er das Lied auf dem Papiere erblickte, nahm er es, legte es in eine Mappe und rieb sich vergnügt die Hände, indem er ausrief: Vortrefflich, vortrefflich, du bist ein kapitaler Junge!

Und wann soll ich mir die Composition holen? fragte jetzt Stephan.

Morgen früh, erwiderte Ludwig, dessen Wesen mit einem male ganz verändert war. Aber jetzt nimm Platz. Laß uns plaudern, denn da ich des leidigen Suchens in den Büchern überhoben bin, habe ich Zeit vollauf. Du wolltest ja wissen, wen das Porträt vorstellt?

In diesem Augenblicke traten auch Christoph und Lenz mit Wegeler ein. Stephan hatte einen Spaziergang mit ihnen gemacht und war ihnen entronnen, um, wie er sagte, einen Augenblick beim Furioso vorzusprechen.

Beethoven ließ sich durch die Ankommenden nicht

11*

stören und rief, nach dem Bildniß zeigend: Nicht wahr, ein stattlicher Mann. Es war mein Großvater. Leider ist er uns zu früh entrissen worden. Er starb, als ich drei Jahre alt war, aber ich habe die vollste und reinste Erinnerung an ihn und denke seiner alle Tage. Seine Stimme ist noch in meinem Ohr und der Glanz seiner Blicke ist noch in meinen Augen. Wie herzlich konnte er mit dem Enkel lachen, scherzen und spielen! Ich besaß sein ganzes Herz! Außer von meiner Mutter habe ich von keinem Menschen das Gefühl der Liebe so lebendig empfunden wie von ihm. Und er war auch ein tüchtiger Mann, der einen wackern Lebenslauf hinter sich hatte, und durch sich selbst aus einem Sänger zum Kapellmeister wurde. Ich will ihm nachstreben mein ganzes Leben lang. Das Bild ist mir unendlich lieb. Ich vertausche es nicht mit der schönsten Galerie. Wenn das Haus abbrennte, stürzte ich durch die Flammen, um das Bildniß meines Großvaters zu retten.

Der Knabe sah ganz begeistert aus und hatte in diesem Augenblicke gewissermaßen ein imposantes Ansehen.

Wegeler reichte ihm die Hand und rief: Furioso, du bist ein tüchtiger Kerl.

Die jungen Leute plauderten noch eine Weile über eins und das andere und forderten Ludwig auf, sie nach Hause zu begleiten, wozu auch die Mutter, welche mittlerweile hereingetreten war, ihn anspornte, weil er sich ohnedies zu wenig Bewegung in frischer Luft machte. Der Sohn lehnte aber alle diese Lockungen entschieden ab, indem er vorgab, er müsse noch eine dringende Arbeit beendigen.

Die Freunde entfernten sich von Frau Beethoven begleitet. Der Musiker setzte sich an das Klavier, auf dessen Pult er das Lied gelegt hatte, und phantasirte lange Zeit. Dann brachte er die Composition, die sich allmählich entwickelt hatte, auf das Papier.

Als Stephan von Breuning am andern Morgen wieder in die Stube trat, übergab der Freund ihm eine Abschrift des fertigen Liedes. Der Akademiker dankte und bat ihn, die Geschichte von dem Schüler, der das Lied gemacht habe, und dem Mädchen, das dieser Schüler liebe, niemand zu erzählen. Als Ludwig ihm das Versprechen gegeben hatte, verließ er das Haus.

Am Nachmittage aber begab sich der junge Musiker mit einer saubern Rolle, die gleichfalls eine Abschrift des Liedes enthielt, auf den Weg nach der Breuning'schen Wohnung. Sein Herz klopfte hoch auf, denn er hatte keine andere Absicht, als die Composition der schönen Jeannette d'Honrath zu übergeben. Da er sie aber allein zu treffen wünschte, so wählte er eine Stunde, in welcher seine Freunde gewöhnlich die Collegien zu besuchen pflegten.

Als er die Klingel zog, kam es ihm vor, als hörte er im Innern des Hauses die Melodie seines Liedes ertönen. Aber der Lärm der Straße hinderte ein scharfes Lauschen. Auch erschien der Bediente sofort, um zu öffnen. Auf dem Flur horchte er von neuem, aber alles war still. So mochte denn seine Vermuthung auf einer Gehörtäuschung beruhen. Er klopfte an die Thür des Wohnzimmers und sah im Eintreten Jeannette, die am Klavier saß und ein Notenblatt fortlegte. Sie war allein. Besser konnte er es nicht treffen.

Mit vollendet knabenhafter Scheuheit stapfte er nun in die Nähe des anmuthigen Mädchens und übergab mit denselben unartikulirten Tönen, unter denen er den Auftrag zu dem Liede in Empfang genommen hatte, die Rolle. Jeannette nahm und entfaltete sie und fand auf dem Titel die Worte: „Lied, componirt und Fräulein Jeannette d'Honrath zugeeignet von Ludwig van Beethoven."

Das Mädchen las den Titel und schaute in die Noten. Dann knixte es mit eigenthümlich spöttischem Lächeln seinen Dank.

Aber niemand zeigen! stotterte der Knabe verlegen.

Gewiß nicht, betheuerte Jeannette.

Wollen Sie es nicht versuchen? fragte Beethoven.

Mit dem größten Vergnügen!

Sie legte das Blatt auf und stellte sich an das Instrument. Der Musiker nahm Platz auf dem davorstehenden Stuhle und präludirte. Dann nickte er ihr mit dem Kopfe und sie sang das Lied, als hätte sie es schon hundertmal gesungen. Beethoven lauschte mit Wonne den Tönen, die dem reizenden Munde entquollen. So schön hatte er sie sich selber nicht gedacht.

> Du pochst so heiß, du junges Herz,
> O Herz, was soll das geben?
> Du bist voll Lust, du bist voll Schmerz,
> O Herz, welch neues Leben!
>
> Das thut, ein blaues Augenpaar,
> Ein Mund in ros'gen Wangen,
> Ein helles, blondes Lockenhaar,

Plötzlich verwirrte sie sich in den Tönen und schüttelte ihre Locken, dann brach sie in ein helles Lachen aus und lief spornstreichs zur Thür, die sie hinter sich zuwarf.

Was war das? Ludwig sprang auf und sah sich nach allen Seiten um, damit er die Ursache dieses jähen Zwischenfalles erblicke. Hatte sich im Zimmer etwas Komisches begeben? Er befand sich ganz allein. War auf der Straße etwas passirt? Er schaute vergeblich zum Fenster hinaus, um einen auffälligen Vorgang zu entdecken. Auch im Hause vermochte er nichts Absonderliches zu erlauschen. Er ging an das Klavier zurück. Dort fiel sein Blick von ungefähr auf das Blatt, welches Jeannette beiseite gelegt hatte. Er nahm es in die Hand. Seine Augen erstarrten, sein Haar sträubte sich. Es war sein Lied von anderer Hand geschrieben und trug, als er endlich näher zusah, die Dedication: „Lied, gedichtet und Fräulein Jeannette d'Honrath gewidmet von Stephan von Breuning."

Das Räthsel war gelöst. Er griff nach seiner Mütze und eilte voller Wuth und Entsetzen aus dem Hause, das er sich in diesem Augenblicke nie mehr zu betreten vornahm. Auf der Straße begegneten ihm Stephan und Christoph, die eben aus der Vorlesung heimkehrten. Er maß den ersten mit einem wilden Blicke und stürzte vorüber. Wahrscheinlich hatte er unbewußterweise das Gefühl, daß er zu Hause keine Ruhe finden würde. So lief er aus dem Thore, wie er oft zu thun pflegte, wenn sein Gemüth aufgestürmt war, rannte quer durch das Feld nach den Bergen, die sich hinter Poppelsdorf erstrecken, und vertiefte sich dort in Busch und Wald. Zerrissene Gedanken durchflatterten ihm das Haupt. Er klagte Jeannette an, daß sie ihn verspottet habe. Aber Stephan hatte es doch noch schlimmer gemacht. Von ihm war er mit Lug und Trug umstrickt worden. Warum verschwieg ihm der falsche Freund, daß er selber das Lied gedichtet, daß er Jeannette liebe und es ihr in der Composition übergeben wolle? Welcher Verstoß gegen alle Offenheit! Hätte der junge Freund die Wahrheit gesagt, so würde er ihm ja die Musik nicht geweigert haben. Ja, er wäre selber in edelmüthiger Freundschaft zurückgetreten. Jetzt konnte nichts mehr wie Kampf und Streit zwischen ihnen sein. Er schwor dem ruchlosen Gesellen ewigen Haß. Und diesen Haß übertrug er auf das Breuning'sche Haus, wo man ihn nur angezogen hatte, um ihn zu verspotten und zu verhöhnen. So ersann er sich in kindischer Verstocktheit eine Reihe von falschen Schlüssen, deren Resultat schließlich darauf hinausging, daß er sich abmühte, Jeannette wiederum zu entschuldigen. Nachdem Stephan ihm mit der Ueberreichung des Liedes zuvorgekommen war, konnte sie ja nicht anders als über die zweite Ueberreichung lachen. Vielleicht hatte sie sogar über Stephan gelacht. Welcher jugendliche Geliebte sucht nicht den Gegenstand seiner jungen Liebe immer wieder in das hellste Licht zu stellen?

Es begann schon dunkel zu werden, als er in seine älterliche Wohnung zurückkehrte. So sehr ihm auch das Haupt von wirren Gefühlen und Entschlüssen sauste, so hatte er doch bald allen Anlaß, sich mit andern Gedanken zu beschäftigen; denn als er in das Wohnzimmer trat, fand er seine Mutter in hellen Thränen. Er konnte aber die gute Frau, die ihm nichts wie Liebe und Güte in seine jugendlichen Tage gewebt hatte, nicht weinen sehen. So sehr er auch daran gewöhnt war, sie bei der unglücklichen Leidenschaft des Vaters, die dem Hause fast ununterbrochen Leid und Kummer brachte, in Trübsal und Verwirrung zu gewahren, so gab ihm doch jede erneute Scene dieser Art einen Stich ins Herz.

Mutter, Mutter, was hast du? rief er aus, indem er sie heftig umfaßte.

Sie antwortete nicht, sondern wies mit der Hand nach der Stube des Sohnes, in welcher derselbe jetzt ein Hämmern und Krachen vernahm.

Ludwig eilte durch die Thür und stand alsbald in seinem Zimmer. Staunen und Schrecken ergriffen ihn, denn er sah dort einen Mann, in dem er den Besitzer der benachbarten Schenke zum Karpfen erkannte, mit Hammer und Zange beschäftigt, das Bild seines Großvaters, welches er den Freunden erst gestern mit dem gerechtesten Stolze gezeigt hatte, von der Wand zu lösen.

Zuerst konnte er vor Entrüstung keine Worte finden. Dann rief er: Was geht hier vor?

Der Wirth drehte sich einen Augenblick um und maß mit einem verächtlichen Blicke den kecken Sprecher, dann fuhr er ruhig in seinem Werke fort, indem er sagte: Was hier vorgeht? Nun, der junge Herr sieht es ja! Ich hole mir das Bild!

Wer hat Euch die Erlaubniß gegeben?

Ich bin zwar dem Burschen keine Rechenschaft schuldig, lautete die Antwort, aber auf ein paar Worte mehr oder weniger kommt es nicht an. Der Herr Tenorist Johann van Beethoven hat mir das Bild verpfändet. Nun will er auch wol wissen, wie das zugegangen ist? Auch damit kann ich aufwarten. Von dem Herrn Papa ist nach und nach ein großes Loch in meinen Keller getrunken worden, und da er mich trotz aller Mahnungen im Guten nicht bezahlt, so muß ich mich im Bösen bezahlt machen. Sintemal aber kein Geld in der Kasse ist, so bin ich gezwungen, mich mit Geldeswerth zu entschädigen. Es ist noch eine Gnade von mir, daß ich nicht den Plunder von Möbeln auf den Markt bringen und dort versteigern lasse. Drum nehm' ich das Bild als Pfand, das ich nicht etwa für ein gutes Stück halte, von dem ich aber denke, daß es noch zuerst eingelöst werde, weil es doch eine Schande wäre, wenn ein Sohn das Porträt seines Vaters in fremden Händen ließe.

Ich leid' es nicht, ich leid' es nicht, rief jetzt der junge Mensch in aufflammendem Zorn.

Soll ich etwa den Gerichtsboten schicken und Betten und Tische und Stühle und Küchengeräthe holen lassen? fragte der Wirth in spöttischem Tone.

Ihr werdet mir das Bild nicht forttragen, schrie der Knabe aufs neue.

Er hatte in der That die Absicht, sich auf den Wirth, der eben seine Arbeit vollendete und das Gemälde in der Hand hielt, zu stürzen, als seine Mutter, die ihm gefolgt war, ihn zurückhielt, indem sie laut klagend ausrief: Ludwig, Ludwig, was thust du? Laß ihn, laß ihn, damit nicht noch größeres Unglück über uns komme.

Diese bittenden, klagenden Töne der sanften, milden

und doch leidenschaftlichen Stimme, in denen sich das
Unglück mit der Sorge für den Sohn seltsam verbanden,
übten eine zauberhafte Wirkung auf den Knaben aus.
Die starren Züge Ludwig's milderten sich, sein blitzendes
Auge wurde ruhig, seine sich sträubenden Haare sanken
zurück. Er fiel seiner Mutter weinend in die Arme,
während der harte Gläubiger seine Beute von bannen
trug. Der gegenseitige Schmerz löste sich erst allmählich
in leiser werdendem Schluchzen verklingend und fand
Ruhe in dem sichern Bewußtsein treuer unveränderlicher
Liebe.

Fünftes Kapitel.

So wenig Frau von Breuning es sich auch merken ließ, so hatte sie doch für alles, was in ihrem Hause vorging, ein sehr scharfes Auge. Dies war aber noch in erhöhtem Maße der Fall, wenn es sich um Angelegenheiten handelte, welche ihre Angehörigen betrafen. Nun strebte sie freilich dahin, sich die Herzen ihrer Kinder offen zu halten, was ihr auch, da sie nie eine zu große Strenge oder gar Schroffheit zeigte, in der Regel vollständig gelang. Es kommen indeß Zeiten im Jugendleben, wo es in der Natur des Menschen liegt, daß er sich verschließt und heimlich thut. Wer weiß nicht, daß hier jene Tage gemeint sind, wo der Knabe sich zum Jüngling und wo das Mädchen sich zur Jungfrau entwickelt. Tritt einmal die junge Liebe im Herzen auf, so ist es ihr Wesen, daß sie sich in ein scheues Geheimniß hüllt.

Die Hofräthin war auf diese Zeit vorbereitet und hatte sich gerüstet, sie bei ihren Söhnen gehörig zu überwachen. Was sie nicht selber beobachten und belauschen

konnte, das suchte sie auf anderm Wege in Erfahrung
zu bringen. Und hier war ihr der junge Wegeler von
dem wesentlichsten Nutzen. Als ihre Söhne ihn vor
Jahren zu fröhlichen Spielen ins Haus brachten, hatte
ihr der Knabe sofort einen günstigen Eindruck gemacht,
und sie war trotzdem, daß er einem geringeren Stande
entsprossen war, bemüht gewesen, ihn an ihr Haus zu
fesseln, denn er erschien klug, verständig und zeigte ein
braves gerades Herz. Nach und nach wurde sie ihm
sogar eine mütterliche Freundin, die er über alles fragte,
was ihn betraf, und die ihm mit Rath und That zur
Seite stand. Was Wunder, daß er ihr über alle maßen
zugethan war. Zugleich aber besprach sie mit ihm das
Wohl ihrer Kinder, als erhole sie sich Raths bei seiner
Einsicht, was auch in gewisser Art der Fall war, denn
er stand etwas höher im Alter und hatte überdies mehr
Lebenserfahrung als Stephan und Christoph. Da er
nun die Freundschaft der Breuning'schen Söhne besaß
und um alle ihre Geheimnisse wußte, so diente er in
dieser Beziehung der besorgten Mutter oft als vermit-
telndes Organ bei der Erziehung.

Und so hatte sie denn auch bald heraus, daß etwas
im Hause vorgefallen sei, was nicht in der Ordnung
war. Sie merkte einestheils Stephan's Befangenheit,
anderntheils schien es ihr auffällig, daß Beethoven plötzlich
seine Stunden aussetzte und sich auch sonst nicht blicken
ließ. Wegeler wurde ins Gebet genommen. Er lockte
Stephan's Geheimniß heraus und theilte es der Mutter
mit. Die Mutter sprach mit Jeannette, die den Vorfall
wie ein gesetztes Frauenzimmer, das den Knaben eine

Lection geben wollte, ganz offen und harmlos behandelte und darüber lachte. Dann redete die Mutter aber mit dem Sohne, als habe sie die Sache von Jeannette, und meinte, er solle sich doch keine Einbildungen in den Kopf setzen, denn das Mädchen spiele nur mit ihm und halte ihn im Punkte der Leidenschaft schließlich doch für einen unreifen Schulbuben, über dessen Ideen man sich ungestraft lustig machen könne, worüber denn der Jüngling, der sich schon Wunders was dünkte, so erzürnt wurde, daß er seine erste Liebe für ewig abschwor und von diesem Augenblicke an Jeannette keines Blickes mehr würdigte.

Durch die Unterredung mit Jeannette hatte die Hofräthin natürlich auch Beethoven's erste leidenschaftliche Aufwallungen kennen gelernt. So lächerlich die Sache an sich war, so hielt sie doch schon so viel auf den jungen Trotzkopf, daß sie ihm ihre Leitung nicht gern entziehen wollte, wie sie denn überhaupt edeln weiblichen Gefühlen folgte. Es handelte sich also darum, die vorhandenen Unebenheiten auszugleichen und die frühern angenehmen Verhältnisse wieder zurückzuführen. Auch hier mußte ihr Wegeler als Mittelsmann dienen. Nach einer längern Unterhaltung sagte sie ihm: Holen Sie den Jungen wieder ins Haus, denn er verdient unsere Theilnahme. So sind nun einmal die Künstlernaturen: Er hat einen Raptus.

Der Gesandte begab sich, da Jeannette in diesen Tagen zu ihren Aeltern nach Köln zurückkehrte, auf den Weg zu dem jungen Musiker, indem er lächelnd in die Worte ausbrach: O irascibile genus poetarum! (O zornmuthiges Geschlecht der Künstler.)

Als er in Ludwig's Zimmer trat, blickte dieser ihn mit einer düstern und höchst ernsten Miene an.

Nun, du hast wieder einen Raptus, Furioso? fragte der Freund.

Keine Antwort erfolgte.

Du bist mir ein sauberer Geselle, erhob nun Wegeler das Wort. Ich biete dir meine Freundschaft, du nimmst sie mit einer gewissen Leidenschaftlichkeit an, wir schwören uns auf dem Rheine einen Bund fürs Leben, und ich meine, es ist nun keine Heimlichkeit und Verschlossenheit, sondern reine, gerade, offene Wahrheit zwischen uns. Kaum aber sind einige Wochen darüber hingegangen, so hast du wieder alles vergessen, du thust nicht allein fremd, als hätten wir uns lebenslang nicht gesehen, du machst mir sogar ein entschieden feindliches Gesicht.

Ludwig sah ihn erstaunt an und fragte mit einer gewissen Verlegenheit: Wie so?

Wie so? fiel der andere ein, das ist gerade die Frage, die ich dir zu stellen habe. Ich meide dich nicht, ich gehe dir nicht aus dem Wege, ich zeige dir kein übelwollendes Wesen. Gerade umgekehrt thust du alles gegen mich. Also frisch heraus, was hast du, damit ich sehe, ob wir uns gänzlich scheiden oder wieder zusammenkommen können.

Diese derbe und entschiedene Anrede verfehlte ihre Wirkung nicht, zumal das freimüthige Wesen Wegeler's sein inneres Wohlwollen offenbarte. Gleichwol schämte sich Ludwig, den Vorfall mit Jeannette, aus dem sein Zorn gegen Stephan von Breuning und das ganze Haus entstanden war, zu erzählen. So wies er denn mit der Hand nach der leeren Stelle, auf welcher das Bild seines Großvaters gehangen hatte, und berichtete in abgebrochenen Sätzen den unangenehmen Vorfall.

Als Wegeler ihn mit ernster Theilnahme angehört hatte, sprach er: Das ist in der That eine traurige Geschichte. Aber du thust sehr unrecht, wenn du darüber den Kopf verlierst. Ist dir der Besitz des verehrten Gemäldes wirklich so viel werth, wie du sagst, dann thust du doppelt unrecht, in nutzloser Unthätigkeit darüber zu brüten. Wäre ich an deiner Stelle, so würde es mein Bestreben sein, das Bild sobald als möglich wieder zurückzuerwerben.

Aber wie ist das möglich? fragte der Musiker.

Wie ist das möglich? rief der Freund. Das nenn' ich eine praktische Frage. Durch Fleiß und Thätigkeit! Du sprichst ja gerade, als verdientest du noch kein Geld. Ich bin leider kein Krösus, der dir mit Schätzen aushelfen kann. Wer weiß übrigens, ob ich es thäte, wenn ich ein reicher Mann wäre. Es ist gar keine so üble Sache, wenn man sich um das Leben mühen muß. Also suche dir etwas von deinen Unterrichtshonoraren zu sparen. Ich will mit dir zum Wirthe gehen und ihm vorschlagen, daß er gegen die spätere Rückgabe des Bildes Abschlagszahlungen annimmt.

Ludwig's Züge leuchteten auf. So weit hatte er nicht gedacht. Dann sagte er: Ich sehe doch, daß du es gut meinst.

Freilich mußt du es dann aber anders einrichten wie jetzt, fuhr der Student fort. Wenn du auf der faulen Haut liegst und Grillen fängst, so wirst du schlecht ans Ziel kommen. Ich höre, daß du seit einigen Tagen keine Stunden mehr gibst. Warum lässest du dich nicht mehr bei Breunings sehen?

Der Musiker blickte scheu beiseite.

Ich muß mich ja vor den Leuten schämen, sprach Wegeler. Auf deine Freundschaftsversicherungen bauend, habe ich dich dort als meinen Freund eingeführt. Was mögen sie von mir und meinen Ansichten über ein solches Verhältniß denken! Wie werden sie mich nach meinen Freundschaften abschätzen! Wer etwas übernimmt, der hat auch die Pflicht, es durchzuführen.

Ich kann nicht mehr in das Haus gehen, sprach Beethoven, indem er über und über erröthete.

Ei, was ist denn los? fragte Wegeler, als wäre er aus den Wolken gefallen.

Das kann ich nicht sagen.

Dann muß es ja ein entsetzliches Ereigniß sein.

So ist es.

Und du weigerst mir die Mittheilung?

Ich weigere sie.

Nun, sprach Wegeler mit kaltem Tone und erhob sich von seinem Stuhle, ich sehe, daß wir nicht zusammen passen. Deine Freundschaftsversicherungen waren nichts wie leerer Wind. Wir wollen unsern Bund lösen. Mag es dir wohl gehen.

Damit wandte er sich zur Thür.

Der Musiker sprang auf und sprach: Halt und höre!

Ich will mich nicht in dein Vertrauen drängen, rief der Student. Nur eine freiwillige Mittheilung — —

Aber ich rede ja aus freiem Willen, rief Ludwig.

Wegeler nahm aufs neue Platz und sah den jungen Menschen ernsthaft forschend an. Theilweise machte es ihm Vergnügen, daß derselbe mit schweren Worten nach der Darstellung des Ereignisses rang, theilweise aber hatte er auch einen Erziehungspunkt im Auge. Er wollte Beethoven reden lassen, dieser aber stotterte nun seine Begegnung mit Jeannette heraus, indem er schließlich die heftigsten Anschuldigungen auf Stephan von Breuning warf.

Also das ist die Mordgeschichte? sprach der Student, nachdem der Musiker geendet hatte. Das weiß ich ja alles.

Warum läßt du mich denn erzählen? rief Ludwig mit einer neuen Aufwallung von Zorn.

Aus verschiedenen Gründen, lautete die Antwort. Zunächst, damit du dich übst, offen gegen einen Freund zu sein, und dann, damit du die Sache, die dir das Herz mit Groll füllt, aus dem Herzen sprichst. Sag' selbst, ob du dich jetzt, nachdem du gebeichtet hast, nicht leichter fühlst.

Beethoven konnte es nicht verneinen. Du magst recht haben, sprach er, aber hat sich Stephan nicht schändlich benommen?

Wo ist denn die Schändlichkeit? rief Wegeler erstaunt. In der That, ich sehe bei ihm nicht im mindesten ein Verbrechen, wie ich es bei dir nicht sehe. Mich dünkt, der eine ist so schuldig oder so unschuldig wie der andere. Du spürst etwas von Neigung zu dem jungen Mädchen, er gleichfalls. Er macht dich nicht zu seinem Vertrauten, du ihn nicht, was euch beiden freisteht. Er erzählt dir eine fingirte Geschichte, die ihn selbst betrifft, die er aber einem andern aufbürdet, du erzählst ihm gar keine Geschichte. Er liefert dir ein Gedicht, du lieferst ihm die Musik dazu. Ich finde, ihr steht euch in diesen Thatsachen ganz gleich.

Aber er hat mich lächerlich gemacht, fuhr Beethoven auf, indem er mir zuvorkam.

Wärest du ihm zuvorgekommen, so hättest du ihn lächerlich gemacht, sprach Wegeler. Hier hat nur der Zufall gespielt. Uebrigens habt ihr euch alle beide lächerlich gemacht, der eine etwas früher, der andere etwas später. Wie könnt ihr edle Jünglinge, die ihr euch erst eine Stellung im Leben gewinnen müßt, an Liebeleien denken? Das ist die wahre Lächerlichkeit von der Sache.

Beethoven sah verschämt vor sich.

Und nun will ich dir noch etwas sagen, fuhr Wegeler fort, was dir beweisen wird, daß Stephan doch kein so schändlicher Mensch, sondern ein viel besserer Freund ist wie du, denn ich habe die ganze Geschichte von ihm selber, und zwar hat er mir sie unaufgefordert erzählt.

Ludwig sah ihn groß an.

Ich will dir deine Heimlichkeit indeß nicht länger vorhalten, sprach der Freund, du wirst dich bessern. Jetzt aber mach dich fertig und komm mit zu Breunings.

Beethoven ging zweifelhaft im Zimmer auf und ab. Dann fragte er: Und ist Stephan mir nicht böse?

Dazu hat er nicht die geringste Ursache, lautete die Antwort. Er wird dir wie früher die Hand reichen, jedes andere Verfahren wäre ja auch Unsinn. Uebrigens hat er auch seine thörichte Leidenschaft zu Jeannetten, die zudem heimgekehrt ist, darangegeben.

Sie ist heimgekehrt und er hat sie darangegeben? rief der Musiker, dem eine neue Hoffnung aufflackerte.

Vollständig, bekräftigte der Student.

Und die Hofräthin? weiß sie —, fragte Ludwig.

Sie hat bessere Dinge zu thun, als sich um eure Dummheiten zu kümmern. Du wirst alles beim alten finden, warf Wegeler leicht hin.

So will ich mit dir gehen, sprach Beethoven und begann sofort seine Kleider in Ordnung zu bringen, dann rief er plötzlich in einer leidenschaftlichen Erregung aus: In was für einem abscheulichen Bilde hast du mich mir jetzt gezeigt. O, ich erkenne es, ich verdiene deine Freundschaft nicht.*)

Und er brach in helle Thränen aus, warf die Kleider auf die Erde und wollte wieder zu Hause bleiben.

Wegeler hatte alle Mühe, den neuen leidenschaftlichen Ausbruch zu beruhigen. Erst allmählich gelang es seiner Ueberredungskunst, den Freund zum Mitgehen zu bewegen.

Es war gegen Abend, als sie das Breuning'sche Haus betraten, wo sie die Mutter mit ihren Kindern in gewohnter Weise im Familienzimmer versammelt trafen. Beethoven war voller Befangenheit, die sich aber bald legte, weil er das frühere herzliche Entgegenkommen fand. Stephan, der dem Ankömmling sofort die Hand zum Gruß geboten hatte, bemühte sich, ihm mit doppelter

---

*) Wegeler, a. a. O., S. 32.

Freundlichkeit zu begegnen. Und so entflogen ihm denn alle Zweifel über die Böswilligkeit, die allerdings auch nur in seinem eigenen mistrauischen Gemüthe als ein nichtiges Gespensterbild entstanden war. Es wurde wieder geplaudert und gescherzt wie früher, man las sich schöne Stellen aus edeln Schriftstellern vor, und man hatte nun auch eben zu musiciren angefangen. Beethoven saß am Klavier, um, den Bitten der Anwesenden folgend, eine freie Phantasie, wie er sie schon damals in überraschender Art vortrug, ertönen zu lassen, da trat der Graf von Waldstein rasch in die Thür und rief, nachdem er sich gegen Frau von Breuning verbeugt hatte: Nur nichts Trauriges heute, ich bitte um etwas recht Fröhliches, denn ich bin sehr munter gestimmt.

So geben Sie mir ein Thema, sprach Beethoven.

Nun, dann variiren Sie mir Mozart's „Treibt der Champagner das Blut erst im Kreise".

Ludwig griff muthig in die Tasten und ließ die wilden bacchantischen Töne dieser Melodie des üppigsten Lebensrausches unendlich frisch und muthig erklingen, und als er fertig war, da wiederholte er sie in den kühnsten Variationen, sodaß ein Meer von vollen prächtigen Tönen durch den Raum auf= und niederwogte.

Vortrefflich, vortrefflich, junger Meister, rief der Graf, als er geendet hatte. Dafür sollen Sie aber auch eine Belohnung haben, die Ihnen, wie ich hoffe, Freude machen wird.

Und zugleich griff er in eine Seitentasche seines Rockes und zog einen großen Brief hervor, den er dem jungen Musiker überreichte.

Beethoven betrachtete das Papier. Die Adresse auf der einen Seite trug seinen Namen, auf der andern erblickte er ein mächtiges Siegel. Aber einen so großen Brief hatte er kaum gesehen, geschweige denn erhalten. Er lächelte verlegen und wußte nicht, was er damit anfangen sollte.

So öffnen Sie doch, ermunterte der Graf.

Der Musiker sah ihn von neuem ungläubig an. Fast vermuthete er einen Scherz und wollte die Schrift zurückgeben.

So lassen Sie die Frau Hofräthin öffnen, sprach der Deutschordensritter.

Zugleich nahm er den Brief und überreichte ihn Frau von Breuning.

Soll ich? fragte die Dame den Musiker.

Thun Sie es, erwiderte dieser.

Sie erbrach nunmehr das Couvert, indem sie sprach: Das ist ja das kurfürstliche Siegel.

Dann entwickelte sie ein Blatt, unter dem gleichfalls ein großes Siegel stand, und las:

„Wir Maxmilian Franz von Gottes Gnaden Kurfürst und Erzbischof von Köln p. p. ernennen durch diese Urkunde den Musiker Ludwig van Beethoven zu unserm Hoforganisten — — — —"

Die Anwesenden sahen sich staunend an.

Der Jüngling wußte nicht, wie ihm war. Es wurde ihm ganz taumelig im Haupte.

Alle schwiegen.

Ja, es ist so, rief der Graf, ich bin erfreut, sagen zu dürfen, daß ich zu diesem Entschluß mitgeholfen habe.

Und dann nahm er das Blatt selbst in die Hand und las die ganze Urkunde, die wir hier in ihren herkömmlichen Formen nicht mitzutheilen brauchen, vor.

Darauf reichte er Beethoven die Hand, um ihm zu gratuliren. Dieser ergriff sie leidenschaftlich. Heiße Thränen stürzten aus seinen Augen. Er hatte in der Fülle seiner Gefühle bei den Glückwünschen der übrigen Anwesenden kein Wort. Er stand starr und stumm.

Plötzlich ergriff er das Papier und rief: Dank, tausend Dank! und stürzte ohne seinen Hut zu nehmen die Thür hinaus.

Was mag er vorhaben? fragte der Graf.

Er hat wieder einen Raptus, lächelte die Hofräthin.

Ohne Zweifel will er zu seiner Mutter, sprach Wegeler. Er wird der armen guten Frau ihren Kummer durch die fröhliche Botschaft erleichtern wollen. Ich eile ihm nach, fügte er hinzu und nahm Beethoven's Hut, der noch auf einem Stuhle lag.

So bringen Sie ihn, wenn es möglich ist, nachher in den Zehrgarten, rief Waldstein dem Davoneilenden nach.

So sehr Wegeler sich auch beeilte, war er doch nicht im Stande, den Flüchtling einzuholen. Er fand ihn erst in seiner Wohnung. Dort lag er an der Brust der Mutter, welcher er eben sein Glück mitgetheilt hatte.

Der armen Frau liefen die Thränen über die Wangen.

Aber warum weinst du denn noch, Mutter? rief der Sohn heftig, lache doch, lache doch! Es ist ja jetzt alles gut. Wir sind aus unserer Noth und aus unserm

Elende. Jetzt kann ich dir und den Brüdern helfen. Jetzt kommen gute Tage.

Gott segne dich, du guter, guter Sohn! rief sie und lächelte durch Thränen und drückte ihn an sich und legte die Hände wie zum Segen auf sein dunkles Haar.

Wegeler konnte sich der Rührung nicht enthalten. Er blieb eine Weile ungesehen in der Thür stehen. Als Mutter und Sohn sich endlich beruhigten, trat er ein und erhielt auch seinen Dank, weil er Ludwig in das Breuning'sche Haus geführt und ihn auf diese Weise mit dem Grafen Waldstein, seinem Wohlthäter, bekannt gemacht hatte.

Ich muß diese Anerkennung ablehnen, rief der Student, der eine muntere Stimmung hervorrufen wollte. Unser Furioso verdankt seine Anstellung seinem Talente, das ihn hoffentlich noch zu andern Würden und Ehren leiten wird. Aber hier, fuhr er den Hut in die Höhe haltend fort, er hat seinen Hut zurückgelassen, den bringe ich eben. Es wundert mich, daß er nicht auch den Kopf verloren hat, den ich wol nicht so leicht zurückgebracht hätte.

Ja, so ist es, sprach die Mutter, ihren Sohn aufs neue an sich drückend.

Was liegt an dem Hut? fiel Ludwig ein.

An dem Hute liegt viel, scherzte der Student, denn du mußt heute Abend noch in Gesellschaft. Man kann wol ohne Kopf, aber nie ohne Hut zu anständigen Leuten gehen.

Ich bleibe bei meiner Mutter, rief der Sohn.

Darüber soll Frau Beethoven entscheiden, wandte

Wegeler ein. Der Graf von Waldstein wünscht nämlich, daß ich ihn mit in den Zehrgarten bringe.

Wenn der Graf es wünscht, so mußt du gehen, ermahnte ihn die Mutter.

Und so ward es denn auch beschlossen. Die jungen Leute begaben sich nach einer Weile auf den Weg.

„Zum Zehrgarten" hieß in der damaligen Zeit und heißt noch jetzt eine auf dem Markt zu Bonn gelegene Schenke, die, wenn man vom Schlosse kommt, zur linken Hand steht und eine alterthümliche Fronte mit einer Thür und drei Fenstern hat. Ist man eingetreten, so erstreckt sich rechts eine lange, schmale Stube, an welche sich nach dem Hofe hin noch eine kleine anschließt. Beide standen voll von Tischen, an welchen sich die gebildetsten Leute der Stadt abends bei einem Glase Wein zu versammeln pflegten. Alle Stände waren hier gleichmäßig vertreten, denn die humanistischen Anschauungen jener Tage hatten die Unterschiede zwischen hoch und niedrig, arm und reich in einem ungleich höhern Grade verbannt, als es heutzutage der Fall ist. Hier saßen die ersten Hofcavaliere und Beamte neben den Kaufleuten und Bürgern, und die Lehrer der Akademie neben den Musikern, die an der Kapelle, und neben den Sängern, die an der Bühne angestellt waren. Zugleich fehlte es nie an einer Schar von heitern Geistlichen, die sich hinter ihrem Schoppen Bleichart, den man in ihrem Stande am Rheine für besonders zuträglich hält, vergnügten. Dabei gab es in diesem Hause stets Scherz, Heiterkeit, Lachen bei einem unbefangenen und anregenden Gespräche, das nie ausging und wozu die Wirthin, Frau Koch, die stets für einen guten Keller und eine schmackhafte Küche sorgte, sowie ihre allerliebste kleine Tochter Barbara, welche die Gäste bedienen half, nicht wenig beitrugen. Ueberhaupt fand der einheimische und auswärtige Gast in dieser Schenke eine wahrhaft rheinische Musterwirthschaft.

Nach der Thür des Zehrgartens lenkten nun die beiden jungen Leute ihre Schritte. Ludwig machte große Augen, als er in die Gaststube trat, denn es war das erste mal, daß er ein Weinhaus besuchte. Auf der einen Seite fühlte er sich durch den Eintritt in den Raum den Jahren der Männlichkeit näher gerückt, auf der andern Seite konnte er eine gewisse Scheu nicht bewältigen. Aber auch verschiedene Stammgäste machten große Augen, denn es wollte diesem und jenem nicht billig scheinen, daß ein so junger Bursche, der überdies von einem gerade nicht sehr angesehenen Vater abstammte, schon das Wirthshaus betrete. Da ihm aber der schon anwesende Graf von Waldstein entgegenging und ihn an seine Seite nahm, so verstummte sofort aller Tadel. Der Deutschordensritter führte den neuen Organisten an den Tisch, an dem die Mitglieder der Bühne und Kapelle saßen, ließ ihn dort mit Wegeler Platz nehmen und bestellte eine Flasche Champagner, indem er ihm zurief: „Treibt der Champagner das Blut erst im Kreise, dann gibt's ein Leben herrlich und schön."

Zu der Tafelrunde, in welcher sie sich befanden, gehörte Ries, der Kapellmeister, der Ludwig freundlich begrüßte, dann aber auch der Sänger Keller, der nebst einigen andern Musikern dem jungen Menschen keinen Blick gönnte, weil sie es ihrer künstlerischen Stellung

nicht für angemessen erachteten, mit einem Grünling der
Musik anzubinden. Außerdem hatten sie auch wol vernommen, daß der Graf von Walbstein ihn beschütze,
und fühlten deshalb einen kleinen Neid auf den bart-
losen Knaben. Der Deutschordensritter bemerkte nicht
ohne eine gewisse schelmische Freude das seltsame Gebaren dieser Jünger der edeln Frau Musika.

Als deshalb der Wein perlend in den hohen Spitz-
gläsern funkelte, sagte er zu den Herren: Ich will Ihnen
eine Neuigkeit mittheilen. Sie haben einen Collegen erhalten und ich denke, Sie trinken mit mir auf sein Wohl.
Der neuangestellte Organist soll leben!

Die Anwesenden beeilten sich, mit dem Lieblinge des
Kurfürsten anzustoßen, indem die meisten den kleinen
Beethoven wieder gründlich übersahen.

Also wir haben einen neuen Organisten, fragte Ries.
Wer ist es?

Seine kurfürstliche Hoheit werden sicher einen ge-
wiegten und würdigen Mann angestellt haben, bekräftigte Keller.

O, das unterliegt keinem Zweifel, fügten einige andere hinzu.

Darf man denn nach der Persönlichkeit fragen, Herr
Graf? forschte jetzt Keller.

Hier sehen Sie ihn, sprach Walbstein, es ist Ludwig
van Beethoven.

Man konnte nicht leicht einen verschiedenartigern Ausdruck in den Gesichtern sehen, als es in diesem Augenblicke an dem musikalischen Tische der Fall war. Nur
Ries sprang vor Freude auf und umarmte seinen Schüler

mit den Zeichen der aufrichtigsten Freude. Auch einige andere gutmüthige und phlegmatische Mitglieder der Kapelle schienen kein Arg bei der Anstellung zu haben, die meisten aber zeigten bitterböse Mienen. Der eine wurde blaß, der andere roth, dieser machte ein langes, jener ein knolliges Gesicht, der eine sah sauer, der andere mindestens süßsauer drein. Rings erscholl es: So, so! Ei, ei!

Keller schaute nach der Wirthshausuhr und sprach: Es ist Zeit, ein Sänger muß seine Stimme schonen, und ging von bannen. Dieser folgte unter dem Vorwande, daß seine Frau ihn erwarte, jener, daß er noch in eine andere Gesellschaft müsse. Andere hatten andere Ausflüchte. Es dauerte nicht lange, so war der Tisch leer.

Die Kunde von der Anstellung eines funfzehnjährigen Knaben war unterdeß auch zu den übrigen Gruppen des Raumes gedrungen und erregte überall die lebhafteste Verwunderung, die sich je nach den Leuten wieder sehr verschiedenartig äußerte. Die Philister sprachen sich mißbilligend über die überstürzenden Umwälzungen der neuen Zeit aus. Die Freunde eines frischen Lebens, wie es jene Tage zeigten, waren voll Vergnügen, daß das Talent sich Bahn breche und daß die Perrükenwirthschaft für immer ein Ende nehme. Frau Koch begrüßte den jungen Ludwig und erzählte ihm, daß sein Großvater oft in ihrem Hause gewesen sei. Zugleich bat sie ihn, ihrem Töchterchen, das den jungen Löwen des Tages aus seinen schönen Augen neugierig anschaute, Stunden im Klavierspielen zu geben, worauf er auch sofort einging.

Und so saßen denn der Graf, Ries, Wegeler und Beethoven noch lange fröhlich beisammen.

Als sie schieden, fühlte sich der junge Musiker mächtig in das Leben gewachsen, und als er sich zu Bett gelegt hatte, schwebte ihm auch Jeannettens Bild wieder vor. Er stellte sich die Frage, was sie jetzt wol von ihm, dem kurfürstlichen Organisten, sagen werde?

Sechstes Kapitel.

Solange Menschen leben und miteinander verkehren, hat es Parteien unter ihnen gegeben, von denen die religiösen, staatlichen und gesellschaftlichen Fragen in verschiedener Art und Weise angeschaut und behandelt wurden. Die einen sind die Anhänger der Vergangenheit, die andern die Kämpfer der Zukunft. Man nennt die ersten auch conservativ, die andern liberal. Je nachdem die kirchlichen oder staatlichen Dinge bei diesen Streitigkeiten in den Vordergrund traten, sind ihnen noch viele andere Namen beigelegt worden, die auch wiederum nach den Zeiten und Völkern wechseln. Wer hat nicht von Deisten, Pantheisten und Atheisten auf dem Felde der Religion und von Altgläubigen und Protestanten im Gebiete der Kirchen gehört? Wer kennt nicht die Royalisten und Aristokraten, sowie die Constitutionellen, Demokraten und Republikaner in Sachen der Regierungsformen? Wer hörte nicht von den Vertheidigern der Standesunterschiede und den Socialisten und Communisten in

Angelegenheiten der Gesellschaft? Und wie viel andere Bezeichnungen gibt es nicht für ähnliche Bestrebungen!

In den Tagen, von denen wir erzählen, herrschte aber gerade ein Streit zwischen den Anhängern des Alten und des Neuen, der mit Heftigkeit und Erbitterung von beiden Seiten geführt wurde. Der Grund solcher Kämpfe beruht zumeist in faulen und verrotteten Weltzuständen, in denen der Geist der freien Forschung auftritt und eine scharfe Kritik ausübt. Seine Führer sind anfänglich gewissermaßen philosophisch und theoretisch. Je verwirrter und verkommener aber die Welt ist, desto größer wird ihr praktischer Erfolg. Die Zuchtlosigkeit der in despotischen Formen erstarrten alten Welt verschaffte dem Christenthume einen so glänzenden und raschen Erfolg. Als sich im funfzehnten Jahrhundert eine Menge von Misbräuchen in der Kirche festgesetzt hatte, waren für die Reformation alle Wege geöffnet, sodaß sie wenigstens bei den germanischen Völkern eine umfangreiche Theilnahme gewann. Ueberall aber hatte der Streit mit der philosophischen Kritik angefangen, die auf den Forschungen der Humanisten beruhte, welche die neue freie Forschung seltsamerweise aus dem Alterthume entnahmen, gegen welche das Christenthum den Sieg erfochten hatte. In England waren mit den kirchlichen Kämpfen die staatlichen zusammengefallen. Die freien Formen des dortigen Lebens leisteten den Philosophen und ihrer weitern Forschung mächtigen Vorschub. Sie lehrten den Deismus und sogar den Atheismus. An sie schloß sich die philosophische Schule der Franzosen des vorigen Jahrhunderts. In jenem Lande lag ungeheurer

Stoff für die Kritik, zumal was die politischen Verhältnisse anging, deren Grundsatz das bourbonische Wort „l'état c'est moi" war. So despotisch der Hof indessen auch an der Spitze aller Angelegenheiten stand, so hatte er doch Respect vor dem esprit. Der esprit war damals Mode. Man ließ ihn mit einer eigenthümlichen Galanterie gewähren, indem er beschäftigt war, den freilich in sich unterhöhlten Thron zu untergraben und zu stürzen. Die Leute des Absolutismus hielten sich mit ihrer Gottesgnadentheorie für unfehlbar und ewig.

Wie die Engländer auf die Franzosen gewirkt hatten, so wirkten die Franzosen auf die ganze Welt. Voltaire, Montesquieu, Diderot und J. J. Rousseau wurden überall gelesen und studirt. Es war eben Brauch. Je höher die Lebenskreise lagen, desto mehr hielt man sich für verpflichtet, diese brillanten Schriftsteller, die in aller Munde lebten, zu berücksichtigen. Seltsame Gegensätze! Die Fürsten regierten despotisch, sie hielten Hofhaltungen mit unermeßlichem Luxus, bauten Schlösser von kolossalen Dimensionen, alles nach dem Beispiele der Bourbonen, und zugleich lasen sie die Bücher, in denen die Gedanken keimten, welche dieses überschwengliche Dasein zerstören sollten. In Italien und Spanien fanden die Ideen der sogenannten Schule der französischen Encyklopädisten, wie sie nach ihrem philosophischen Lexikon genannt wurde, Eingang. Katharina von Rußland ward eine Freundin dieser Philosophen. Und auch in Deutschland bekannte sich dessen größter Fürst, Friedrich der Große, der als Staatsmann und Kriegsheld im allerhöchsten Ansehen stand, zu den Ideen jener Männer.

Und alle andern deutschen Dynasten, ob sie nun Könige waren wie der preußische Herrscher, oder Kurfürsten, Fürsten, Herzoge, Reichsgrafen und Reichsbarone, folgten der Strömung der Zeit. Neben Friedrich dem Großen übte später Kaiser Joseph II. den weitesten Einfluß, der mit einem male die großartigsten Neuerungen begann, indem er die Macht der Geistlichkeit beschränkte, deren Uebergriffe in staatliche und sociale Verhältnisse er hemmte, deren Güter er zum Theil einzog und von denen er verschiedene Genossenschaften sogar verbannte. In gleicher Weise änderte er den langsamen Gang der Gerichtsbarkeit, führte er ein anderes Steuerwesen ein, nach dem die größten Lasten nicht mehr auf dem gemeinen Mann ruhen sollten, und demüthigte er den stolzen Adel, indem er Ahnen und Wappen für mäßige Preise verkaufte und sich der liebenswürdigsten Bürgerfreundlichkeit befliß. Freilich zeigte er in all diesen Bestrebungen, die sicherlich aus einem guten Herzen kamen, eine allzu große Hast und Eile. Bei einem Volke, das für solche Reformen nicht vorbereitet ist, können ähnliche Ueberstürzungen nur ein schlimmes Ende nehmen. Joseph II. machte aber, wie Friedrich der Große sehr geistreich bemerkte, immer den zweiten Schritt, bevor er den ersten gemacht hatte. Die Reaction blieb nicht aus. Jeder Fortschritt mußte für ihn einen Rückschritt nach sich ziehen. Wenn er auch an die Freiheit gedacht hatte, so hatte er sie doch als Despot behandelt. Aber auch die Despoten der Freiheit taugen nicht. Widerruf folgte auf Widerruf. Er starb am gebrochenen Herzen.

Selbst die geistlichen Fürsten, die in den Kurstaaten Mainz, Trier und Köln saßen, konnten sich der allgemeinen und sogenannten Aufklärung nicht entziehen. Sie machten alle Neuerungen mit, die sie nur eben mitmachen konnten. Es wurden sogar Protestanten zu den verschiedensten Aemtern verwandt. Georg Forster, der Naturforscher, war damals Professor, und Wilhelm Heinse, der Dichter, Vorleser des Kurfürsten von Mainz. Aehnliche Verhältnisse fanden sich am kurtrierschen Hofe zu Koblenz. Zu Bonn aber führte Max Franz das kurkölnische Scepter. Und Max Franz war ein Bruder Joseph's II. Er hatte dessen Neuerungen in Oesterreich mit eigenen Augen angesehen und den lebhaftesten Antheil an denselben genommen. Aber auch ohnedies hätte ihn der Gang der damaligen Ereignisse auf dieselbe Bahn gebracht. Da er nun außerdem in jungen Jahren mit frischem muthigen Herzen an die Regierung kam, so fehlte es nicht an Veränderungen im Staatswesen. Freilich ging er nicht mit dem maßlosen Ungestüm seines kaiserlichen Bruders vor. Er gehörte nicht zu den Encyklopädisten und Illuminaten, aber er war von der Humanität, welche trotz allen andern Auswüchsen das schönste Wahrzeichen jener Zeit ist, ganz und gar durchdrungen. In diesem Sinne sorgte er für Verbesserungen im Gerichtswesen; dann führte er eine redliche und sparsame Verwaltung der Finanzen ein. In einem seiner Briefe findet sich die Stelle: „Es mögen sich die drei geistlichen Kurfürsten mit Hintansetzung der bis hierhin gehabten Prachtemulation auf eine ihrem geistlichen Stande und

Einkünften angemessene eingeschränkte Haushaltung einrichten." Und dann spricht er sich dagegen aus, daß seine Collegen, um den Königen ähnlich zu sein, mit den Ihrigen alle Einkünfte verprassen. An einer andern Stelle sagt er: „Ich bin fest entschlossen, keine Land und Leuten verderbliche Schulden zu machen, sondern vielmehr nach Maßgabe der Einkünfte stets meine Ausgaben einzuschränken." Während er auf der einen Seite sparte, suchte er auf der andern die Einkünfte des Landes zu heben, indem er der Industrie, dem Handel und dem Landbau allen Vorschub leistete und Bürgern und Bauern die größte Achtung schenkte. Der Fleißigste und Redlichste galt ihm auch als der beste Mann. Von dem Adel, der in leeren Formen bestand und nicht auch das Herz auf der rechten Stelle hatte, mochte er wie Kaiser Joseph nichts wissen. Das alte Feudalthum mit seinen Anmaßungen war ihm eine Lächerlichkeit. Der Kunst und Wissenschaft bewies er sich als ein eifriger Förderer mit stets offenen Händen, wie dies einerseits seine Kapelle, in der er treffliche Musiker, und andererseits die Akademie, in der er ausgezeichnete Professoren besaß, deutlich bewiesen. Diesen Männern ließ er aber stets die menschenfreundlichste Behandlung angedeihen. Der beste Beweis, daß es ihm in geistigen Dingen ernst war, liegt wol in dem Umstande, daß er die im zweiten Stocke des Rathhauses befindliche Lesegesellschaft täglich besuchte. Er war übrigens auch die Seele seines Staats. Im Staatsrath führte er den Vorsitz, nahm Einsicht in alle Gerichts- und Verwaltungssachen und hatte für den

13*

geringsten seiner Unterthanen in täglichen Audienzen ein offenes Ohr.*)

Daß ein Geist, der überall im Sinne der neuern Zeit selbstthätig auftrat, auch eine neue Bildung heraufbeschwören würde, ließ sich mit Recht vermuthen. In der That wendete Max Franz eine vorzügliche Aufmerksamkeit auf die Lehranstalten. Bekanntlich befand sich die Landesuniversität seit langen Jahrhunderten in Köln. Im dreizehnten und vierzehnten Jahrhundert hatten an ihr Albertus Magnus, Thomas von Aquin und Duns Scotus gelehrt. Damals ward sie als eine Leuchte des Wissens gepriesen. Im sechzehnten Jahrhundert aber saßen an ihr jene Männer, gegen die Ulrich von Hutten und seine Genossen die „Epistolae obscurorum virorum", d. h. „Briefe der Dunkelmänner", richteten. Seit jenen Tagen hatte sich die Universität der alten heiligen Stadt stets den Ruf der strengsten Orthodoxie erhalten. Sie war fast kirchlicher wie der Papst. Dieser Geist paßte nun wenig zu dem Wesen der jungen Zeit, das auch am kurfürstlichen Hofe seinen Sitz aufgeschlagen hatte. Unter dem Vorwande, daß die höhere Schulanstalt eingeschläfert sei, die Wissenschaft nicht mit der nöthigen Energie treibe, auch keine ausgezeichneten Lehrer mehr besitze, die anwesenden Professoren aber sich meist in nichtige und erfolglose Zänkereien verlören, weshalb denn die Jugend des Stiftes vielfach andere Hochschulen Deutschlands besuche, hatte schon Max Friedrich im Jahre

---

*) Vgl. Dr. L. Ennen, „Frankreich und der Niederrhein", Bd. 2, Kap. 19.

1777 eine Akademie gestiftet, die aus einer philosophischen, einer juristischen und einer theologischen Facultät bestand und später auch eine medicinische erhielt. Die Fundationen der Anstalt wurden aus den Gütern der 1773 aufgehobenen Jesuiten gebildet. Außerdem forderte man die Klöster auf, entweder lehrfähige Männer anzustellen oder deren Unterhalt zu bestreiten. Gegen diese letzten Punkte trat der Klerus auf, der mit der kölner Universität hielt. Die Sache kam an den Reichshofrath in Wien. Dieser gab dem Kurfürsten recht, der nunmehr am 13. März 1784 bei Kaiser Joseph um ein Universitätsdiplom einkam. Allein Max Friedrich starb einen Monat nachher am 15. April.

Max Franz war der Erbe dieses Gedankens und suchte ihn sofort nach seinem Regierungsantritt auszuführen. Nachdem die Bestätigungsurkunde der bonner Hochschule von Wien eingetroffen war, ließ der neue Kurfürst sich angelegen sein, von allen Seiten her ausgezeichnete Lehrer nach Bonn zu berufen, was ihm auch in erwünschter Weise gelang. Als Curator der neuen Hochschule war ein Freiherr Spiegel zum Desenberg bestellt. Der Senat wurde gewählt. Es ergingen Einladungen an die meisten deutschen Universitäten, die sofort auch Deputationen zu senden versprachen. Nur Köln hatte sich in bissigen Redensarten, aus denen verhaltener Haß und Neid gegen die neue Rivalin hervorging, entschuldigt. Zum Tage der Einweihung wurde nunmehr der 20. November 1786 bestimmt.

Für die kurfürstliche Residenzstadt und ihre Bewohner war dieser Tag ein großes Ereigniß. Man hatte monate-

lang von der neuen Universität geredet, von welcher
man sich die mannichfachsten Vortheile versprach. Und
so ließ es auch die Bürgerschaft nicht an großartigen
Vorbereitungen fehlen. Während der ganzen Woche,
welche dem feierlichen Tage vorherging, wurde in allen
Häusern gefegt und geputzt, gekocht und gebraten, ge=
schmückt und geziert bis auf die Außenseite der Woh=
nungen hin, die mit Guirlanden von Tannengrün und
Teppichen behängt erschienen, denn man erwartete von
allen Seiten her eine Menge von eingeladenen und an=
gesagten Gästen. So zeigte sich Bonn denn am Vor=
abende des Festes in einer wahrhaft pomphaften und
glänzenden Stattlichkeit, denn nun wurden auch aus den
Giebelfenstern Fahnen herausgelassen, die lustig in die
Gassen flatterten. Auf dem Markte aber hatte der Rath
und die Bürger Bonns eine gewaltige Ehrenpforte er=
richtet, die reichlich mit Sinnbildern und Inschriften ver=
ziert war. Und nun begannen auch alle Glocken in den
Thürmen der Kirchen ein mächtiges Geläute, und die
Studirenden brachten mit klingender Musik dem edeln
Kurfürsten, den Professoren und den im Laufe des
Tages eingetroffenen hohen Fremden einen prächtigen
Fackelzug.*)

An dieser Feierlichkeit nahmen auch die jungen Leute,
die wir kennen gelernt haben, einen lebhaften Antheil.
Wegeler und die beiden ältesten Breunings, die an die=
sem Tage aus akademischen Schülern zu Studenten

---

*) Vgl. Kaspar Anton Müller, „Geschichte der Stadt
Bonn", Kap. 12.

geworden waren, hatten den Zug mitgemacht. Der folgende Tag aber sah sie in dem sogenannten Thurmsaal des Schlosses, wo die Gründung der Universität verkündet werden sollte. Es war eine höchst ansehnliche und würdige Versammlung, die sich in den weiten und herrlich ausgeschmückten Räumen versammelte. Das Domkapitel in Köln, der Grafen- und Ritterstand, die Städte des Erzstiftes, das Herzogthum Westfalen und die Grafschaft Vest hatten ihre Abgesandten hierher entboten. Außerdem waren eine bedeutende Anzahl von deutschen Universitäten, namentlich Bamberg, Heidelberg, Mainz, Münster, Trier und Würzburg vertreten. Viele andere hatten es nicht an verbindlichen Gratulationen fehlen lassen. Als alle versammelt waren, erschien von seinen Würdenträgern umgeben der Kurfürst im Festornate, bestieg den Thron und hielt eine Rede, in welcher er den Lehrern jeder Facultät ihre Pflichten an das Herz legte und alsdann dem Curator Freiherrn Spiegel zum Desenberg das kaiserliche Diplom, die Statuten und die Insignien der Universität überreichte. Die Würde des Kanzlers behielt der Kurfürst für sich.

Nachdem der Curator in einer kurzen Rede geantwortet hatte, begab sich die ganze Versammlung in die Hofkapelle, um dort dem Hochamte beizuwohnen, in welcher der junge Beethoven vor der Orgel saß und ihre vollen Töne durch den Raum klingen ließ.

Nach Beendigung der Messe läuteten alle Glocken und erdröhnte der Donner der Kanonen, und es begann nun der große Zug vom Schlosse nach der Universität, welcher damals die Gebäulichkeiten des jetzigen Gymnasiums angewiesen worden waren. Während die kurfürstliche Garnison im Paradeaufzug vor der Residenz stand und die Bürgerschaft ein doppeltes Spalier durch die Stockenstraße und über den Markt bildete, bewegten sich der Kurfürst mit seinen Würdenträgern und Beamten, die Deputationen, die Professoren und die Studenten durch die von der Stadt erbaute Ehrenpforte nach dem Sitz der Hochschule, wo der Rector und die Professoren in knieender Stellung dem Herrscher den Eid der Treue ablegten. Auch bei dieser Gelegenheit fehlte es nicht an verschiedenen Ansprachen. Dann folgte ein feierliches Tedeum in der Universitätskirche. Und nunmehr bewegte man sich wieder nach dem Schlosse, wo der Schöffenbürgermeister Kaufmann im Namen der Bürgerschaft dem Kurfürsten eine Dankrede für die Erhebung ihrer Stadt zum Sitz einer Hochschule hielt, die mit den Worten schloß: „Unvergeßlich wird dieser Freudentag dem glücklichen Bonn sein und heilig auf immer der theuerste höchste Name Maximilian Franz."

Zu den Gastereien, die sowol des Mittags als des Abends am Hofe stattfanden, und die hauptsächlich für die hervorragenden Fremden und Professoren bestimmt waren, hatten unsere jungen Freunde natürlich keine Einladungen erhalten. Dafür spielten die Studenten aber am folgenden Tage auch ihre Rolle in den feierlichen Vorgängen. Während des Morgens fanden nämlich öffentliche Disputationen der vier Facultäten in den Räumen der Universität statt, bei denen die beiden Breunings sich an philosophischen und juristischen Fragen betheiligten, während Wegeler eine von ihm selbst verfaßte

Dissertation: „De respiratione et usu pulmonum", d. h. „Ueber das Athmen und den Gebrauch der Lungen", in so vortrefflichem Latein vertheidigte, daß er sich die allgemeinsten Lobsprüche erwarb und sogar die Aufmerksamkeit des Kurfürsten auf sich zog, der ihn vor sich kommen ließ und ihn aufforderte, in seinen Bestrebungen fortzufahren, indem er zugleich seine Freude ausdrückte, daß die Residenzstadt unter ihren Bürgerssöhnen so wackere Studenten besitze.

Am Abend desselben Tages fand ein großer Ball im sogenannten Englischen Hause*) statt, an dem nicht allein der Hof, die Abgeordneten und Gelehrten, sondern auch ihre Frauen, insofern sie solche besaßen oder mitgebracht hatten, sowie die ganze Bürgerschaft der Stadt mit ihren Gästen den lebhaftesten Antheil nahm. In dem großen Saale, der festlich aufgeputzt war, tönten die Geigen und Flöten, die Bässe und Clarinetten in lustig wogenden Weisen, nach deren Takt die beflügelten Paare leicht und fröhlich dahinschwebten. Ueberall sah man fröhliche und leuchtende Gesichter, welche die Freude und Lust des Tages widerspiegelten.

Auch Wegeler, die beiden Breunings und Beethoven waren anwesend, aber sie tanzten nicht, denn sie hatten diese edle Kunst noch wenig geübt und glaubten sich ihrer jungen Jahre wegen zu diesem Vergnügen nicht berechtigt. So standen sie denn, bald den vorübersausenden Paaren nachsehend, bald mit eigenen Gesprächen beschäftigt in einer Ecke. Hin und wieder wurde nament-

---

*) Jetzt die Weber'sche Buchhandlung.

lich Wegeler vom einen oder andern begrüßt und beglückwünscht wegen des Erfolgs, den er am Morgen gehabt hatte.

Wie bedauere ich, sprach Stephan von Breuning nun auch zu dem Mediciner, daß ich während deiner Disputation bei der Juristenfacultät aushalten mußte. Es hätte mir große Freude gemacht, dich in deiner Glorie zu sehen und zu hören.

In der That, du mußt bewunderungswürdig gesprochen haben, fügte Christoph hinzu. Wärst du nicht unser guter bewährter Freund, so würde ich dich beneiden. Nun aber nehme ich den herzlichsten Antheil an deinem großen Erfolge.

Wahrhaftig, fiel nun Beethoven ein, das Latein floß ihm wie Wasser aus dem Munde. Leider habe ich kein Sterbenswort davon verstanden. Und ich will es nur gestehen, daß ich recht ärgerlich war, denn ich bin ein Strohkopf, der nichts gelernt hat, und muß mich schämen, da ich nicht daran denken kann, die Versäumnisse nachzuholen.

Es ist gar nicht so weit her, erwiderte Wegeler, dem gleichwol ein zufriedenes Selbstgefühl auf dem Gesichte geschrieben stand. Du, Furioso, verstehst von der Sache nichts. Jeder nach seiner Art. Deine Art ist nun die Musik. Dazu bedarf man kein Latein und Griechisch. Ich meine auch, daß du uns alle in deinem Fach dereinst überragen wirst. Ihr aber, Stephan und Christoph, wollt Beamte werden, und habt gleichfalls keine lateinische Beredsamkeit nöthig.

Und brauchst du sie etwa als Arzt? fragte Stephan.

Ja, ich möchte auch wissen, wozu so ein Menschen=
ficker sie anwenden will? fügte Christoph hinzu.

Höher hinaus, ihr Jungen! rief Wegeler, höher
hinaus! Wißt denn, ich habe beschlossen, Professor an
dieser Universität Bonn zu werden.

Hoho! riefen die Brüder Breuning.

Bravo! sagte Ludwig.

In demselben Augenblicke hielt ein Paar vor der
Gruppe, auf das sich die Blicke der jungen Leute wen=
deten. Sobald Stephan die Dame erblickte, entwich er
in ein Nebenzimmer. Beethoven wurde purpurroth im
Gesichte und schien wie an den Boden geheftet. Es war
nämlich Jeannette d'Honrath, die in strahlender Schön=
heit und Jugend vor ihnen stand. Sie tanzte mit einem
schmucken jungen Offizier in hechtgrauer österreichischer
Uniform. Das reizende Mädchen führte mit ihrem Tän=
zer eine lebhafte Unterhaltung. Als sie sich zufällig
umsah und die jungen Leute erblickte, nickte sie ihnen
harmlos und unbefangen zu und legte die Absicht an
den Tag, mit ihnen zu reden, aber der Offizier hatte
sie eben zu einem neuen Walzer umschlungen, und so
stürzte sich das hübsche Paar denn auch rasch in die
Wellen des Reigens.

Beethoven folgte ihr, wie erstarrt dastehend, mit
brennenden Blicken, bis plötzlich die Musik schwieg, die
Tänzer einhielten und ein allgemeines Gewirre durch den
Saal rauschte. Der junge Musiker war noch immer
wie festgebannt. Er bemerkte nicht, daß Wegeler und
Christoph von Breuning sich entfernten. Plötzlich stand
Jeannette vor ihm.

Ei, wo sind denn die andern Freunde? rief sie. Ich bin ganz zufällig von Köln herübergekommen. Wir haben uns im letzten Augenblicke entschlossen, dem Ball in Bonn beizuwohnen, und sind mit unsern Bekannten hierher gefahren. Nun fehlt es uns aber am Ende an Tänzern. Wo sind Stephan und Christoph? Wo ist Wegeler?

Sie werden schwer zu finden sein, stotterte der verlegene Ludwig.

Auch Sie müssen mit mir tanzen, Beethoven, sprach sie weiter.

Ich kann nicht, erwiderte der Musiker.

Ei was, Sie können nicht, lachte das Mädchen. Das wäre schön. Ich höre, Sie sind jetzt ein Mann in Amt und Würden. Da müssen Sie auch in die Welt und in das Leben. Und dazu ist Tanzen das beste Mittel.

Wenn ich es nur verstände! war die Antwort.

Denken Sie an das Lied, scherzte sie weiter:

> Mich heute noch von dir zu trennen
> Und dieses nicht verhindern können,
> Ist zu empfindlich für mein Herz.

Sie sah ihn dabei aus ihren hellen Augen so schalkhaft an, daß es ihm heiß und kalt den Rücken hinunterlief.

Er konnte nicht antworten.

Aber so geben Sie mir doch den Arm, fuhr sie fort, Sie Bär.

Er gab ihr den Arm in unbehülflicher, stockiger Weise. Sie führte ihn, statt daß er sie führte.

Wenn ich nur könnte! wiederholte er.

Nun so führen Sie mich wenigstens zu den Meinigen, sprach das Mädchen. Und daß Sie mir bei nächster Gelegenheit keinen Korb geben! Es ist ja unerhört, daß eine Dame einen Herrn zum Tanz auffordert und abgewiesen wird.

Sie war bei den Ihrigen angekommen, ließ Beethoven's Arm los und machte ihm einen neckischen Knix. Der blöde Musikus ging in den Saal zurück. Er sah die prächtige Gestalt noch oft mit dem Offizier dahinschweben, und wiederholte sich nachdenklich ihre Worte: „Es ist ja unerhört, daß eine Dame einen Herrn zum Tanz auffordert."

Siebentes Kapitel.

Das Verhältniß zu dem Grafen von Waldstein ge=
staltete sich für den jungen Beethoven von Tag zu Tag
erfreulicher und erfolgreicher. Der edelherzige Gönner
ließ dem jungen Musiker manche freundliche Einladung
in seine Wohnung zukommen, wo derselbe ein treffliches
Instrument und eine vorzügliche musikalische Bibliothek
vorfand, welche alsdann gewünschte Gelegenheit zu man=
cherlei künstlerischen Versuchen und Aufführungen boten.
In der That entwickelte sich Ludwig's Talent auch immer
reicher und gewaltiger. So verschaffte er dem Grafen
vielfache Genüsse, indem er ihm bald die Werke älterer
Meister vorführte und bald den eigenen Genius in freien
Phantasien und Variationen gegebener Themas ergoß,
in denen er sich mit Recht mehr und mehr die Bewun=
derung aller derjenigen erwarb, die ihn hörten. Zugleich
fand sich dann und wann auch Muße zu kleinern und
größern Tondichtungen, welche dem Künstler aufgetragen
und alsbald ins Werk gesetzt wurden.

Dies war nun besonders im Carneval des folgenden

Jahres der Fall, wo der Adel zur Erhöhung der in dieser Zeit stattfindenden Lustbarkeiten ein Ritterballet*) bei Hofe zur Aufführung bringen wollte. Graf Waldstein, der sich, wie bereits erzählt worden ist, in allerlei Künsten versuchte, erfand die Handlung und holte bei der Inscenesetzung den Tanzmeister Habich aus Aachen zu Hülfe. Den musikalischen Theil mußte Beethoven übernehmen. Die Sache gelang denn auch ganz nach Wunsch und machte als eine originelle Arbeit kein geringes Aufsehen. Ein Minnelied, ein Trinklied und ein deutsches Lied des jungen Künstlers erfreuten sich des allgemeinen Beifalls.

Wenn nun das Ballet auch auf Beethoven's eigenen Wunsch als eine Arbeit Waldstein's angesehen wurde, so war doch die Kunde von der Beihülfe des jungen Componisten im Publikum nicht unbekannt geblieben. Gereichte ihm diese Theilhaberschaft bei allen andern vernünftigen Leuten zum Lob, so entstand bei vielen seiner Collegen in der Kapelle, welche sich noch nicht über die Anstellung eines so jungen Burschen beruhigen konnten, neuer Neid und neue Misgunst, die denn auch bei manchen Gelegenheiten, und namentlich in den gemeinsamen Proben zum Ausbruch kamen. Bekanntlich hat Beethoven in seinen Compositionen vielfach die bis zu seiner Zeit geltenden musikalischen Grundregeln umgeworfen. Er begann diese reformatorische Kühnheit aber schon in seinen frühesten Jahren und brachte, wenn er an der Orgel saß, Accorde zum Vorschein, welche von den

---

*) Wegeler, a. a. O., S. 16.

andern Musikern des Instituts als Verstöße erklärt und in hämischer Weise verketzert wurden. Freilich wurde der Organist durch solche Einwendungen nicht irre, und fuhr, ohne sich einschüchtern zu lassen, auf dem Wege fort, den er sich in der Kunst bahnte.

Als er nun einmal in der Kirche an seinem Instrument saß und einige reine Quinten ertönen ließ, die von den Meistern des Generalbasses verpönt waren, rief der Sänger Keller: Falsch, falsch!

Und was ist denn falsch? fragte Beethoven.

Sie haben zwei reine Quinten gespielt, lautete die Antwort, und die sind verboten.

Ja, ja, sie sind verboten, fielen mehrere andere Musiker ein.

Beethoven wiederholte den Satz und wandte sich an Ries: Klingt er nicht gut?

Es klingt in diesem Zusammenhange vortrefflich, erwiderte der Kapellmeister, aber die reinen Quinten sind allerdings nach den ersten Grundregeln verboten.

Freilich sind sie verboten, rief nun Keller, habe ich es nicht gleich gesagt?

Die andern stimmten aufs neue ein.

Nun, so erlaube ich sie*), rief der junge Mann, indem sein Auge blitzte, und indem er sein Haar schüttelte.

Sie sind ein unverbesserlicher Trotzkopf, warf ihm Keller mit zornigem Gesicht entgegen.

Und Sie verstehen nichts von der Sache, sprach Beethoven.

---

*) Ries, a. a. O., S. 87.

Was, ich verstehe meine Sache nicht? fuhr nun der beleidigte Sänger in gewaltiger Wuth auf. Ich verstehe meine Sache so gut wie irgendeiner. Wenn ich mir auch nicht anmaße, eine neue Generalbaßschule zu schreiben, so kenne ich doch die vorhandenen Regeln. Und sonst bin ich meiner Sache auch sicher, und zwar sicherer wie Sie der Ihrigen sind. Ich gebe mich nur für einen Sänger aus, und rühme mich als solcher einer solchen Festigkeit, daß kein Mensch im Stande ist, mich aus Takt und Melodie zu bringen.

Das käme auf einen Versuch an, sprach Beethoven mit spöttischem Lächeln.

Wer hat mir jemals einen Fehler nachweisen können? rief der Sänger und schaute sich um.

Keiner, keiner, stimmten die umstehenden Mitglieder der Kapelle ein, die entschieden Partei für Keller nahmen.

Was nicht ist, kann noch werden, meinte der Organist.

Wie wollen Sie das behaupten? schrie nun der Sänger, bei dem die Leidenschaft, trotzdem daß sie heftig genug war, noch nicht auf den höchsten Gipfel gestiegen zu sein schien.

Gilt's eine Wette? erwiderte Ludwig, ich bringe Sie heraus.

Ich gehe darauf ein! tobte Keller. Was setzen Sie ein?

Zu Schaden will ich Sie nicht bringen, sagte der andere, denn ich bin meiner Sache auch gewiß. Wenn ich meine Aufgabe gelöst habe, so setze ich der gesammten Kapelle einen Anker Wein. Dafür muß es mir aber freistehen, dem sichern Mann vor einem ganzen Publikum zu zeigen, daß er sich überschätzt.

Ich bin es zufrieden! sprach der Sänger mit zitternder Stimme, als ihm seine Collegen zuriefen, er möge das Anerbieten annehmen.

Die Gelegenheit ließ nicht auf sich warten. In der Hofkapelle zu Bonn wurden nämlich während der drei letzten Tage der Charwoche die Lamentationen des Propheten Jeremias gesungen. Diese bestehen aber bekanntlich aus kleinen Sätzen von vier bis sechs Zeilen und kommen nach einem gewissen Rhythmus als Choral zum Vortrag. Der Gesang besteht nämlich aus vier aufeinander folgenden Tönen, wobei immer auf der Terz mehrere Worte, ja ganze Sätze abgesungen werden, bis dann einige Noten am Schluß in den Grundton zurückführen. Der Sänger, der diese Musik kurz nach dem erwähnten Vorfalle auszuführen hatte, war Keller. Beethoven aber begleitete ihn. Anfangs ging die Sache vortrefflich. Die Töne kamen rein und hell zum Vorschein. Der Vortragende war seiner Leistung um so gewisser, da sie nur wenige Schwierigkeiten bot. Nun aber, rief der Organist den nahe stehenden Musikern zu: Aufgepaßt! dann begann er plötzlich einige Ausweichungen im Accompagnement, und ungeachtet er den von Keller anzuhaltenden Ton mit dem kleinen Finger fortdauernd oben anschlug, so kam der Sänger doch plötzlich aus dem Ton, sobaß er den Schlußfall nicht mehr finden konnte.*)

Das unverhoffte und unerwartete Ereigniß war ein-

---

*) Wegeler, a. a. O., S. 14.

getreten. Die Musiker sahen sich erstaunt an. Manche
lächelten, manche waren verstimmt. Keller stand mit
zorngeröthetem Kopf. Es war ein Glück, daß Beethoven
sich nicht stören ließ, sonst hätten auch die Besucher der
Kirche den Unfall bemerkt. Er half dem armen Sänger
sogar wieder in Text und Melodie, die denn auch, so
gut es ging, zu Ende geführt wurden.

Als der Gottesdienst zu Ende war, stürzte Keller
sofort mit der Drohung, daß er dem Kurfürsten eine
Anklage gegen den nichtsnutzigen Organisten überbringen
werde, von der Orgel weg. Beethoven aber lud die
Mitglieder der Kapelle zu dem versprochenen Wein, den
er diesen Abend im Zehrgarten setzen wollte. Welcher
Musikant aber hätte jemals einen guten Trunk ver=
schmäht? Selbst die Gegner des jungen Organisten
folgten einer so lockenden Einladung.

Und so gab es denn in der lustigen Schenke am
Markte zu Bonn bald ein buntes und fröhliches Leben,
zu dem Beethoven auch seine Freunde Wegeler und die
Brüder Stephan und Christoph von Breuning herbeige=
holt hatte. Während der duftige Wein in den grünen
Römern perlte, wurde der Vorfall aufs neue durchge=
sprochen, und man stellte sich die Frage, was der wü=
thende Sänger beim Kurfürsten ausrichten würde, wobei
die einen die Sache sehr leicht nahmen, die andern da=
gegen ernste und bedenkliche Gesichter machten.

Ei was, rief Wegeler in die sich widerstreitenden
Meinungen. Der Kurfürst ist ein guter Herr, der bei
vielfachen Gelegenheiten bewiesen hat, daß er Spaß ver=
steht, und daß er stets einen einfachen, geraden Sinn

14*

gegen Hochmuth und Ueberhebung zu vertheidigen weiß. Wenn die Freunde es wünschen, so will ich ihnen eine Geschichte erzählen.

Alle waren gespannt auf die Erzählung, und Wegeler begann:

Kurfürstliche Rechtspflege.

Herr Max Franz hält zu Bonn seinen Hof
Als kölner Kurfürst und Erzbischof,
Führt Krummstab und Scepter dem Volk zum Dank,
Und liebt auch Lust und Witz und Schwank. —
Einst, da er eben Grillen fing,
Sah er durchs Fenster — das Fenster ging
Grad' in den breiten Schloßhof hinein; —
Dort erblickt' er ein armes Bäuerlein.
Das Männlein im blauen Kittel stand
Gar traurig und weinte und rang die Hand.
Da möcht' ich doch wissen, meiner Seele,
Was diesem armen Teufel fehle! —
Er öffnet das Fenster, sowie er sprach,
Und winkte den Bauer in sein Gemach.
Gar ängstlich und zaghaft trat er heran.
Der Kurfürst fragte: Was fehlt dir, Mann?
Und jener nahm sich bald ein Herz
Und klagte einfach mit bitterm Schmerz
Wol über die Herr'n auf der Kanzlei,
Und wie dort kein Recht zu holen sei,
Wie sie ihn schon seit Jahren und Tagen
Vertrösteten, ohne Bescheid zu sagen. —
Max Franz der forschte nach dem Recht
Und sprach: Ja langsam ist das Geschlecht,
Doch will ich ihnen Beine machen.
Sie sollen dir ordnen deine Sachen!

Sei nur im Herzen fröhlich und munter,
Und geh' gleich zu den Herr'n hinunter
Und frage sie, wie das Urtel steh',
Und thun sie aufs neu' dir mit Grobheit weh,
Dann rufst du den Kanzlisten: Marsch!
Und er sprach vier Worte: . . . .
Der Spruch war's, den Götz von Berlichingen
Einst durch das Fenster ließ erklingen;
Der Vater Goethe hat ihn geschrieben.
Ich thu's nicht, weil ihn die Damen nicht lieben. —
Ei, denkt der Bauer, was der Kurfürst sprach,
Das geb' ich den Herr'n getrost aufs Dach. —
Er geht und traut schon seinem Siege. —
Max Franz folgt ihm hinab die Stiege. —
Blaukittel tritt in die Kanzlei.
Bald hört der Herrscher drin ein Geschrei:
Den frechen Schurken, haltet ihn fest! —
Doch der gestochen ins Wespennest,
Der Bauer stürmt athemlos heraus,
Ihm folgen im ungezügelten Braus
Die Tintenfässer und Actenstöße,
Ihm folgen mit verletzter Größe
Die Herren in Talar und Perrüken,
Sie wollen den Frevler reißen in Stücken.
Doch wie sie stürmen, poltern, fegen,
Da tritt der Herrscher ihnen entgegen.
Mein Gott, so ruft er, welch ein Spectakel!
Gibt's Sündflut, Erdbrand, Aufruhr, Mirakel?
Wohlan, ihr Herren, gebt an den Grund! —
Da starren sie, offen Nasen und Mund,
Der Zorn verrauchte, und Richter und Schreiber
Sie stehen da wie die alten Weiber.
Doch ernster fährt sie der Kurfürst an:
Ich will jetzt wissen, was ihr gethan! —
Und stotternd erzählte einer da,

Was ihnen für Schimpf vom Bauer geschah:
Der freche Bauer war gar zu barsch,
Er sprach vier Worte: . . . .
Der Spruch war's, den Götz von Berlichingen
Einst durch das Fenster ließ erklingen;
Der Vater Goethe hat ihn geschrieben! —
Da hat der Kurfürst die Hände gerieben,
Und lächelnd sprach er gleicher Weile:
Ihr Herr'n, hat das denn solche Eile? —
Er schaute herum gleich einem Luchse,
Doch ringsum schwiegen die Federfuchse.
Auch sagt man, es ließen die Genarrten
Den Bauer nicht auf sein Urtel warten.

Auf den Vortrag dieses Schwankes folgte ein allgemeines Gelächter. Da das Gedicht sich aber eines großen Beifalls erfreute, so bot sich Wegeler an, gleich eine andere gereimte Anekdote folgen zu lassen, mit welcher er auch sofort anhub:

Der Bauer und die Cavaliere.

Max Franz, der Kurfürst, macht einen Gang
Bei Poppelsdorf die Felder entlang,
Es folgen ihm im Sommerreviere
Die schön geputzten Cavaliere.
Es scherzet lustig die bunte Schar,
Der Abend ist herrlich, der Himmel klar,
Warm geht die balsamvolle Luft,
Aus Korn und Klee steigt süßer Duft,
Die reifenden Saaten wogen wie Gold,
Und drüber singet die Lerche hold.
Da kommt des Weges ein Bauer gut
Im blauen Kittel, dreieckigen Hut,

Den hält der Kurfürst freundlich an:
Nun sprich, wie ist's mit dem Feld gethan?
Wie steht es mit der Früchte Segen?
Gehn wir gedeihlicher Ernte entgegen?
Da zieht der Bauer ein sauer Gesicht
Und meint: Wie man's wünschet, ist es nicht,
Seht selber auf Roggen und Weizen hin,
Es stehen zu viel Cavaliere brin.
Cavaliere? so murmeln die Herren umher,
Dem Dummkopf steht das Hirn wol quer;
Das rechte Wort fällt ihm nicht ein!
Was haben wir mit der Ernte gemein?
Doch lächelnd der lustige Kurfürst spricht:
Mein Sohn, die Herren verstehen dich nicht.
Willst du nicht den Vergleich erklären?
Da sagt der Bauer: Seht nur die Aehren,
Wie sie allzu schlank und allzu grad
Die Häupter heben aus der Saat!
Sind ihrer zu viel, haben's hoch im Kopf
Und doch entsetzlich wenig im Schopf,
Drum nennt sie im rheinischen Reviere
Der Landmann allwärts Cavaliere! —
Da lodert hell der Herren Zorn,
Als brennt' sie ein Feuer, als stäch' sie ein Dorn.
Sie wollen dem unverschämten Gesell
In Haar und Kittel, an Kragen und Fell.
Weh Bäuerlein, jetzt wirst du geprügelt!
Doch hält sie der Blick des Fürsten gezügelt.
Er spricht: Seht, daß vom geringen Mann
Der Adel noch etwas lernen kann!
Auf sorget dafür, es schadet nicht,
Wenn man euch ein beßres Urtheil spricht.
Sind Aehren und Häupter gut geladen,
Wird nie dem gemeinen Wesen schaden.

Als auch diese Erzählung in gleicher Weise durchgeschlagen hatte, rief der junge Mediciner: Wohlan, noch eine dritte.

Der Vicar von Wallportsheim.

Die Sommertage sind drückend schwül.
Max Franz, der Kurfürst, zog nach Brühl,
Um zwischen des Parkes dichten Bäumen
Die heiße Jahreszeit zu säumen.
Und wie er einst im Laubgang war,
Tritt ihm entgegen der Vicar.
Da ruft der Fürst: Mein Gott, was ist
Mit Euch geworden zu dieser Frist?
Wo blieb das frischrothe Angesicht?
Wo blieb der Augen muntres Licht,
Die leuchtende Nase, der fette Mund,
Die stramme Wade, das Bäuchlein rund?
Ihr waret ja sonst so luglig blank!
Sprecht doch, mein Liebster, seid Ihr krank? —
Wie ward das Pfäfflein so verlegen!
Es kann die Augen kaum bewegen,
Die Worte bleiben im Munde stocken.
So stottert er: Das thun die Glocken!
Es macht mich krank das brühler Geläute,
Drum lieber als morgen schickt mich heute
Auf meine alte kleine Stelle!
Dort läutet's so lieblich in der Kapelle.
Laßt mich dort halten mein Leben lang
Den Messen- und den Vespergesang! —
Ei, ruft der Fürst, ein seltsamer Fall!
Wo ist denn so freundlich der Glockenschall?
Doch noch verworrener spricht der Vicar:
Zu Wallportsheim ist's an der Ahr!

Zwar bringt die Stelle wenig ein,
Die Leute sind arm, das Gehalt ist klein. —
Jedoch, so nimmt Max Franz das Wort,
Es wächst ein herrlicher Rother dort.
Den Wein, den könnt Ihr nicht entbehren,
Drum steht nach Wallportsheim Eu'r Begehren.
Heut aber verwechselt Ihr Glocke und Spund,
Es thut's nicht das Ohr, es thut's der Mund,
Der Euch gebracht in diese Noth!
Mein Freund, ich will nicht des Sünders Tod,
Nein, Ihr möget leben und Euch bekehren.
Auch sprach Sanct=Paulus ja in Ehren:
Ihr sollt um Eurer Schwäche willen
Den Durst erquicklich mit Weine stillen!
Jetzt rüstet Eure Siebensachen,
Um Euch zu den alten Glocken zu machen. —
War keiner so froh als wie der Vicar,
Er ging nach Wallportsheim an die Ahr:
Frisch roth ward wieder sein Angesicht
Und munter hell der Augen Licht,
Die Nase leuchtend, fett der Mund,
Die Wade stramm, das Bäuchlein rund.
Gefiel ihm das Glöcklein in der Kapelle,
Viel besser schmeckt ihm der Rothe zur Stelle.*)

Und auch zum dritten male erntete Wegeler den vollsten Beifall. Dann rief er aus: Ja, so ist unsere Durchlaucht. Was soll der Furioso von einem so menschenfreundlichen Manne zu fürchten haben?

Aber in demselben Augenblicke öffnete sich die Thür

---

*) Diese drei Schwänke finden sich in Wolfgang Müller's „Lorelei. Rheinisches Sagenbuch" (dritte Auflage, Köln 1856).

der Wirthsstube. Ein kurfürstlicher Bedienter trat ein und fragte nach dem Herrn Organisten van Beethoven. Ludwig erhob sich und schritt auf ihn zu. Der Lakai übergab ihm ein Billet und sagte, daß er auf Antwort warten müsse. Der Musiker öffnete das Siegel und entfaltete das Papier, das folgende Zeilen enthielt: „Ich ersuche Sie sofort, wie Sie stehen und gehen, zu mir zu kommen. Der Kurfürst will Sie sprechen. Waldstein."

Die Gesellschaft, welche rings an den Tischen saß und in ein plötzliches Stillschweigen versunken war, beobachtete den jungen Musiker scharf. Einige wollten ihn erbleichen sehen.

Was ist's? fragte Wegeler.

Ich muß zum Kurfürsten, war die Antwort.

Dann griff Beethoven nach seinem Hute und folgte dem Diener, während die Zurückbleibenden sich den Kopf über die bevorstehenden Ereignisse zerbrachen und ihre mehr oder minder besorglichen Meinungen auswechselten.

Es mochte schon neun Uhr sein, als der Musiker an der Wache vorbei in die hier und da erleuchteten Gänge des Schlosses trat. Er wollte nunmehr den Weg nach den Zimmern des Grafen von Waldstein einschlagen. Der Lakai bedeutete ihn aber, daß der Deutschordensritter sich augenblicklich nicht in seiner Wohnung befinde, und daß der Organist sich deshalb seiner Leitung zu dem Grafen anvertrauen sollte.

Darauf führte er ihn durch mehrere Gänge und hieß ihn in ein Gemach treten und einen Augenblick warten, worauf er sich durch eine Seitenthür entfernte. Der

Musiker befand sich in keiner geringen Spannung; da er diesen Theil des Schlosses nie betreten hatte, so wußte er nicht recht, wo er sich befand.

Nach einer Weile kam indeß der Bediente durch dieselbe Thür zurück, durch welche er verschwunden war, und bat ihn zu folgen, was Ludwig nicht ohne Zagen that.

Seine Befangenheit wuchs aber sofort zu keinem kleinen Schrecken. Als er in den hellerleuchteten Raum trat, sah er an einem Schreibtische den Kurfürsten Max Franz, dessen starke Gestalt, obgleich er ihm den Rücken zuwendete, unverkennbar und aus Hunderten von Menschen herauszufinden war. Der Diener entfernte sich. Der Regent schrieb weiter, ohne sich umzusehen. Beethoven stand wie auf heißen Kohlen.

Es mochte eine Weile von fünf Minuten vergangen sein, welche dem gepeinigten Musiker zu ebenso vielen Stunden anzuschwellen schienen, ehe der Kurfürst sich umwendete. Als er endlich einen vor ihm liegenden Brief beendet und die Feder weggelegt hatte, sah er sich um, maß den jungen Mann mit einem langen Blicke und sprach: Sie sind der Organist Ludwig van Beethoven?

Ich bin es, sprach der Musiker.

Der Sänger Keller hat Sie bei mir verklagt, nahm nun der Fürst das Wort. Was ist zwischen Ihnen vorgefallen? Ihn habe ich gehört, ich will nun auch Sie hören, denn Eines Mannes Rede ist Keines Mannes Rede, man soll sie hören billig beide.

Die wohlwollende Art, mit welcher diese Worte

geäußert wurden, gaben dem jungen Manne seinen Muth zurück. Er begann mit einer ungewöhnlichen Sicherheit die Thatsache auseinanderzusetzen.

Als er fertig war, fragte der Kurfürst, der ihn durch keine Zwischenfrage beirrt hatte: Und halten Sie Ihr Verfahren für recht?

Dem herausfordernden Benehmen des Sängers gegenüber bin ich mir keines Fehls bewußt. Dagegen bedauere ich insofern meine Unvorsichtigkeit, als ich die Kirche nicht zu meiner Rache benutzen durfte.

Es ist mir angenehm, sprach der Fürst, daß Sie die Angelegenheit in dieser Weise ansehen. Hätten Sie Ihrem Gegner an jedem andern Orte gezeigt, daß seine Ruhmredigkeit übertrieben war, so konnte ich nichts dagegen haben. Daß Sie aber Ihrem Rachegefühl im Gotteshause den Lauf ließen, ist strafbar, und ich werde Ihnen die Strafe nicht ersparen.

Beethoven stand wie vernichtet. Max Franz überließ ihn eine Weile seinen Zweifeln. Dann sagte er: Wie soll ich Sie strafen?

Euer kurfürstliche Gnaden werden gerecht sein, lautete die Antwort.

Nun, ich werde Sie nicht zum Tode verurtheilen, und Sie auch nicht ins Gefängniß werfen lassen, aber ich werde Sie verbannen.

Ein neuer Schrecken fuhr dem jungen Musiker durch die Glieder. Er begann zu zittern und zu beben.

Der Kurfürst aber stand auf und schritt mit freundlichem Lächeln auf ihn zu.

Treten Sie näher, sprach er, es ist so schlimm nicht,

was ich mit Ihnen vorhabe. Ich verbanne Sie auf einige Monate nach Wien.

Nach Wien? athmete Beethoven auf.

Wien ist die Heimat der heutigen Musik, sprach der Herrscher, dort leben Gluck, Haydn und Mozart. Nirgends steht die schöne Kunst der Töne auf einer höhern Stufe und in besserer Achtung. Nun geht aber übermorgen der Graf von Waldstein in meinen Geschäften nach der österreichischen Hauptstadt. In seinem Wagen ist noch ein leerer Platz, den Sie benutzen können. Sie werden sich diesem Manne um so lieber anschließen, da er Ihr aufrichtiger Freund und wohlwollender Beschützer ist. Er hat mir viel Treffliches von Ihrem Talente gesagt. Auch der Abt von Heisterbach war gut auf Sie zu sprechen. So habe ich Ihnen denn schon früher trotz Ihrer Jugend die Organistenstelle verliehen. Heute aber biete ich Ihnen Gelegenheit, den Vorort Ihrer Kunst zu sehen.

Aber das ist ja keine Verbannung, das ist ja eine Belohnung, rief Beethoven begeistert.

Gleichwol sagen Sie Ihren Collegen, sprach der Fürst, daß Sie verbannt sind. Und nun noch eins, fügte er hinzu, indem er den Brief, den er eben geschrieben hatte, vom Tische nahm: Hier ist ein Brief, der Sie meinem Bruder, dem Kaiser Joseph, empfiehlt.

Der Künstler war außer sich vor Freude. Er ergriff die Hand des Kurfürsten und wollte sie küssen. Max Franz hinderte es. Genug, sagte er, wenn Sie zurückkommen, so lassen Sie sich bei mir melden.

Dann machte er eine Bewegung, daß Beethoven sich entfernen sollte.

Der Jüngling taumelte durch die Thür von dannen. Im Vorzimmer begegnete er dem Grafen Waldstein, der ihm lachend entgegenrief: Nun, was sagen Sie von Ihrer Strafe?

Sie ist herrlich, erwiderte der Tonkünstler, schöner konnte sie nicht ersonnen werden.

Aber wie sieht es denn mit den Finanzen aus? fragte der Graf, ich hoffe, der Beutel ist tüchtig gespickt, denn Wien ist ein theueres Pflaster.

Beethoven sah ihn mit verwunderten Augen an. Wie gewöhnlich hatte er wieder nicht an die Hauptsache gedacht. Dann freilich! murmelte er vor sich hin.

Waldstein ließ ihn einige Augenblicke in seiner Verlegenheit. Darauf sprach er: Nun, wollen Sie denn nicht Ihre ausstehenden Gelder einziehen?

Ich und Gelder! sprach der andere kleinmüthig. Ich habe nichts ausstehen.

Kennt der junge Herr am Ende nicht einmal seine Schuldner? meinte Waldstein wie mißbilligend.

Der Musiker schaute ihn groß an, um zu sehen, ob er im Ernst oder Scherz rede, aber Waldstein zog ein hübsches Röllchen Gold aus der Tasche und sagte: Es ist ein Glück, daß Ihre Schuldner ehrliche Leute sind. Haben Sie uns nicht das Ballet componirt? Bisjetzt aber blieb Ihre Mühe noch unbelohnt. Hier ist das Honorar.

Beethoven wollte die Rolle nicht annehmen.

Nein, das geht nicht, sprach er, diese kleine Arbeit

hat mir die größte Freude gemacht. Ueberdies war es mir lieb, daß ich Ihnen für die vielen Beweise Ihrer Güte und Ihres Wohlwollens einen geringen Dienst leisten konnte.

Es scheint, daß Sie mich für den Spender halten, bedeutete ihn der Ritter. Das ist nun keineswegs der Fall. Sie haben Ihre Composition freilich auf meine Vermittelung hier für den Kurfürsten gemacht. Der Kurfürst aber läßt sich nichts schenken. Er ist es, der Ihnen dieses Geld übersendet, das Sie also anzunehmen sich nicht zu scheuen brauchen.

Beethoven kamen die Thränen in die Augen, als er die Rolle in seiner Hand hielt. Er rief: Der gute treffliche Herr!

Ja, das ist er, sagte der Ritter mit Nachdruck. Umsonst war er nicht der Lieblingssohn der schönen, edeln, liebenswürdigen Kaiserin Maria Theresia, und umsonst ist er nicht der Bruder des herrlichen Kaisers Joseph. Nun aber leben Sie wohl und machen Sie, daß Sie am Ostermontag früh um sechs Uhr mit Ihren Reiseeffecten in meiner Wohnung eintreffen. Es heißt pünktlich sein und den Postillon nicht warten lassen, denn es ist eine weite Reise quer durch die deutschen Lande vom Rhein nach der Donau.

Der Künstler versprach ihm, seine Sachen so rasch wie möglich zu ordnen, dankte ihm nochmals und verließ das Schloß, in welchem der vor der Thür wartende Diener ihm viel bereitwilliger als vorher den Weg zeigte, denn er hatte wahrscheinlich ein wenig gelauscht und bei dieser Gelegenheit in Erfahrung gebracht, daß der junge Mensch sich einer sehr guten Gönnerschaft erfreute.

Ludwig's erster Weg war nach dem Zehrgarten, weil er dort seine Gäste sitzen hatte, die er anständigerweise doch nicht ganz und gar im Unklaren über sein Schicksal lassen durfte. Er trat mit strahlendem Antlitz in die Stube. Alle sahen ihn an.

Nun, es hat gut gegangen, sprach der Kapellmeister Ries. Er macht ein frohes Gesicht.

Also Keller richtete doch nichts aus? fragte Freund Wegeler.

Allerdings hat er etwas ausgerichtet, antwortete Beethoven.

Und was denn? riefen viele durcheinander.

Ich habe eine ganz gehörige Strafe erhalten, lautete die Antwort.

Glücklicherweise bist du noch auf freien Füßen, sagte Stephan.

Weder gefangen noch gehangen, setzte Christoph hinzu.

Aber verbannt, erwiderte Beethoven ernst. Macht nur keine großen Augen, ich bin aus der Stadt verbannt und zwar für einen Monat.

Unglaublich, er macht uns was weis, er sieht gar nicht danach aus, tönten mehrere Stimmen durcheinander.

Ich kann es euch schwören, daß ich für diese Zeit nach Wien verbannt bin und zwar weil ich Keller in der Kirche gehänselt habe. Nicht das Hänseln, sondern der Ort macht das Verbrechen. Uebrigens thut es mir so weh nicht. Trinkt euern Wein aus und wenn ihr noch Durst habt, so bin ich bereit, einen neuen Anker anfahren zu lassen. Jetzt aber bitte ich um Entschuldigung, denn ich muß meine Mutter mit meinem Schicksal bekannt machen.

Und so rannte er wieder zur Thür hinaus und lief seiner Wohnung zu. Die Freunde und Bekannte aber ergingen sich noch in allerlei Vermuthungen, bis sie die Lösung des Räthsels am nächsten Tage vernahmen.

Achtes Kapitel.

Als Beethoven am folgenden Morgen aufgestanden war und sich angekleidet hatte, fiel ihm seine Geldrolle in die Hände, die er nunmehr öffnete, was ihm aber in so ungeschickter Weise gelang, daß die verschiedenen Stücke den Fingern entglitten und nach allen Richtungen durch das ganze Zimmer rollten. Im ersten Verdruß stieß er einen Fluch aus und hatte gute Lust, das eitle Metall liegen zu lassen, wo es lag. Daran hinderte ihn indeß seine Mutter, welche eintrat und mit schreckhaftem Erstaunen die blanken Münzen auf der Erde verstreut sah. Die gute Frau hatte, nachdem sie ihrer Verwunderung Luft gemacht, nichts Eiligeres zu thun, als die Thür abzuschließen und zwar wol aus dem Grunde, daß ihr Mann sie nicht bei einem in diesem Hause ebenso seltenen wie gefährlichen Anblick überrasche, und sich alsdann an ein emsiges Auflesen der Kostbarkeiten zu begeben, wobei Ludwig ihr zu helfen sich alsbald bequemte, denn für seine Mutter war er im Stande, alles Mögliche zu thun, mochte es ihm auch noch so lästig sein.

Dieses Geschäft dauerte übrigens eine ganze Weile, denn manches Stück hatte sich unter Bett, Schrank, Tisch und Klavier und sogar in die etwas allzu breiten Ritzen des Holzbodens verlaufen. Als das sämmtliche Geld endlich auf dem Tische lag, zählte Frau Beethoven dreißig Karolinen. Einen solchen Haufen Gold hatte sie nie zusammengesehen. Dann lächelte sie und blickte ihren Sohn mit einem unbeschreiblichen Blick voll Bewunderung und Liebe an und fragte: Und das hast du verdient, Ludwig?

Verdient? antwortete der Sohn, das glaub' ich kaum, aber ich hab's.

Du bist ein reicher Junge! machte sie ihre weitern Betrachtungen.

Halb und halb, sprach Ludwig.

Bist du noch nicht zufrieden? fragte die Frau.

Ueber alle maßen, war die Antwort, aber ich bin halb reich und du sollst es auch sein.

Damit theilte er das Geld, ohne es zu zählen, in zwei gleiche Haufen, von denen er den einen der Mutter hinschob und den andern für sich nahm.

Ich würde dir alles lassen, Mutter, sagte er dann, aber ich reise mit Waldstein nach Wien und das Reisen kostet Geld, wie mir der Graf sagt. Mit der Hälfte habe ich indeß genug. Ich hoffe sogar noch ein gutes Theil wieder heimzubringen. Die andere Hälfte brauche für dich und die Brüder.

Die erstaunte Mutter hielt weinend einen Zipfel der Schürze vor die Augen. Du gutes Herz, sagte sie.

Freilich habe ich noch ein Anliegen, fuhr nun der

Sohn fort, es betrifft das Bild des Großvaters, ich möchte es gern auslösen. Heute geht es leider nicht, denn es ist Ostersonntag, aber morgen oder übermorgen. Im Fall das Geld sonst reicht, wäre es mir lieb, wenn du dich darum bekümmern wolltest. Wie gern ginge ich selbst zu dem Karpfenwirth, aber ich muß morgen fort.

Ich werde deinen Wunsch erfüllen, sprach die Mutter. Gewiß, gewiß, geh' ohne Sorgen, wenn du zurückkehrst, soll das Bild wieder über deinem Klavier hängen.

Wie werd' ich mich freuen, rief der Sohn, der Mutter die Hand reichend. Und nun noch eins: Ich habe noch verschiedene Abschiedsbesuche zu machen und werde über Mittag ausbleiben, vielleicht sogar bis spät in die Nacht. Du wirst es mir nicht übel nehmen.

Thu' wie du willst, sprach die Mutter, die nunmehr seine Kleidung musterte, den Rock bürstete, die Haare ordnete und ihn dann mit erneuter Zärtlichkeit entließ.

Ludwig stürmte aus dem Hause, und er stürmte auch aus der Stadt durch das Thor, das nordwärts liegt und auf die Straße nach Köln führt. Während er sich in den Gassen von Bonn überall scheu umgesehen hatte, ob er auch einem Bekannten begegne, der seinen Gang verrathen könne, setzte er sich draußen in eine ungewöhnlich rasche Bewegung. Weder nach rechts noch nach links schauend rannte er an den Leuten und Gefähren vorbei, die ihm begegneten, und durch die Dörfer, die auf dem Wege lagen. Hätte Frau von Breuning ihn auf diesem Gange zu Gesicht bekommen, sie würde lächelnd ausgerufen haben: Er hat wieder einen Raptus. Endlich nach einem fast fünfstündigen Laufe, auf dem er kein einziges mal gerastet hatte oder eingekehrt war, lagen die Thürme der alten Reichsstadt Köln vor seinen Blicken. Und so betrat er denn durch das Severinsthor den Bann der heiligen Stadt.

Und hier machten sich nun die Rechte des irdischen Menschen geltend. Der junge Mann bedurfte einer kurzen Ruhe, sein Leib forderte eine Stärkung durch Trank und Speise. Er trat in ein Wirthshaus, das an der Straße lag, forderte ein Glas Wein und ein Stück Brot und genoß beides mechanisch an einem Fenster sitzend und in die Luft hinausstarrend. Als er seinen Imbiß zu sich genommen hatte, erfragte er vom Wirth den Weg nach dem Neumarkt und lief wieder in die Gassen hinaus.

Köln hatte damals noch ein anderes Ansehen wie heutigen Tages. Um den Kern der Stadt, in dem sich auch noch in der Gegenwart der Mittelpunkt des Geschäftslebens befindet, legte sich ein Gürtel von weiten Gärten, in denen sich einzelne weitläufige und hier und da mit Thürmen versehene Patricierhäuser sowie Klöster mit Kirchen und Kapellen erhoben und zwischen denen einsame und öde Gassen hinführten. Solche Wege hatte Beethoven von der Severinsstraße nach dem Neumarkte zu durchschreiten. Er gerieth mehreremal in die Irre und es kostete ihm Mühe bei der Verlassenheit dieser Gegenden, in denen ihm nur dann und wann eine menschliche Gestalt zu Gesicht kam, die Richtung innezuhalten.

In den Nachmittagsstunden kam er denn doch an das gewünschte Ziel, zu dem schließlich die hochaufragenden Thürme der herrlichen Apostelkirche ihm als Leiter gedient hatten. Und so wandelte er denn unter den Bäumen des schönen und großen Platzes umher und beschaute sich mit brennenden Blicken die anliegenden Häuser, von denen hauptsächlich die größern Gebäude seine Aufmerksamkeit auf sich zogen. Augenscheinlich ließ er seine Blicke zumeist an den Fenstern umherschweifen, ohne daß seine Begierde gestillt wurde.

Da öffnete sich an der Seite, die gegen Norden sieht, plötzlich das Thor eines stattlichen Hauses*) und verschiedene Gestalten traten hervor. Es waren ältere und jüngere Leute. Und eine Frauengestalt erkannte er sogleich. Die Art, wie sie das Haupt trug, sodaß die blonden Locken um die Schultern fielen, die volle schöne Büste, die stolz dahinwandelnde Figur, das alles war nur das unveräußerliche Eigenthum Jeannette d'Honrath's. Ludwig's Herz klopfte hoch auf.

Die Gruppe schritt der Schildergasse zu und nahm dann den Weg über die Hochstraße nach dem Dom hin. Der junge Musiker folgte unbewußt, er folgte auch in die hohen Räume des herrlichen Chors der mächtigen Kathedrale, der damals der einzige fertige Theil der unvergleichlichen Kirche war. Sicherlich gab sich hier die beste Gelegenheit zur geistigen Erhebung. Aber was sah Beethoven von dem kühnen zierlichen Säulenbau, der schlank gegliedert das Spitzbogengewölbe trug? Was sah er von den Heiligenbildern, die von den Pfeilern herabschauten, von den Bischofsgräbern, die in den Kapellen

---

*) Das jetzige Haus des Herrn Bauraths Biercher, Neumarkt Nr. 19. Vgl. Wegeler, a. a. O., S. 42.

standen, von den Bildern, welche die Altäre schmückten? Was sah er endlich von den bunten Fenstern, durch welche die Sonne eben ihre letzten Strahlen hineinsandte, die ein seltsames Licht durch die Hallen gossen? Er hatte nur Augen für das schöne Mädchen, das vor ihm dahinschritt. Selbst ihre Umgebung übersah er, sonst hätte er auch wol den schlanken österreichischen Offizier bemerkt, der in Bonn so eifrig mit der jungen Dame getanzt hatte und der sich auch jetzt wieder viel mit ihr zu schaffen machte.

Die kleine Gesellschaft, in welcher sich Jeannette befand, wohnte eine Weile der Vesper bei, denn während die ernsten Klänge der Orgel die Räume durchtönten und die Domherren und Chorknaben ihre Responsorien sangen, trat eine kleine Ruhe ein, in welcher die Unterhaltung aufhörte. Indeß rüstete man sich bald wieder zum Aufbruch. Als Beethoven bemerkte, daß die Zeit der Andacht vorüber sei, stellte er sich an der Thür auf.

Jeannette gewahrte ihn und nickte ihm lächelnd zu. Er erröthete über und über. Dann sprach sie eine Weile mit den Ihrigen. Das Gespräch mußte ihn betroffen haben, denn sie trat ihm nun rasch entgegen und sprach: Sie sind hier, Herr Ludwig? Wie kommen Sie denn nach Köln?

Er murmelte etwas zwischen den Zähnen, daß er morgen nach Wien gehen werde, daß man ihn dort nach Köln und dem Dom fragen werde, wo die heiligen drei Könige begraben seien, und daß er die Fahrt nicht antreten wolle, ohne die alte heilige Stadt mit eigenen Augen gesehen zu haben.

Aber Sie werden uns doch auch besuchen? fragte ihn das Mädchen.

Ein neues verlegenes Murmeln, das aber eine unverkennbare Zustimmung enthielt, folgte.

Im Heraustreten aus der Kirche stellte Jeannette nun den jungen Musiker ihren Aeltern und einigen andern Leuten des kleinen Kreises vor. Vater und Mutter des Mädchens luden ihn ein, sie nach Hause zu begleiten. Wie gern war er dazu bereit!

Man begab sich auf den Heimweg nach dem Hause auf dem Neumarkt und trat in einen breiten Thorweg. Es öffneten sich hübsche und große Zimmer, in denen die gediegene Wohlhabenheit einer angesehenen Patricierfamilie in Geräthen und Bilderschmuck sichtbar wurde. Ueberdies wehte in diesen Räumen der Hauch einer angenehmen Gastlichkeit, denn als die Gesellschaft Platz genommen hatte, wurden durch die Sorgfalt der Hausfrau sofort verschiedene Erfrischungen geboten. Gleichwol verlor der junge Organist sein scheues und blödes Wesen nicht. Es war ihm nicht gegeben, ein Gespräch herbeizuführen, es hielt sogar schwer, Antworten aus ihm herauszubringen. Nur seine Augen sprachen und sie sprachen nur zu der schönen Tochter des Hauses. Er kam den neuen Bekannten wie ein recht curioser Gast vor. Es schien nicht an scharfen Bemerkungen zu fehlen, die indeß Jeannette zu widerlegen suchte, indem sie flüsterte: Er muß nur Musik machen, dann werdet ihr anders urtheilen.

Wollen Sie uns nicht etwas zum besten geben? rief sie dann auf Beethoven zutretend.

Mit Vergnügen, antwortete ihr dieser.

Sie gingen an den Flügel, den Beethoven öffnete, während sie ein Blatt heraussuchte. Als er sich gesetzt hatte und auf das Pult sah, lag sein Lied auf demselben. Es wurde ihm schwarz und blau vor den Augen.

Ich kann es jetzt besser und werde es gut singen, sprach das Mädchen. Hoffentlich haben Sie mir doch meine Unart verziehen?

Der junge Künstler griff in die Tasten und präludirte. Dann sang Jeannette mit leidenschaftlichem Ausdrucke:

>Du pochst so heiß, du junges Herz,
>O Herz, was soll das geben?
>Du bist voll Lust, du bist voll Schmerz,
>O Herz, welch neues Leben!

Alle Hörer waren entzückt, als die beiden geendet hatten. Man fragte nach dem Componisten. Das Mädchen zeigte mit Befriedigung auf Ludwig. Es fehlte nicht an den vielfachsten Beifallsbezeigungen. Jeannette aber rief: Sie müssen ihn erst spielen hören. Nicht wahr, Herr van Beethoven, Sie phantasiren uns jetzt über das Thema des Liedes.

Der junge Musiker begann aufs neue und ließ die Melodie in den reichsten Variationen bald mild und sanft, bald heiß und wild in den vielfachsten Harmonien erklingen. Alles war erstaunt über die hinreißende Kraft und Gewalt, die der Jüngling in diesen Tönen entfaltete. Jedermann drückte ihm seine Bewunderung aus. Selbst der junge, hübsche Offizier, der sich bisjetzt fern gehalten hatte, reichte ihm die Hand, Jeannette schien äußerst erfreut, daß das Eis gebrochen war. Sie erlebte einen wahren Triumph mit ihrem Schützling.

Und bald brach auch das Eis in der Unterhaltung. Beethoven begann nunmehr hin und wieder ein kühneres Wort. So wurde es später und später. Da streifte plötzlich sein Blick die Uhr, die eben neun schlug.

O Gott, ich muß nach Hause, rief er und stand auf.

Sie können jetzt nicht mehr nach Bonn zurück, sprach man ringsum.

Sie bleiben die Nacht bei uns, Ihr Bett ist schon bereit, fügte die Hausfrau hinzu.

Ich kann nicht, der Graf von Waldstein erwartet mich morgen früh sechs Uhr, um die Reise nach Wien anzutreten.

Man redete noch viel hin und her. Beethoven blieb bei seinem Entschlusse, dankte für die Gastfreundschaft und schickte sich an, das Haus zu verlassen.

Der Hausherr und die Hausfrau sowie Jeannette begleiteten ihn an das Thor. Man nahm Abschied. Das Mädchen flüsterte ihm zu: Glückliche, glückliche Reise! Leben Sie heitere Tage und wenn Sie zurückkehren, dann singen wir erst recht:

O Herz, welch neues Leben!

Und dann stürzte er in die dunkle Nacht hinaus und erreichte mit Hülfe eines Knaben, den er als Führer warb, das Thor der Stadt. Bald war er draußen auf dem Felde. Der kalte Hauch kühlte ihm nicht das heiße

Haupt, in dem es von wirren Gedanken gährend tobte. Er hatte einen glücklichen Tag gehabt, der ihm den Traum zukünftigen Ruhmes in die Seele gab. Aber weit darüber hinaus ragte der Gedanke, daß seine junge Leidenschaft zu Jeannette gekrönt werde. Er dachte an ihre Abschiedsworte:

O Herz, welch neues Leben!

Hochfahrende Pläne wogten ihm im Geiste. Ueber den Raum, den er durchschritt, hatte er kein Bewußtsein. Was that es, daß er sich an Steine stieß und in Löcher trat. Er schwamm in einem Meere von Seligkeit.

So kam er mitten in der Nacht nach Bonn. Seine Mutter erwartete ihn an der Thür. Sie zitterte und bebte voll Aufregung und Kälte. Bei der kleinen Lampe, die im Flur stand, sah er kaum, daß sie blaß und bleich war.

Bist du endlich da? Es ist dir doch kein Unfall begegnet? fragte sie.

Ich bin froh und glücklich, antwortete er mit leuchtendem Gesichte.

Gottlob! sprach sie.

Sie stiegen die Treppe hinauf. Oben in der Wohnung angekommen, sah er sie an und merkte, daß sie sich geängstet hatte. Du bist doch nicht in Sorgen gewesen, rief er, sich an sie schmiegend.

Es ist jetzt alles gut. Aber wo warst du denn so lange? fragte sie, ihn liebevoll anblickend.

Ich erzähl' es ein andermal, antwortete er, ich bin

so müde und möchte gern noch eine Stunde schlafen. Aber ich habe ja noch nicht gepackt.

Die Mutter zeigte auf einen kleinen Koffer und sprach: Alles ist besorgt. Geh' jetzt zu Bette.

Er warf sich über sein Lager und genoß bald eines tiefen Schlafes. Die arme gute Frau setzte sich neben ihn und betrachtete ihn voll Glück und Wonne. Gegen sechs Uhr mußte sie ihn wecken. Als er aufstand, fand er sein Frühstück gerüstet. Es war keine Zeit mehr zu verlieren. Eine Unterhaltung kam kaum mehr zu Stande. Als er seinen Kaffee getrunken hatte, nahm er zärtlichen Abschied, lud seinen kleinen Koffer auf und eilte zu Waldstein's Wohnung.

Und bald saß er mit seinem Gönner im bequemen Reisewagen. Der Postillon blies, die Pferde zogen an. So ging es zum Thor hinaus durch die schönen Auen, Berge, Thäler, Dörfer und Städte des deutschen Vaterlandes. Es ist nicht unsere Aufgabe, diese Fahrt zu beschreiben und den wechselnden Eindrücken zu folgen, welche der Jüngling, der an Waldstein einen trefflichen Interpreten aller merkwürdigen Dinge und Vorkommnisse hatte, in sich aufnahm. Er sah viele Menschen, Städte und Länder und empfand, wie es die Gelegenheit mit sich brachte, allerlei Anregungen, bis er nach einer längern Reise munter und heiter durch die Thore der alten und berühmten Kaiserstadt an der Donau einfuhr.

In Wien gab es für den Componisten viel zu sehen und zu hören. Der edle Graf von Waldstein machte auch hier wieder den Schützer und Leiter. Da er aber wegen seiner Geschäfte nicht im Stande war, den jungen

Mann selber zu führen, so sorgte er, daß Ludwig entweder die gehörige Anleitung erhielt, um sich umzusehen, oder daß er ihm einen Diener an die Hand gab, welcher ihm im Gewirre der großen Stadt Wege und Stege zeigte. Und so lernte der Musiker nicht allein die Residenz, ihre Schlösser, Kirchen, Gärten und ihre Umgebungen kennen, er erhielt auch allmählich eine genaue Uebersicht in ihre künstlerischen Leistungen, denn er besuchte Concerte, Opern und Theater, und war nicht wenig erstaunt und entzückt über die Mittel, welche bei musikalischen Aufführungen verwendet werden konnten. Wie pries er Gluck, Haydn und Mozart, welche hier ihre Werke aufführen ließen! Wie beneidete er Salieri, der ein solches Orchester leitete! Und welch ein trefflicher Geschmack machte sich in dem durchweg gebildeten Publikum geltend! Er hörte hier zuerst die Opern von Gluck und Mozart. Und wie vollendet traten sie durch Sänger und Orchester getragen zur Erscheinung! Die Haydn'schen Symphonien hatte er nie mit solcher Feinheit und Meisterschaft aufführen gehört. Es war bald sein sehnlichster Gedanke, in Wien zu leben.

Wie gern hätte er nun auch jene Meister kennen gelernt, die der Musik einen so mächtigen Aufschwung gegeben und die Stadt zum Mittelpunkt der damaligen Kunst und Töne gemacht hatten! Waldstein, der mit Gluck, Haydn und Mozart bekannt war, hätte ihm gern beigestanden, Gluck war aber leider krank und Haydn verreist. Dagegen vertröstete ihn der Graf auf einen Besuch bei Mozart, der indessen wegen verschiedener Hindernisse immer wieder hinausgeschoben werden mußte.

Der Deutschordensritter ermahnte Beethoven dagegen jetzt sehr dringlich, daß er sein Empfehlungsschreiben an Kaiser Joseph abgeben solle. Der Musiker versprach es, obgleich er eigentlich lieber die Fürsten im Reiche der Tonkunst kennen gelernt hätte.

Und so begab er sich denn eines Tages in seinem besten Anzuge und mit dem Briefe des Kurfürsten Max Franz nach der Hofburg, um sich beim Kaiser melden zu lassen. Wenn er seit jener Zusammenkunft mit seinem Herrscher zu Bonn auch einigermaßen die Furcht vor einer Unterhaltung mit hohen Herren verloren hatte, so blieb doch der Gedanke, daß er dem Haupte des Deutschen Reichs begegnen solle, nicht ohne Wirkung auf sein Gemüth. In der That war es keine Kleinigkeit, mit dem deutsch-römischen Kaiser zusammenzutreffen.

Als er in das Thor, das zu der Wohnung des Kaisers führte, trat und sich überlegte, was er denn eigentlich der Majestät sagen sollte, begegnete ihm ein Mann in einfacher Kleidung, dem die seltsame Kopfbildung des jungen Musikers, welcher überdies seinen Brief offen in den Händen hielt, auffallen mochte.

Wohin wünschen Sie? fragte der Heraustretende sehr höflich.

Beethoven betrachtete den Frager, um zu erforschen, ob derselbe sich vielleicht einen Scherz mit ihm machen wolle. Aber der ganze Ausdruck im Wesen des schönen, schlanken, nicht über die Mittelgröße gebauten Mannes war freundlich ernst. Sein längliches Gesicht gewann durch ein helles himmelblaues Auge, aus dem geistvolle, heitere und einnehmende Blicke schossen, und durch einen lieblichen Zug um den Mund eine eigenthümliche Anziehungskraft. Die Stirn war hoch gewölbt, die Nase etwas gebogen. Hin und wieder sah man Pockennarben, die aber das Gesicht nicht im mindesten entstellten. Offenbar gefiel der Mann dem Künstler. Er antwortete: Zum Kaiser!

Haben Sie eine Bittschrift?

Nein, einen Empfehlungsbrief.

Von wem, wenn ich fragen darf?

Von des Kaisers Bruder, dem Kurfürsten Max Franz zu Bonn.

Lassen Sie doch einmal sehen!

Beethoven zeigte den Brief. Der Fremde fand Adresse und Siegel richtig.

Und was sind Sie? fragte der Herr weiter.

Ich bin Musikus.

Musikus, sprach der Fremde nach einigem Nachdenken. Dann fuhr er fort: Der Kaiser ist nicht zu Hause. Aber Sie können ihn diesen Abend um sieben Uhr in seinem Häuschen im Augarten treffen.

Kennen Sie den Kaiser? fragte Ludwig.

O ja, sprach der andere.

Sie bekleiden vielleicht ein Amt bei ihm? meinte der Künstler.

Ich rasire ihn bisweilen, lautete die Antwort.

Ist er gut oder streng? fragte nun der Künstler zutraulich.

Er ist nicht so übel, lächelte der andere. Aber als Musiker ist er freilich streng. Fürchten Sie nicht, daß er Sie ins Gebet nimmt?

Ich weiß, daß er recht gut Klavier spielt, auf dem Violoncell nicht ungeschickt ist und sogar Sonaten componirt, antwortete Ludwig, aber mit der Musik der großen Herren ist's gewöhnlich nicht weit her. Neulich hat er dem Mozart eine Sonate gezeigt und ihn gefragt: wie er sie fände? Der Mozart hat darauf gesagt: Die Sonate ist wol gut, aber der sie gemacht hat, ist doch noch viel besser.*)

Das ist ja eine hübsche Geschichte, lachte der Fremde, aber ich muß fort. Gehen Sie also um sieben Uhr nach dem Augarten.

Als Beethoven Waldstein von dieser Begegnung erzählte, lächelte dieser und gab ihm den Rath, dem Fremden zu folgen, was denn auch, als es Abend geworden war, geschah. Mit dem Glockenschlage befand der Künstler sich im Augarten, der sich mit dem ersten Grün des Frühlings zu schmücken begann, und schritt rüstig auf das Häuschen zu. Vor der Thür ging ein Diener auf und ab, dem er sein Begehren meldete und der ihn sofort mit einem eigenthümlichen Lächeln die Stufen hinauf in den kleinen niedlich ausgemalten Salon führte, dessen Wände über und über mit illuminirten Kupferstichen, Ruinen und Landschaften, bedeckt waren. Links daran stieß ein langes, schmales Zimmer mit zwei Canarienhecken in den Ecken und einem dazwischenliegenden Stufenabsatz voller Vasen, in denen duftige Blumen standen. Rechts von diesem Zimmer lagen zwei Zimmer von

---

*) Vehse, „Geschichte des österreichischen Hofes", VIII, 302.

mittlerer Größe, von denen das eine als Wohn-, das andere als Schlafstube diente.

In das erstere wurde Beethoven geführt. Dort standen zwei Herren. In dem einen erkannte er den Mann, der Kaiser Joseph zuweilen barbierte. Der andere hatte eine kleine Statur und ein überaus gutes und wohlwollendes Gesicht, in dem die freundlichen Augen und eine hervorragende Nase besonders hervorstachen. Sollte das der Kaiser sein? Beethoven hatte sich denselben nach der Beschreibung viel größer gedacht. Wahrscheinlich war's keiner von beiden, denn der Barbier konnte es natürlich nicht sein. Sollte er die beiden anreden? Doch das war nicht gleich thunlich, denn die Männer befanden sich mitten in einer Unterhaltung. So blieb er denn in der Thür stehen.

Das ist mir eine schöne Geschichte, sprach nun der größere Herr zu dem kleinern. Also ein neuer Krieg zwischen Oesterreich und Preußen. Es handelt sich freilich diesmal nicht um Land und Leute, aber doch um einen Mann, der uns fast eine Provinz werth ist. Man bietet Ihnen in Berlin dreitausend Thaler Gehalt, während Sie in Wien nur achthundert Gulden erhalten. Freilich der König Friedrich Wilhelm II. ist ein prachtliebender Herr, gegen den Kaiser Joseph in seiner Einfachheit und Aermlichkeit nicht auftreten kann, denn er muß für sein Volk sparen und deshalb auf den Kreuzer sehen, weil in früherer Zeit zu viel Luxus getrieben worden ist. Nun, ich kann's Ihnen nicht übel nehmen, daß Sie den Ruf annehmen wollen. Jeder ist sich selbst der Nächste. Auch haben Sie ja für Weib und Kind zu sorgen. Ihr Ruhm wird überdies keine Einbuße erleiden, er wird im Gegentheil wachsen, wenn Sie sich auch im Norden der deutschen Lande zeigen. Gehen Sie also mit Gott! Ich kenne Ihr Herz und weiß, daß Sie doch eine treue Anhänglichkeit für Ihre Heimat bewahren werden. Ja, das treuherzige Volk von Oesterreich, seine Lust und Heiterkeit, die es in den Städten, auf dem gesegneten Lande und in seinen schönen Bergen in Lied und Wort ausdrückt, werden Sie nicht vergessen.

Die Worte wurden mit einer solchen liebenswürdigen Wärme gesprochen, daß dem kleinen Mann die Thränen in die Augen kamen und daß er gerührt ausrief: Ew. Majestät halten zu Gnaden, ich bleibe!*)

Ew. Majestät? hatte der kleine Mann gesagt. Beethoven zuckte bei dem Worte zusammen. Also das war nicht der Barbier des Kaisers, sondern der Kaiser selbst. Er dachte an das Gespräch von heute Morgen und daß er ihm die Anekdote von Mozart mitgetheilt hatte. So sah er kaum, daß der Herrscher von Oesterreich dem kleinen Mann herzlich die Hand schüttelte und ihm mit liebevollen Worten für seinen Entschluß dankte.

Nun aber wandte sich Joseph zu dem jungen Musikus und sprach mit derselben Leutseligkeit: Da sind Sie ja!

Beethoven suchte nach einigen Worten der Entschuldigung, die ihm indeß kaum über die Lippen gingen: Ew. Majestät — ich bitte um Verzeihung — Majestät sagten mir, daß Sie bisweilen den Kaiser — —

---

*) Behse, a. a. O., VIII, 303.

Ja, ich rasire mich selbst, lachte Joseph und erzählte dem kleinen Herrn seine Begegnung mit dem Künstler. Dann fuhr er fort: Nun geben Sie mir den Brief!

Er las das Schreiben und sprach wiederum zu dem kleinen Herrn gewendet: Mein Bruder Max Franz in Bonn empfiehlt mir den jungen Mann als einen talentvollen Musiker, der besonders trefflich phantasiren soll. Ich denke, wir lassen ihn gleich die Probe ablegen.

Der kleine Mann nickte.

Sind Sie einverstanden, Herr van Beethoven? fragte der Kaiser.

Mit Vergnügen! antwortete der Musiker.

So gingen sie zu dem Flügel, der im Zimmer stand und bereits geöffnet war.

Haben Sie schon Musik von Mozart gespielt? fragte jetzt Joseph, indem er dem kleinen Manne mit den Augen nickte.

Wie sollte ich nicht! antwortete der Jüngling.

Und was halten Sie von ihm?

Daß er der melodischste, anmuthigste und unerschöpflichste Meister ist, den die Welt jemals gesehen hat, sprach Beethoven. Vielleicht steht Johann Sebastian Bach höher in der Kirchenmusik, Händel im Oratorium, auf der Bühne übertragt der salzburger Componist aber selbst Gluck an Vielseitigkeit und charakteristischer Darstellung von Individuen und Situationen.

Kennen Sie seine Sachen auswendig? forschte der Kaiser, der vergnügt mit dem Kopfe nickte.

Verlangen Ew. Majestät, was Sie wollen, erwiderte der Musiker.

Joseph bedachte sich einen Augenblick, dann sprach er: Spielen und variiren Sie mir die Arie des Sarastro:

> In diesen heil'gen Hallen
> Kennt man die Rache nicht.

Der bonner Organist setzte sich an den Flügel und spielte die Weise mit einer Klarheit und Fülle des Ausdrucks, daß sowol der Kaiser wie der kleine Herr in ein sichtliches Erstaunen geriethen, welches sich noch mehr steigerte, als er nach Beendigung des Themas in eine freie und selbständige Behandlung der Variationen überging, in denen er einen unglaublichen Formenreichthum und eine fast dämonische Kraft der Harmonien entfaltete.

Bravo, Bravissimo, rief der kleine Herr mit plötzlichem Feuer, als Ludwig geendet hatte. Vortrefflich, aber jetzt bitte ich auch um eine eigene Composition.

Der junge Rheinländer willfahrte dieser Aufforderung sofort und spielte eine Klaviercomposition, über welche sich der kleine Herr dahin aussprach, daß sie nicht allein ausgezeichnet, sondern auch durchaus neu und ursprünglich in originellem Melodiengange und in ungewöhnlichen, fast unerhörten Harmonien sei.

Und was halten Sie denn schließlich von dem jungen bonner Musiker? fragte der Kaiser den Kleinen.

Er wird zu den ersten Meistern der Kunst gehören, sprach dieser ernst und getragen und reichte Beethoven die Hand.

Und wissen Sie auch, wer Ihnen dies Urtheil spricht? wandte der Kaiser sich an den Jüngling.

Ludwig betrachtete den kleinen Mann. Er kannte ihn nicht und antwortete: Nein!

Es ist Wolfgang Amadeus Mozart! sagte der Kaiser mit Nachdruck.

In Beethoven's Seele jauchzte es laut auf.

Und nun folgte noch eine Unterhaltung, bei welcher der Kaiser Mozart und Beethoven auf den im Gemach stehenden Stühlen Platz nehmen ließ. Joseph fragte den Jüngling, ob er nicht Lust habe nach Wien überzusiedeln. Freilich fehlte es ihm nicht an Lust, aber die Pflicht rief ihn zurück. Er sprach mit Rührung von seiner guten Mutter und seinen kleinen Brüdern und mit Dankbarkeit von seinem edeln Gönner und Herrn, dem Kurfürsten Max Franz. Zugleich dachte er auch der Jeannette d'Honrath, aber von ihr sprach er nicht. So zog ihn der Rhein zurück.

Als der Kaiser seine beiden Gäste verabschiedete, schenkte er dem bonner Organisten einen Ring zum Andenken. Es war einer der schönsten Tage in Ludwig's Leben. Er hatte den größten Herrscher im deutschen Lande und den größten Herrscher im Reich der Töne gesehen.

Neuntes Kapitel.

Es war gegen Ende des Frühlings, als Beethoven mit dem Grafen von Waldstein wieder in die Thore von Bonn einfuhr. Welch eine reiche Fülle von Erinnerungen brachte er in die Heimat zurück! Wenn er an die Zeit dachte, wo er seine Reise angetreten hatte, und sie mit der gegenwärtigen verglich, so war er damals ein armer Junge gewesen und jetzt ein reicher Mann geworden. Er hatte eine Reihe der schönsten Landschaften gesehen, er war durch Hunderte von Städten und Ortschaften gefahren, viele deutsche Volksstämme gingen ihm an den Augen vorüber, und was die Hauptsache war, auch in der Kunst hatte sich ihm eine Menge von neuen Einsichten erschlossen, die ihm für seine zukünftigen Bestrebungen förderlich sein mußten. Wer erwirbt nicht, wenn er hinausgezogen ist, um Land und Leute zu sehen, den vielfachsten Gewinn von seinen Fahrten? Und das war auch bei dem jungen Componisten der Fall. Seine beste Errungenschaft bestand aber in der Klarheit, die er über seine Kunst erlangt hatte. Er maß nicht mehr mit dem

Maßstabe seiner Vaterstadt, er maß mit dem Maßstabe
der kaiserlich österreichischen Metropole, wo die Musik
gerade auf ihrer höchsten Höhe stand. Allerdings wurde
in Wien ungleich bessere Musik gemacht wie in der kurfürstlichen Residenz. Und er selbst? Trotz den ungleich
weitern Gesichtspunkten, die sich zur Vergleichung boten,
fiel die Messung zu seinen Gunsten aus. Er fühlte dabei ein wohlthuendes Selbstbewußtsein, das sich gleichwol
von jeder eiteln Uebertreibung frei hielt. Er war reifer,
aber darum nicht stolz oder gar eingebildet geworden.

Und so stürzte er sich auch als treuer liebender Sohn
an das Herz seiner guten und frommen Mutter. Die
kleinen Brüder überschüttete er mit Herzlichkeit. Sein
Vater war wie gewöhnlich nicht zu Hause, aber er hätte
auch nur die Freude des Wiedersehens gestört, denn
Ludwig war gewöhnlich kalt und gemessen gegen ihn,
während er selber den Sohn zu vermeiden schien, sei es,
daß er kein gutes Gewissen hatte, sei es, daß er den
kühn aufstrebenden und allerwärts gepriesenen jungen Mann
beneidete.

Bald war eine lebendige Erzählung im Fluß, bei
welcher Mutter und Sohn bis in die späte Nacht um
die bescheidene Lampe der Wohnstube saßen, während die
Brüder im Nebenzimmer zu Bett gebracht worden waren.
Wie freudig nahm die gute Frau die Kunden ihres Lieb-
lings entgegen! Sie hatte mit starren, fast unheimlich
leuchtenden Blicken und mit fieberhaft gerötheter Wange
ihm gegenüber Platz genommen und konnte sich nicht
satt sehen und hören. Es ging aber wie ein Lächeln
seliger Verklärung über ihre Züge, als er nun auch von

seiner Zusammenkunft mit Kaiser Joseph und Mozart berichtet hatte. Mozart's Worte über ihren Sohn wiederholte sie nach dem Himmel schauend, fast wie prophetisch: Er wird zu den ersten Meistern der Kunst gehören.

Ludwig war aufgestanden um zu Bette zu gehen. Seine Mutter aber blieb in der eben angenommenen Stellung sitzen, sie faltete die Hände, ihre Lippen bewegten sich, es war, als ob sie betete. Der Sohn, der es in seiner Seele fühlte, daß ihr Gebet seinem Lebenswege galt, schaute sie mit inniger Liebe an. Plötzlich aber zuckte es ihm durch alle Glieder. Mit einem male schien es ihm, als sei die Mutter ganz entsetzlich verändert. Ihre Gestalt dünkte ihm viel schwächlicher, ihre Züge magerer, ihr Blick geisterhafter. Hatte er das alles nicht beachtet? Ach nein, durch die Freude des Wiedersehens wurden ihr nur für wenige Momente Rosen der Freude auf das Gesicht gepflanzt.

Mutter, es ist spät, wir wollen zu Bette gehen, rief er aus, das lange Wachen ist nicht gut für dich.

Das Wachen? lächelte sie schmerzlich, ich bin daran gewöhnt. Der Vater ist auch noch nicht zu Hause.

Der Vater, seufzte Ludwig in sich.

Sie nahm die Lampe und leuchtete Ludwig in sein Zimmer, das er bisjetzt noch nicht betreten hatte.

Der Sohn sah sich in dem schlichten, aber trauten Raume um, dann heftete er die Blicke auf die Stelle, wo das Bild des Großvaters gehangen hatte.

Und das Bild? fragte er mit gerunzelter Stirn, aber sanfter Stimme.

Der Karpfenwirth hat es nicht herausgegeben, erwiderte Frau Beethoven mit niedergeschlagenen Blicken.

So hast du das Geld anderwärts nöthig gehabt, sprach der Sohn.

Ach nein, antwortete die Frau, deren Gesicht todtenblaß geworden war. Der Wirth nahm es für die neuen Schulden in Anspruch. Es stand dort wieder eine große Rechnung für Getränke — —

Ludwig stampfte mit dem Fuße und stieß einen unartikulirten Laut aus.

Frau Beethoven weinte.

Genug, genug, rief der Sohn und nahm sie in die Arme. Genug, genug! Ich werde schon andere Mittel zu finden wissen.

Dann führte er die Mutter an ihr Bett, nöthigte sie sich niederzulegen und setzte sich zu ihr, indem er ihr sanfte Tröstungen zusprach. Später aber öffnete er selber seinem Vater, der aus dem Wirthshause kommend an der Thür klopfte. Der Empfang war kalt wie immer. Der Tenorist befand sich überdies nicht in einem Zustande, um ihm besonders freundlich zu begegnen. Die Nacht war schon weit vorgerückt, als es endlich still im Hause wurde.

Ludwig konnte trotz der Müdigkeit, die er nach einer wochenlangen Reise im Wagen mitbrachte, nicht den gewünschten Schlaf finden. Je heller und reiner er draußen in Welt und Menschen geblickt hatte, desto mehr betrübte ihn das Bild der jetzt wieder unmittelbar vor seine Blicke tretenden gestörten Häuslichkeit. Wie ein Alp legte sich der Gedanke, daß er seinen Vater nicht achten könne, auf seine Seele. Zugleich aber durchzitterte ihn eine entsetzliche Angst über die arme Mutter, deren gebrochene

Gestalt und deren kranke Gesichtszüge ihm eine jähe und unerwartete Besorgniß einflößten. Dunkle, trübe Bilder umflatterten ihn, in denen er endlich einen peinigenden und unruhigen Schlaf fand, der mit denselben wüsten Vorstellungen, die ihm vor dem Einschlafen gekommen und die sich zu Träumen gestalteten, verwebt war.

Es schien ihm, er habe schon lange geschlafen, als er sich plötzlich heftig gerüttelt fühlte. Und doch war er eben erst entschlummert. Ringsum herrschte noch tiefe Nacht. Sein Vater aber stand mit einem Stümpfchen Licht im Nachtkleide vor ihm und rief: Ludwig, Ludwig, steh' auf.

Der Sohn fuhr erschreckt empor über die ungewohnte Störung, und erschreckte noch mehr über das blasse Gesicht des Vaters, der mit entsetzten Zügen und stieren Augen ihn zu ermuntern suchte.

Was ist? rief Ludwig.

Du mußt rasch zum Doctor, erwiderte der Tenorist, deine Mutter ist sehr krank.

Der Sohn sprang auf und fuhr so rasch es möglich war in die Kleider. Darauf ging er für einen Augenblick an das Bett der Kranken, die schwer athmend auf dem Kissen lag, ihm aber trotz ihrer Leiden ein mildes Lächeln entgegensandte. Und dann stürzte er in die Straße, über welche jetzt der Morgen des hohen Sommertages hereindämmerte. Der Arzt war bald herausgeklopft und zu der leidenden Mutter geführt, wo er sein Krankenexamen begann. Ludwig hing mit peinlicher Angst an den Zügen des Mannes, der hier ein Urtheil über Tod und Leben abgeben sollte; aber er vermochte den entscheidenden Spruch nicht zu lesen. Fast schöpfte er Fassung und Muth, denn er hörte die Beruhigung, daß es wol bald besser gehen werde. Dann kamen Verhaltungsmaßregeln an die Reihe und ein Recept wurde geschrieben, mit dem Ludwig sofort in die Apotheke laufen wollte.

Noch ein Wort, rief da der Doctor, der zugleich seinem Vater winkte, ihm in das andere Zimmer zu folgen.

Als sie sich in der Wohnstube befanden, sagte der Arzt: Ich kann Ihnen nicht verhehlen, daß der Zustand der Kranken gefährlich ist. Soviel ich weiß sind Sie katholisch. Ich bitte Sie also den Geistlichen kommen zu lassen.

Ludwig wäre vor Schrecken fast zu Boden gefallen. Der Vater sah stier und öde drein. Der Arzt forderte den Tenoristen auf, zu seiner Frau zurückzukehren und ihr mitunter einen Trunk zu reichen. Dem Sohne trug er die beiden Sendungen zum Pfarrer und Apotheker auf, die derselbe denn auch in eiliger Hast vollbrachte.

Aber weder die Arznei noch der geistliche Zuspruch brachte eine Aenderung in dem Zustande der armen Frau hervor. Das Fieber stieg zu einer mehr und mehr bedenklichen Höhe, während zugleich die Kräfte von Stunde zu Stunde abnahmen. Die Kranke lag bald todtenblaß, bald mit geröthetem Gesichte auf dem Lager, von dem sie sich nicht mehr zu erheben vermochte. Dabei flog ihr Geist in wirren Phantasien dahin, in denen sie bald ihren Mann zur Nüchternheit mahnte und von ihren Kindern sprach, und bald mit dem Karpfenwirth und dem Bildniß des alten Kapellmeisters zu thun hatte. Zuweilen aber murmelte sie auch den Namen Ludwig's mit wohlgefälligem Lächeln, und flüsterte dann wie still zufrieden: Er wird zu den ersten Meistern gehören.

Ihr Mann schien den traurigen Anblick nicht ertragen zu können. Es waren wol Gewissensbisse, die ihn aus der Nähe seines Weibes, dem er fast nichts wie Kummer und Aergerniß bereitet hatte, vertrieben. Er ging bald unstet durch die Stuben und verließ bald das Haus, wo er nie längere Zeit auszudauern vermochte. Ludwig dagegen wich nicht vom Lager der kranken Mutter, welcher er trotz seiner Ungelenkheit alle Dienste zu versehen strebte, und die für ihn stets selige Blicke hatte. Er verließ sie nur für kurze Stunden, in denen der besorgte Arzt ihn Luft schöpfen hieß, und in denen freundliche Nachbarinnen die Pflege der Leidenden übernahmen.

Auf den verordneten Spaziergängen fand er indeß auch keine Ruhe. Als er den ersten Ausgang machte, der gerade nicht den Zweck hatte, seiner Mutter eine Hülfsleistung zu verschaffen, eilte er den treuen Wegeler aufzusuchen, der ihm schon in manchen trüben Lagen sein wackeres Herz bewiesen hatte und bei dem er auch jetzt wieder Trost zu finden hoffte. Leider aber traf er den Freund nicht mehr in Bonn. Die Aeltern desselben theilten ihm mit, ihr Sohn habe durch seine vorzüglichen Fortschritte in den Wissenschaften die Aufmerksamkeit einiger hohen Gönner auf sich gezogen, durch welche er mit reichlichen Mitteln und den besten Empfehlungen ausgestattet, nach Wien gesandt worden sei, um dort seine medicinischen Studien fortzusetzen und die Doctor=

würde zu erlangen. So war Ludwig denn, aus der österreichischen Hauptstadt heimkehrend, an dem besten Freund seiner Jugend vorbeigereist. In gleicher Weise fand er das Breuning'sche Haus leer, in dem er sonst so oft eine Zufluchtsstätte gefunden hatte. Die Hofräthin war nämlich mit ihren Kindern nach Kerpen an der Erft gegangen, wo die Familie ein Landgut besaß. Nur der treffliche Kapellmeister Franz Ries vermochte ihm in seiner Verlassenheit einigen Trost zuzusprechen.

Unterdessen verschlimmerte sich der Zustand der kranken Mutter mehr und mehr. Die geringen Hoffnungen, die in einzelnen Momenten auftauchten, schwanden ebenso schnell, wie sie kamen. Empfand der Sohn nun über die gefahrdrohenden Erscheinungen, die sich vor seinen Augen entwickelten, oft eine entsetzliche Angst, so beschlich ihn auch zugleich mitunter der Gedanke, er selber habe, wenn auch ohne Schuld, eine jähe Entfaltung des Uebels veranlaßt. In solchen peinigenden Grübeleien machte er sich Vorwürfe, daß er sie überhaupt verlassen, daß er ihr während seiner Abwesenheit die Sorge für das Bild aufgetragen, und daß er sie bei seiner Rückkehr zu sehr aufgeregt habe. Nach all den herrlichen Genüssen in der Fremde erlebte er in der Heimat schreckliche Tage.

Endlich kam der armen Frau der Augenblick, der jedem einmal kommen muß. Sie hauchte ihre letzten Athemzüge langsam und still aus. Ein vielfach geängstetes Leben war zu Ende gegangen, und auf dem Gesichte der Todten lag mit einem male ein Frieden, der im Leben dort keinen Platz gefunden hatte. Der Mann brach in ein lautes Weinen und Schreien aus. Was half es? Er konnte der Geschiedenen nimmer gut machen, was er ihr an Unbill und Pein zugefügt hatte. Ludwig saß stier und stumm an der Leiche, die er wie versteint betrachtete. Es hielt schwer, ihn aus der Stube zu bringen, als man der Todten die Leichenkleider anziehen wollte.

Und so ging er auch bleich und starr hinter der Leiche, als die Freunde und Nachbarn sie zur letzten Ruhestätte brachten. Sein Vater hatte Thränen vollauf. Mit ihm weinten die andern Kinder, der dreizehnjährige Karl und der zehnjährige Johann. Und doch warf niemand mit tieferm Schmerz die letzte Scholle auf den tönenden Sarg der lieben, treuen, frommen Mutter als Ludwig.

Auf dem Heimwege vom Friedhofe nach der Stadt traten mit einem male Stephan und Christoph von Breuning an ihn heran und sprachen ihm ihre herzliche Theilnahme über seinen harten Verlust aus, indem sie ihm zugleich mittheilten, daß Ries an ihre Mutter geschrieben, und daß diese sie in die Stadt gesendet habe, um an dem Begräbniß theilzunehmen und ihr den mutterlosen Sohn nach den schweren Tagen zur Erholung mit auf das Land zu bringen. Ludwig dankte, aber er konnte sich doch nicht gleich entschließen, dieser Einladung zu folgen. So begleiteten ihn die Freunde nach Hause, wo er sich auf Zureden von Ries und einigen guten Nachbarsleuten, die ein Auge auf die Brüder zu halten versprachen, zu der kleinen Fahrt entschloß.

Der Empfang, den er in Kerpen fand, wohin der bereit stehende Wagen die jungen Leute in einigen Stunden trug, konnte nicht herzlicher und freundlicher sein. Frau von Breuning bot sich an, dem mutterlosen Jüngling den herben Verlust, so gut es ihr möglich sei, zu ersetzen. Sie bat ihn um ein stets offenes Vertrauen, und versprach ihm in allen Lebenslagen zur Seite zu stehen. Hatten Stephan und Christoph schon unterwegs das zarteste Benehmen an den Tag gelegt, so kamen ihm die jungen Geschwister Lenz und Leonore nicht minder theilnahmvoll entgegen. Und so wehte ihn denn unter den alten bewährten Bekannten aufs neue ein Gefühl des Behagens an, das ihm äußerst wohlthat.

Ein herber Schmerz läßt sich nicht besprechen. Nur die Zeit ist im Stande, ihn allmählich zu beschwichtigen und auszuheilen. Deshalb wirkte die Hofräthin dahin, den jungen Mann mit wohlthuender Freundlichkeit zu umgeben, ihn aber im übrigen seinen Gefühlen und Gedanken zu überlassen. Die guten Wirkungen einer solchen Behandlung ließen nicht auf sich warten. Ludwig machte bald einsame Spaziergänge in der freilich sehr einfachen und ebenen Gegend, die indeß im Schmucke grüner weiter Wiesen und reicher üppiger Fruchtfelder der sommerlichen Reize nicht entbehrte. Bald aber saß er auch am Klavier und strömte alles, was ihm das Herz bedrängte, in Tönen aus, die ihn offenbar erleichterten. Unter solchen Beschäftigungen fühlte er sich allmählich wohler und zufriedener. Die Natur war immer seine tröstende Freundin gewesen. In der Kunst aber weinte er sich gewissermaßen seinen Schmerz aus der Seele.

Nach und nach wich denn auch die Schweigsamkeit, die ihm Lippen und Zunge gefesselt hielt. In den heitern Zusammenkünften, welche morgens, mittags und abends die verschiedenen Familienglieder an der gemeinsamen Tafel versammelten, folgte er dem allgemeinen Drange der Mittheilung und erzählte von seiner Reise und ihren Erlebnissen, die natürlich von dem größten Interesse für die Freunde waren; man sprach auch wieder von dem Leben in Bonn, von dem guten Kurfürsten Max Franz, von dem edeln Grafen von Waldstein, von der neuen Universität und von — Jeannette d'Honrath. Und Jeannette, deren Name, wenn er nur erwähnt wurde, immer eine tiefe Röthe auf Ludwig's Gesichte hervorrief, fing plötzlich an, einen neuen Zauber auf das Gemüth des Jünglings auszuüben.

Freilich hatte er seit jenem Abend in Köln oft genug an sie gedacht. Ihr Bild geleitete ihn auf seiner ganzen Reise nach der großen Donaustadt. Fast jedesmal, wenn er etwas Neues, Schönes oder Großes sah und hörte, war der Wunsch in ihm aufgestiegen, daß sie das alles mit ihm sehen und hören möge. So war es gewesen, wenn die Natur ihm einen erhabenen Genuß bot, wenn das Leben ihm neue unerwartete Seiten eröffnete und wenn er in den Geheimnissen der Kunst schwelgte. Auf sie hatte er ja auch seine Gedanken gelenkt, als er von der Zusammenkunft mit Kaiser Joseph und Mozart zurückkehrte. Und so war er auch mit ihrem Bilde beschäftigt wieder in die Heimat eingekehrt. Allerdings verdrängte die Krankheit und der Tod der theuern Mutter alle diese heitern Vorstellungen. Je mehr aber die verlorene Ruhe in sein Herz einzog, desto mehr kam das geliebte Bild wieder zum Vorschein.

An sie gedenkend saß er auch an einem schönen Sommermorgen vor Tisch in der sonnigen Stube am Klavier und ließ eine heitere Phantasie erklingen, welcher die versammelten Freunde mit Vergnügen horchten. Alle waren dermaßen in seine Töne vertieft, daß sie nicht hörten, wie draußen vor der Thür ein Wagen anfuhr.

Als Ludwig aber geendet hatte, öffnete sich die Thür. Alle, außer dem Musiker, der noch in seine Klänge vertieft schien, sprangen auf. Vielleicht hätte ihn auch dieses Geräusch kaum aus seinen Phantasien geweckt; da aber hörte er mit einmal eine Stimme, deren Ton ihm tief durch das Herz zuckte.

Es war Jeannettens Stimme, welche die Hofräthin begrüßte.

Er sah sich um. In der That, sie stand in der Thür voll Jugend, Schönheit, Lebenslust. Welch ein lachendes, helles Bild! Es wurde ihm ganz schwindelig vor den Augen.

Seien Sie mir herzlich gegrüßt, meine liebe Frau Hofräthin, rief sie aus. Ich habe mich gestern verlobt und bringe Ihnen hier meinen Bräutigam, den königlich kaiserlichen Hauptmann Karl Greth.

Zugleich trat der junge, schmucke Offizier, den wir schon kennen, neben Jeannettens Mutter in das Zimmer alle bewillkommnend, von allen bewillkommnet.

Auf Ludwig's Seele fiel die Nachricht wie ein Donnerschlag. Er war wieder wie versteint und hörte nicht, wie man sich die Geschichte von der Liebe der schönen jungen Kölnerin und dem kräftigen österreichischen Offizier, der in der alten Reichsstadt Soldaten anwarb, erzählte. Zerschmettert und geschlagen schlich er beiseite. Frau von Breuning entschuldigte ihn mit der Trauer über den Verlust seiner Mutter.

Der arme Junge hatte aber noch einen andern Verlust zu beklagen: Es war vorbei mit seiner ersten Liebe!

Zehntes Kapitel.

Wer den jungen Musiker im folgenden Winter in Bonn wiedersah, der kannte ihn kaum wieder. Von dem stark gegliederten, trotzigen und auffahrenden Jünglinge, den seine Bekannten einst Furioso zu nennen pflegten, war keine Spur mehr vorhanden. Alle die traurigen Erlebnisse des letzten Sommers hatten ihm tief in das Leben geschnitten und seine jugendlichen Blüten für eine lange Zeit geknickt. In der That war er auch körperlich leidend. Er konnte oft ganze Nächte nicht schlafen, denn es hatten sich asthmatische Anfälle bei ihm eingestellt, die ihm das Dasein zuweilen unerträglich machten. Seine Freunde fürchteten sogar ein ernstliches Brustleiden und gemahnten ihn, sich zu schonen. Aber wie konnte er an Schonung denken? Da sein Vater trotz der erlittenen Schicksale nach wie vor der Leidenschaft zum Trunke fröhnte und den geringen Verdienst in den Schenken und Krügen vergeudete, so lag es ihm ob, für seine kleinern Geschwister zu sorgen. Mochte es auch noch so unangenehm sein, er gab Stunden, soviel er konnte, und verwendete den ziemlich kärglichen Erwerb für die Nahrung und Erziehung der Kinder, welche ihre Mutter leider zu früh verloren hatten. In diesen edeln Bestrebungen bestärkte ihn aber vorzüglich Frau von Breuning, in deren Hause er nach wie vor fast täglich verkehrte und die er seinen Schutzengel nannte. Uebrigens hatte die Hofräthin auch in dieser Zeit selten Gelegenheit, von Beethoven zu sagen: Er hat wieder einen Raptus.

Zugleich versenkte er sich auf das lebhafteste in die Studien und Arbeiten der vielgeliebten Kunst. Allzu große Aufregungen wirken allerdings zerstörend auf den Geist. Ein gewisses Maß aber regt ihn zu neuen Gefühlen und Gedanken an. Und ist nun der Geist ein solcher, der zu künstlerischen Schöpfungen drängt, so erwächst ihm gerade aus fröhlichen und traurigen Erlebnissen sowie aus leidenschaftlichen Begegnungen vielfacher Stoff, der sich trefflich bearbeiten läßt. In diesem Sinne war die Seele des jungen Musikers durch die heitere Reise nach Wien, durch den jähen schmerzlichen Tod seiner Mutter und durch die plötzliche Zertrümmerung einer ersten Liebe befruchtet worden. Und so entstanden denn in der Stille und Zurückgezogenheit seiner heimlichen Stube eine Menge von Compositionen, welchen er Schmerz, Pein, Sehnsucht, verlorene Liebe in den verschiedensten Formen einhauchte und in denen sich seine Meisterschaft mehr und mehr entfaltete.

Zu seiner großen Freude und Genugthuung erhielt auch das öffentliche musikalische Leben durch die Fürsorge des Kurfürsten Max Franz einen lebendigern Aufschwung.

Zu den vorhandenen wurden neue Kräfte geworben. Neben dem trefflichen Franz Ries waren auch die beiden Romberg, welche früher nur zuweilen von Münster aus zum Besuch kamen, für das bonner Orchester gewonnen worden. Andreas Romberg war am 27. April 1767 zu Vechte im Niederstift Münster geboren und hatte zum Vater den Gotthard Heinrich Romberg, der als Musikdirector und Virtuose auf der Clarinette zu Münster wohnte. Der Sohn aber war ein glücklicher Componist und vortrefflicher Violinspieler, während sein Vetter Bernhard sich ausschließlich dem Violoncell gewidmet hatte, auf dem er sich vor allen Zeitgenossen als Meister auszeichnete. Auch dieser, geboren am 11. November 1770 zu Dingklage in Westfalen, stammte von einem auf dem Fagott berühmten Künstler Namens Anton Romberg, dem Bruder des obengenannten Musikdirectors. Ueberhaupt stand die Familie damals in großem künstlerischem Ansehen.

Mit diesen Männern zusammenzuwirken war aber eine Hauptfreude für den jungen Mann. Wenn das Sprichwort sagt: Die Künstler verderben die Kunst, so kann dieses Wort nur von den schlechtern gelten, denn die guten werden sie stets heben. So war es auch hier. Man übte die Meisterwerke Haydn's und Mozart's, um sie in öffentlichen Concerten aufzuführen, und man spielte die Quartette und Trios der besten Musiker in den kleinen Gesellschaften des Kurfürsten, bei welchen Gelegenheiten denn auch einzelne Versuche Beethoven's zum Vortrag kamen, und nicht selten durch ihre Eigenthümlichkeit und Neuheit die größte Ueberraschung hervorbrachten.

Der Graf von Waldſtein aber erwies ſich allezeit als
beſonderer Gönner und Beſchützer des jungen Muſikus,
der es dieſem edeln Mann auch vorzugsweiſe verdankte,
daß er zum Kammermuſikus ernannt wurde und eine
beträchtliche Erhöhung ſeines Gehalts erhielt.

Nicht mindere Fortſchritte machte Ludwig im Laufe
ſolcher ruhigen Tage in Betreff ſeiner allgemeinen huma-
nen Bildung, die faſt unbewußt durch den Umgang mit
den genannten Männern, mit den Freunden im Breuning'ſchen Hauſe und in den Zuſammenkünften mit ver-
ſchiedenen Mitgliedern der Univerſität wuchs, deren abend-
licher Verſammlungsort die fröhliche Schenke des Zehrgartens war. Wenn er auch daheim ſeine Lectüre in
Homer's Odyſſee und den Lebensbeſchreibungen Plutarch's
fortſetzte und in dieſen ſchönen Büchern Troſt und Erhebung für das Leben ſchöpfte, und wenn ihm bei ſeinen
Freunden Stephan und Chriſtoph die Literatur der
Gegenwart näher trat, ſo kamen bei der gelehrten Gilde
der jungen Hochſchule namentlich jene Beſtrebungen der
deutſchen Wiſſenſchaft und Kunſt zur Rede, welche den
damaligen humaniſtiſchen Anſchauungen entſprachen.

Unter den jungen Gelehrten, welche den Zehrgarten
beſuchten, war einer der lebhafteſten und begeiſtertſten
der Profeſſor des Natur= und Völkerrechts Bartholo-
mäus Fiſchenich, welcher vorzugsweiſe für Friedrich
Schiller, den großen Dichter, der damals das deutſche
Volk in Flammen ſetzte, ſchwärmte und mitunter deſſen
neue Arbeiten vortrug. Mit welcher Wonne erfüllte
aber Beethoven das in jener Zeit in der „Thalia" erſchie-
nene Gedicht „An die Freude"! Als er dieſen prächtigen

Gesang zum ersten mal hörte, schien aller alter Kummer aus seinem Herzen gewischt, und zum Trost und zur Stärkung seines Herzens rief er oft vor sich hin:

 Freude, schöner Götterfunken,
 Tochter aus Elysium,
 Wir betreten feuertrunken,
 Himmlische, dein Heiligthum!
 Deine Zauber binden wieder,
 Was die Mode streng getheilt,
 Alle Menschen werden Brüder,
 Wo dein heil'ger Flügel weilt.

 Seid umschlungen, Millionen!
 Diesen Kuß der ganzen Welt!
 Brüder, überm Sternenzelt
 Muß ein guter Vater wohnen.

 Wem der große Wurf gelungen,
 Eines Freundes Freund zu sein,
 Wer ein holdes Weib errungen,
 Mische seinen Jubel ein.
 Ja, wer auch nur eine Seele
 Sein nennt auf dem Erdenrund,
 Doch wer's nie gekonnt, der stehle
 Weinend sich aus diesem Bund.

 Freude trinken alle Wesen
 An dem Busen der Natur,
 Alle Guten, alle Bösen
 Folgen ihrer Rosenspur.

 Küsse gab sie uns und Reben,
 Einen Freund geprüft im Tod,
 Wollust ward dem Wurm gegeben
 Und der Cherub steht vor Gott.

Ihr stürzt nieder, Millionen,
Ahnest du den Schöpfer, Welt?
Such' ihn überm Sternenzelt,
Ueber Sternen muß er wohnen!

Froh wie seine Sonnen fliegen
Durch des Himmels prächt'gen Plan,
Laufet, Brüder, eure Bahn,
Freudig wie ein Held zum Siegen.

Freude, schöner Götterfunken,
Tochter aus Elysium,
Wir betreten feuertrunken,
Himmlische, dein Heiligthum.

Das waren seine Lieblingsstellen der Schiller'schen Hymne, die in einer Weise mit den Gefühlen und Gedanken der damaligen Zeit zusammentrafen, daß sofort eine Menge von Componisten sich daranwagte, sie in Musik zu setzen. Auch Beethoven kamen diese Versuche zu Gesichte, aber er schüttelte den Kopf und rief: Nichts wie eitle Stümperei. Ich werde dieses erhabene Lied auch in Töne bringen, aber ich will warten, bis ich auf der Höhe meiner Kunst stehe.

Unter solchen Umständen klärte sich allmählich die verdüsterte Stimmung, die auf dem Gemüthe des jungen Tonkünstlers gelastet hatte. Er konnte sich sagen, daß er gewissenhaft für das Haus und wacker für die Kunst geschaffen, und also seinen Pflichten mit Treue nachgekommen war. Und auch in allgemeiner menschlicher Bildung fühlte er sich mächtig gefördert. So kehrte ihm denn auch die Gesundheit, die durch die erlebten Aufregungen gelitten hatte, zurück, und er sehnte sich wieder einmal hinaus in andere Gegenden und unter andere Menschen.

Nun traf es sich aber, daß der Kurfürst Max Franz, als Hochmeister des Deutschen Ordens, seine Residenz, das Schloß Neuhaus bei Mergentheim, einem Städtchen im würtembergischen Jaxtkreise, besuchen und bei dieser Gelegenheit seine geistlichen Brüder, den Kurfürsten von Trier, der zu Koblenz, und den Kurfürsten von Mainz, der zu Aschaffenburg residirte, begrüßen wollte. Diese Reise, die einen repräsentativen Charakter haben sollte, beschränkte sich indeß nicht allein auf den Fürsten und seine nächste Umgebung, es ward im Gegentheil beschlossen, daß der ganze Hofstaat ihn begleite, wozu denn auch die Kapelle gehörte. Es wurden alsbald umfassende und großartige Vorbereitungen getroffen, von denen man in Bonn mit dem größten Interesse sprach. Besondere Aufmerksamkeit erregten namentlich einige Jachtschiffe, die am Ufer des Rheins lagen und die reichlich mit Wein und Speisen verproviantirt wurden, indem sie den hohen Herrn mit seinem Gefolge aufzunehmen bestimmt waren; denn in der damaligen Zeit kannte man noch nicht die rasche Art und Weise des Reisens wie heutigen Tages, man war im Gegentheil gewohnt, es mit der Zeit nicht so scharf zu nehmen, und ließ sich, wenn es stromaufwärts ging, gemüthlich auf Schiffen, die von Pferden gezogen wurden, alle Krümmungen des Flusses entlang ruhig hinaufbefördern. Eine der bereit liegenden Jachten aber wurde für die bonner Kapelle bestimmt.

Es war ein wundervoller Sommertag, als sich die

kleine Flotte in Bewegung setzen sollte. Tausende von Menschen eilten an das Ufer des Rheins, um sich den Anblick der bewimpelten und mit Segeln ausgestatteten Schiffe zu verschaffen. Hier und dort nahmen Freunde und Bekannte Abschied voneinander. Und als nun alle Mitreisenden an Bord waren und die Anker gelichtet wurden, ertönte noch ein lauter Ruf, der dem Kurfürsten und seinen Begleitern eine glückliche Fahrt wünschte. Die Pferde zogen an und die Boote fuhren gemach den Strom hinauf, indem sie sich freundlich und heiter gegen das rheinaufwärts gelegene Siebengebirge absetzten.

Mochte nun auch auf allen Fahrzeugen eine fröhliche Stimmung herrschen, wie diese denn stets in der Umgebung des heitern und lebensfrohen Max Franz zu finden war, so erreichte sie doch sicherlich ihren höchsten Gipfel in dem Schiffe, das die lustige Musikantencompagnie trug. Auf seinem Deck erhob bald der eine, bald der andere Sänger die fröhliche Stimme, daß sie weit über den Strom ertönte. Galt es an einem Berge oder Felsen ein Echo zu wecken, so mußte der Hornist sein Instrument zur Hand nehmen, um ihm getragene Klänge zu entlocken, welche alsdann das Thal doppelt oder dreifach widertönte. Mitunter gab es auch eine gemeinsame Musik, bei welcher einzelne oder alle mitwirkten, denn selbst der Kapellmeister Ries, die beiden Romberg und Beethoven schlossen sich nicht aus, wenn es darauf ankam, sich und allen andern eine Freude zu bereiten.

Allmählich organisirte sich auf dem Fahrzeuge der Kapelle sogar ein kleiner Staat, zu dessen König der damals bekannte und beliebte Sänger und Komiker Lux einstimmig ernannt wurde, weil er sich durch seinen lustigen Humor am besten zu dieser Rolle paßte. Das Sprichwort sagt: Cantores amant humores, das heißt auf deutsch: Die Musikanten lieben die Feuchtigkeiten, aber es kann auch, wenn man es als Küchenlatein betrachtet, heißen: Die Sänger lieben den Humor. Humor und gute Leibesgenüsse sind Schwester und Bruder. In diesem Sinne wurden von dem König Lux die Hofämter und Würden erwählt und vertheilt. Da er aber selber neben dem Könige zugleich den Hofnarren machte, so war es ihm zumeist um solche Leute zu thun, welche gute Tafel-, Teller-, Flaschen-, Keller- und Küchenmeister abgeben konnten.

Beethoven und Bernhard Romberg schienen nicht geschickt genug, um gleich zu den höhern Stufen emporzusteigen. Sie erhielten deshalb auch nur das Amt als Küchenjungen. Als indeß in der Gegend von Oberwesel einer der ernannten Köche den Erwartungen, die man auf ihn gesetzt hatte, nicht entsprach, wurde ein Reichsrath gehalten, welcher die Absetzung des untauglichen Speisekünstlers zur Folge hatte und die Beförderung eines neuen Aspiranten in Aussicht stellte. Und so faßte man denn Beethoven ins Auge, der sich gerühmt hatte, daß ihm ein ausgezeichneter Eierkuchen gelingen würde.

Wenn man sich nun auch noch so sehr in die Reize der Fahrt vertiefen wollte, so fehlte es doch keineswegs an verwendbarer Zeit, denn die Pferde zogen die schweren Schiffe gerade nicht als ob sie mit einem leichtrollenden Wagen über eine gutgeebnete Straße galopirten. Es handelte sich also darum, eine vernünftige Probe anzustellen. Man fragte Beethoven, ob er sich einem Examen aussetzen wolle, und als er auf diese Zumuthung einging, wurde ihm der Ofen der Kajüte zu Gebote gestellt und Eier, Milch, Mehl und Butter nach Bedürfniß überwiesen, damit er auf diese Weise sein Meisterstück machen könne.

In der That stand denn auch der junge Musiker bald zum Koch umgewandelt vor den Augen des Lux'schen Hofstaats. Auf seinem struppigen dunkeln Haar saß eine weiße leinene Mütze, er trug ein weißes leinenes Kamisol, weiße leinene Beinkleider und eine weiße leinene Schürze wurde ihm vorgebunden. Und nun war es auch bald merkwürdig zu sehen, wie er die schon aufgeführten Ingredienzien eines Eierkuchens in gewaltig großer Schüssel vermittelst eines großen Besens durcheinander rührte und klopfte, sobaß sich allmählich ein gelber Brei bildete, den er auf die mit Butter versehene Pfanne brachte, um ihn zu einem regelrechten Gebäcke zu gestalten.

War es nun Zufall oder tiefere Combination, so viel ist gewiß, daß der Kuchen zum größten Erstaunen der Zuschauer über alle maßen gerieth. Er hatte ein so gutes Ansehen, wie sich dessen je ein Eierkuchen rühmen konnte. Und auch die herbeigerufenen Sachverständigen, welche König Lux zu Rathe zog, erklärten sich dahin, daß niemals eine ansehnlichere Omelette aus Hühnersamen verfertigt worden sei, sobaß der Herrscher im Reiche der Musikanten voll tiefer Rührung ausrief: So ist es denn wahr, daß oft ein blindes Huhn eine Perle findet. Wer hätte unserm Furioso solche Ueberlegung zugetraut? Er phantasirt und componirt nicht allein gut in Tönen, sondern auch in Eierkuchen. Wir ernennen ihn hiermit zum Wirklichen Geheimen Küchenrath unsers Reiches und werden ihm die Urkunde zusammt dem Siegel kostenfrei zustellen lassen.

Wie es schon hin und wieder an schönen Orten geschehen war, so ging die Gesellschaft auch bei Rüdesheim an das Ufer. Von hier aus wurde der Niederwald bestiegen, der jene herrliche unvergleichliche Aussicht auf das Land bietet, in dessen Boden die duftreichsten Weine der ganzen Welt wachsen. Welcher Anblick für unsere lustigen Musikanten! Ringsumher boten die rüdesheimer Hügel, der Johannisberg, Markobrunn und Steinberg ihre Weingärten dem Kuß der warmen Südsonne. Da wurde denn am Rande des herrlichen Buchenwaldes im Angesichte des Stromes, der zwischen smaragdenen Ufern und Inseln dahinfließt und seines weitgestreckten Thales, das mit Städtchen, Dörfern, Kirchen und Schlössern übersäet ist, ein wackeres Fäßlein, dessen Inhalt in diesen Bergen gewachsen war, angestochen und ausgeleert. Und bei dieser Gelegenheit erhielt unser Beethoven auch ein gewaltiges Diplom, das ihn zum Koche erster Klasse ernannte, und dem das im Deckel einer Schachtel in Pech abgedrückte Siegel, welches durch einige aufgetrennte Fäden eines Schiffseils befestigt war, ein gar ehrenfestes Ansehen gab.*)

Man kann sich denken, daß solche heitere Spiele des

---

*) Vgl. Wegeler, a. a. O., S. 17. 18, der dieses Diplom 1796 bei Beethoven sah.

Scherzes einen überaus wohlthätigen Einfluß auf den jungen Componisten ausübten. Aber auch die Kunst gab ihm hin und wieder große Befriedigung. Dies war namentlich der Fall, als Max Franz zusammt dem Gefolge in Aschaffenburg an das Land stieg, um dem dort in seinem Sommerschlosse residirenden Kurfürsten von Mainz einen Besuch abzustatten. An dem Hofe dieses geistlichen Herrn verweilte einer der berühmtesten Klavierspieler der damaligen Zeit, der sich Sterkel nannte. Beethoven war natürlich sehr neugierig, diesen Meister in einer Kunst, die er selber übte, zu hören. Ries, Simrock und die beiden Romberg aber erboten sich, ihn zu demselben hinzuführen, wobei ausgemacht wurde, daß Beethoven vorläufig nicht mit dem Virtuosen bekannt gemacht werden sollte, was auch um so leichter thunlich war, als eine Menge von Mitgliedern der Kapelle sich den Besuchenden anschlossen. Sterkel war offenbar sehr geschmeichelt durch die Anerkennung, welche ihm die bonner Gäste aussprachen, und setzte sich, den vereinten Bitten willfahrend, an sein Instrument, indem er ihnen vorher die Mittheilung machte, er werde ein höchst schwieriges Stück vortragen, von dem er glaube, daß der Componist, den er übrigens nicht kenne, kaum im Stande sei, es mit gleicher Fertigkeit zu spielen. Wie wunderbar aber wurde es Beethoven zu Muthe, als mit einmal seine eigenen Variationen über „Vieni amore", ein Thema von Righini, aus den Saiten emporrauschten! Der Pianist spielte in der That sehr leicht, höchst gefällig, aber wie die Bonner sich innerlich sagten, etwas damenartig. Beethoven stand in der gespanntesten Aufmerksamkeit neben ihm. Als Sterkel geendet hatte, erhielt er von allen Seiten die lebhaftesten Lobeserhebungen. Aber die Bonner forderten nun auch ihren Collegen auf, sich an das Klavier zu setzen. Der junge Componist weigerte sich zuerst, als aber der Aschaffenburger in seiner Eitelkeit behauptete, er fürchte keinen Concurrenten, nahm Beethoven den Platz am Instrumente ein und trug aus dem Kopfe nicht allein die bereits gespielten Variationen vor, sondern phantasirte auch sofort noch eine Anzahl neuer und womöglich noch schwierigerer hinzu und setzte dadurch seine Zuhörer um so mehr in Erstaunen, als er zugleich ein ungleich mächtigeres und hinreißenderes Feuer entwickelte, sodaß sich selbst Sterkel von dem jungen Meister besiegt erklären mußte.*)

In Mergentheim erlebte Beethoven einen noch größern Triumph. Max Franz, der es auf seiner Reise überhaupt darauf abgesehen hatte, sich als einen der ersten Fürsten des Deutschen Reichs zu zeigen, ließ an diesem höchsten Sitze des Deutschen Ordens eine Reihe von Festen veranstalten, zu welchen die vornehmsten Familien der umliegenden Gegenden und viele angesehene Fremde eingeladen wurden. Außer den üblichen Mahlen und Bällen gab es auch dann und wann ein Concert. Zu einer dieser musikalischen Aufführungen hatte Beethoven auf den Wunsch seines Herrn und des Grafen von Waldstein eine Cantate componirt, welche wegen einer Menge von Schwierigkeiten zahlreicher Proben bedurfte, sodaß die Musiker fast an der Ausführbarkeit zweifelten,

---

*) Wegeler, a. a. O., S. 16. 17.

welche endlich aber doch in einer Weise gedieh, daß der Vortrag beschlossen werden konnte. Am Abend, wo das Concert stattfinden sollte, trafen eine Menge von Gästen im Schlosse Neuhaus ein, die sich denn auch vor dem Anfange des Concerts in dem festlich geschmückten Saale versammelten. Beethoven war in keiner geringen Aufregung, daß sein Werk vor einer so stattlichen Gesellschaft zuerst in das Dasein treten sollte, aber der Erfolg erwies sich über alle maßen günstig. Ein rauschender Beifall schallte durch den Raum und wollte kein Ende nehmen. Der Kurfürst, der die Mitte der ersten Reihe der Zuschauer einnahm, ließ den jungen Componisten vor sich bescheiden und fragte, ob kein Kranz zur Stelle sei. Waldstein wandte sich an die in der Nähe sitzenden Damen. Und nun trat eine wunderschöne junge Dame heran, welche ein Gewinde von frischen Blumen in den dunkeln Haaren trug, das sie sofort vom Haupte löste, um es dem Kurfürsten zu reichen. Max Franz aber meinte, daß der Künstler von keiner schönern Hand geschmückt werden könne als von der reizenden Spenderin. Wie sehr sie sich auch weigerte, sie mußte zuletzt den bringenden Bitten nachgeben und dem Componisten den Kranz auf das glühende Haupt setzen. Wie hoch ging die Seligkeit, die der jugendliche Meister in diesem Augenblicke fühlte! Wie groß aber auch sein Entzücken war, daß er seine Kunst anerkannt und gekrönt sah, so machte ihm der Anblick des reizenden, anmuthvollen Mädchens doch noch einen größern Eindruck. Er empfand wieder jenes süße, wilde Beben des Herzens, das er einst bei dem Anblicke Jeannettens empfunden. Hätte er doch diesen hellen Moment festhalten können, der leider mit der Schnelligkeit eines Blitzstrahls kam und verschwand. Gleichwol füllte er ihm die Seele noch lange, lange Zeiten. Selbst als er gegen den Herbst wieder in der Vaterstadt angekommen war, konnte er die wundervolle Kranzspenderin nicht vergessen.

In Bonn lachte ihm aber auch noch eine andere Freude. Als er wieder einmal nach gewohnter Weise das Breuning'sche Haus besuchte, fand er dort unverhofft seinen geliebten Wegeler, der nach langer Abwesenheit von Wien zurückgekehrt war. Derselbe hatte dort am 1. September 1789 die medicinische Doctorwürde erlangt und darauf vom Kurfürsten eine Anstellung als Professor der Arzneiwissenschaft an der heimatlichen Universität erhalten, die er auch sofort im November antrat. Ludwig umarmte den Freund, den er oft so sehr entbehrt hatte, mit leidenschaftlicher Wärme. Es folgten die herzlichsten und umfangreichsten Mittheilungen von beiden Seiten. Es herrschte das fröhlichste Behagen. So war denn der alte vertraute Kreis wieder zusammen.

Kann ich nun endlich auch ein Wort anbringen, fragte Frau von Breuning, als das lebhafte Gespräch gar keine Pause zulassen wollte.

Alle lauschten und fragten: Was es gebe?

Ich habe, sagte nun die Hofräthin, ein Billet vom Grafen Westphal, dem österreichischen Gesandten erhalten. Er theilt mir mit, daß eine junge Verwandte von ihm angekommen sei, für welche er den Unterricht Beethoven's wünscht.

Das hat aber doch wol Zeit, fiel ihr der Musiker ins Wort.

Im Gegentheil, erwiderte die Dame, die Sache eilt. Wenn es lohnende Arbeit gibt, so muß der Mann immer zur Hand sein.

Sie lassen mich ja nicht einmal des eben heimgekehrten Freundes froh werden, murrte der Musiker, indem der alte Trotz auf seine Züge trat.

Dafür wird es später nicht an Zeit und Gelegenheit fehlen, meinte die Hofräthin.

Ich muß Ihnen gestehen, rief dann Beethoven mit einiger Heftigkeit, daß ich das Stundengeben ganz und gar satt habe. Es macht mich müde und verödet mir den Geist, sobaß ich darüber an meinen Compositionen einbüße, die doch am Ende die Hauptsache in einer echten künstlerischen Laufbahn sind.

Mit den Compositionen verdienen Sie aber vorläufig nicht Ihren Lebensunterhalt, lautete die Antwort. Wenn Sie einmal als Tonsetzer zu großer Geltung gekommen sind, dann mögen Sie machen, was Sie wollen. Bisjetzt war es Ihnen recht, daß ich Mutterstelle an Ihnen versah und Ihnen in allen Dingen meine Herzensmeinung sagte. Soll dieses Verhältniß aufhören?

Beethoven sah sie groß an.

Reden Sie! sprach die Hofräthin mit dringlichem Ernst.

Nein, rief jetzt der Musiker, ihr die Hand reichend. Bleiben Sie mir gut.

Wohl, so denken Sie an Ihre Brüder und machen sich auf den Weg! gemahnte die Dame.

Sie sollten mir nur Zeit bis morgen lassen, bat jetzt Ludwig.

Ich gebe Ihnen keine fünf Minuten mehr, schloß sie bestimmt und fest.

Beethoven griff, wenn auch widerwillig, nach seinem Hut und verließ die Stube.

Wir wollen doch sehen, was er thut, lächelte nun die Hausfrau und trat ans Fenster. Die Ihrigen und Wegeler folgten ihr. Man sah von diesem Platze aus das an der westlichen Seite gelegene stattliche Haus des Grafen Westphal.*)

Wirklich hatte Beethoven die Breuning'sche Wohnung verlassen und schritt auf den Münsterplatz hinaus. Er wandte sich nach rechts, aber an seinem ungleichen, schwankenden Gange konnte man bemerken, daß sein Entschluß keineswegs feststand. Indem er weiter ging, machte er verschiedene Kreuz- und Querzüge, die immer größer wurden, je mehr er sich dem Westphal'schen Palaste näherte.

Die Hofräthin mit den Ihrigen mußten über die seltsame Irrfahrt lachen.

Wegeler sprach den Horazischen Vers: „Ut iniquae mentis asellus" („Wie ein übellauniges Eselein").

Jetzt ist er am Thore, rief Stephan.

---

*) Jetzt dem Grafen von Fürstenberg-Stammheim gehörig.

Und jetzt greift er an die Klingel, fügte Christoph hinzu.

Aber nein, er machte plötzlich kehrt, drückte den Hut in den Kopf und begab sich auf den Rückweg.

Er hat wieder einen Raptus, erhob nun die Hofräthin ihre Stimme. Geschwind, Wegeler, Stephan, Christoph, fangt ihn auf und führt mir den Gesellen dahin, wohin ich ihn geschickt habe!

Die drei jungen Leute stürzten ohne Kopfbedeckung hinunter auf den Münsterplatz und eilten dem Musiker entgegen.

Furioso, Furioso, rief Wegeler, was machst du wieder für dummes Zeug?

Zurück, zurück! sprach Stephan.

Nolens, volens! fügte Christoph hinzu.

Beethoven mußte selber lachen über die komische Scene und erwiderte: Laßt mich, laßt mich, ich will dem Willen der Mutter folgen.

Und dann eilte er mit festen Schritten dem Hause des Grafen Westphal zu, wo er jetzt einen starken und raschen Zug an der Klingel that. Die Freunde aber blieben in einiger Entfernung stehen und bewachten ihn, bis ein Bedienter geöffnet hatte und der Musiker in der Pforte verschwunden war.*)

Beethoven ließ sich nun bei dem österreichischen Gesandten melden, der ihn auch sofort empfing und, nachdem er einige Worte mit ihm gewechselt hatte, in das

---

*) Wegeler, a. a. O., S. 18. 19.

Familienzimmer geleitete, wo er die Gräfin von Westphal fand. Die edle Dame entsandte einen Diener, um ihre Nichte zu bescheiden, und knüpfte dann eine Unterhaltung mit dem jungen Musiker an.

Da öffnete sich plötzlich eine Thür. Ein wundervolles Mädchen trat in das Gemach. Beethoven wäre schier der Athem vergangen, denn vor ihm stand die Kranzspenderin aus Mergentheim.

Elftes Kapitel.

Im Jahre 1789 tobte ein Sturm in die Welt, wie er kaum jemals im Leben der Völker vorgekommen ist. Die fürchterlichste Gewalt des Unwetters entlud sich über Frankreich, wo Blitz und Donner sich Schlag auf Schlag folgten. Wer zweifelt noch daran, daß wir hier von der französischen Revolution reden, die in ihren Folgen auch verhängnißvoll für die benachbarten Länder und für die meisten Nationen Europas wurde und allerwärts die gewaltigsten und gewaltsamsten Umwälzungen hervorbrachte? Wie aber jedes Gewitter sich durch gewisse Vorboten ankündigt, die, wenn sie auch der Leichtsinnige übersieht, dem scharfen und gewissenhaften Beobachter nicht entgehen können, so war dies auch in ganz Europa der Fall gewesen. Gegenüber dem herrschenden Absolutismus, der auf den fürstlichen Thronen saß, hatte sich die Lehre von der Freiheit des Menschen in religiösen und politischen Dingen erhoben und einen Kampf veranlaßt, der ihren glorreichen Waffen einen allgemeinen

Sieg verhieß. Daß die Einflüsse der neuen Lehre, welche von Humanisten, Rationalisten und Encyklopädisten ausging, auch am Rheine ihre unverkennbare Macht geltend machten, haben wir bereits bei Gelegenheit der Stiftung der bonner Universität gesehen, welche gerade dem strengen orthodoxen Glauben der kölner Hochschule entgegenwirken sollte. In dem benachbarten Köln hatten aber schon vorher vielfache Streitigkeiten zwischen dem Rath und der Bürgerschaft stattgefunden, in denen die letztere größere Rechte in Anspruch nahm.

Als nun an der Seine der Kampf unverhohlen ausbrach, wirkte derselbe auch mächtig an die Ufer des Rheins herüber. Die kleinen Fürsten in Deutschland hatten die Bourbonen so trefflich nachgeahmt, daß nun auch ihre Unterthanen nicht zurückblieben, sondern ein ähnliches Spiel trieben, wie es jetzt die Franzosen begannen. Daß es in allen Schichten der Gesellschaft gährte, konnte keinem klaren Auge verborgen bleiben. Hier und dort setzte es sogar Unruhen ab, die gefährlich zu werden drohten. Da jener Zeit der Gedanke des Vaterlandes fast ganz und gar abhanden gekommen war und da ein seichter Kosmopolitismus die Oberhand in der Weltanschauung gewonnen hatte, so dachte man bei vielen deutschen Stämmen sogar an einen Anschluß an Frankreich, wobei es nicht einmal jemand einfiel, daß man damit dem schmählichsten Verrathe an dem uralten deutschen Volke fröhnte. So wurde denn laut und leise, offen und geheim für den Umschwung der Dinge in Frankreich geredet, gelärmt und geschwärmt. Wer weiß, ob sich nicht schon von vornherein Volksaufläufe und

Aufstände gebildet hätten, wenn nicht eine große Armee von Oesterreichern, Preußen und andern Deutschen gesammelt worden wäre, welche die Bewegungen in Frankreich beobachten sollte, und deshalb in der Nähe des Rheins aufgestellt wurde.

In Bonn herrschte im Verhältniß zu andern Orten keine besondere Unzufriedenheit. Jedermann hatte die Ueberzeugung, daß auf dem kurfürstlichen Throne ein Mann sitze, der das Beste aller Unterthanen, gleichviel ob sie hoch oder niedrig waren, wollte und wünschte. Bürger und Bauer waren dem edeln Max Franz ganz besonders zugethan. Die größte Aufregung herrschte ohne Zweifel bei den gebildeten Klassen, deren Geister durch die Ideen der damaligen Zeit mehr oder weniger angesteckt wurden. Die unruhigsten Köpfe befanden sich jedenfalls unter den Gelehrten und besonders unter den Mitgliedern der Universität, an denen die Lehren der Freiheit und Gleichheit nicht unbeachtet vorübergingen. Im ganzen aber machte sich doch mehr ein ideales wie praktisches Bestreben geltend, um die alten überlebten Zustände der menschlichen Gesellschaft in neue und bessere Bahnen hinüberzulenken. Jeder Idealismus pflegt seine edeln Seiten zu haben. Es gibt nur selten einen gemeinen Schwärmer. Freilich kam es auch hin und wieder zu ärgerlichen Auftritten, die von nichtswürdigen Menschen, welche immer vorhanden sind und in unruhigen Zeiten zumeist auftauchen, angezettelt wurden.

Zu den wahrhaft edeln und begeisterten Freunden einer freien menschlichen Entwickelung gehörte aber der Kreis, dessen einzelne Mitglieder unsere Erzählung aufgeführt. Sie versammelten sich unter der Fahne des schönen Schiller'schen Liedes, in dem das herrliche

   Alle Menschen werden Brüder

vorkommt, nicht selten im Zehrgarten und besprachen dort an einem gemeinschaftlichen Tische die Begebenheiten der Zeit. Außer Ries, Wegeler, Beethoven und den beiden Breunings, die nun zu Männern herangereist waren, saß hier auch der Professor Fischenich, der durch seine milde schöne Erscheinung sowie durch seine höchst anziehende, warme und geistvolle Redeweise die Aufmerksamkeit aller Menschen, mit denen er in Berührung kam, auf sich zog. An demselben Tische aber nahm auch zuweilen Barbara Koch, die zu einer wunderschönen Jungfrau heranblühte, ihren Platz, um dem stets lehr- und inhaltreichen Gespräche der jungen Männer zu lauschen. Da dieselben aber sämmtlich unverheirathet waren, so wählte sie ihren Sitz gewöhnlich an der Seite des bereits verheiratheten Grafen Belderbusch, der als kurfürstlicher Rath diente und sie in seinen besondern Schutz nahm, worüber denn nicht selten gescherzt wurde, indem der Graf sich ihren Ritter und Hüter nannte.

Es mochten wol noch viele Besucher der Schenke den stillen Wunsch hegen, dieser Tafelrunde anzugehören. Indeß die Gäste des Zehrgartens waren meist höchst anständige Leute, die sich nicht aufzudringen pflegten. Nur der Professor der griechischen Sprache und Grammatik, Eulogius Schneider, machte eine nicht im mindesten lobenswerthe Ausnahme, denn er versuchte zu verschiedenen malen, sich in die Tischgesellschaft einzunisten. Er war aber allen eine so widerwärtige Erscheinung, daß sie ihn stets aus ihrer Nähe fortzuschweigen pflegten.

Dieser Eulogius Schneider war 1756 zu Wipfeld bei Würzburg geboren. In der letztern Stadt hatte er auch die Universität besucht und schon früh ein unverkennbares Talent für die Poesie an den Tag gelegt, das er indeß nur zu leichtfertigen Versen auf Mädchen und in Trinkliedern benutzte. Da er sich zugleich anstößigen Ausschweifungen hingab, so traf ihn in Würzburg die akademische und in seiner Heimat die polizeiliche Ausweisung. Er trat darauf, anscheinend um Buße zu thun, mit zwanzig Jahren zu Bamberg in den Franciscanerorden und erhielt einige Zeit später die Stelle als Lector für die jüngern Brüder. Zugleich trieb er Schriftstellerei, in welcher indeß der Geist des frivolsten Indifferentismus wehte, sodaß er sich mehrfache Zurechtweisungen von seiten seiner Obern zuzog, das Kloster verließ und als Weltgeistlicher nach Augsburg ging. Sein offenkundiges Talent für mündlichen Vortrag verschaffte ihm später eine Anstellung als Hofprediger in Stuttgart, wo er den Ruf nach Bonn erhielt. In diesem neuen Amte schloß er sich sofort der äußersten Partei an, welche in einem steten Kampfe mit der orthodoxen Universität Köln begriffen war. Gleich in seiner Antrittsrede, welche die Hindernisse der schönen Literatur in Deutschland behandelte, ergoß er sich in Hohn und Spott über die katholische Kirche. Dann gab er seine Gedichte heraus, die von Schlüpfrigkeiten strotzten, weshalb sie denn auch vom Kurfürsten verboten wurden. Ganz vor kurzem aber hatte er einen Katechismus erscheinen lassen, der unter dem Vorgeben, das Christenthum zu lehren, diese Religion geradezu bekämpfte, und deshalb eine Untersuchung über sein Haupt verhängte. Nach dieser neuesten Publication wurde er sogar von seinen Freunden und Vertheidigern preisgegeben und verlassen. Schneider's cynische, sinnliche und verderbte Natur war nachgerade jedem zum Ekel geworden.*)

Gleichwol trat er gerade in diesen Tagen an den Tisch, den unsere Freunde einnahmen und an dem auch die schöne Wirthstochter saß, die er längst mit gierigen Augen verfolgt hatte, und wandte sich an das Mädchen:

Es scheint, rief er mit einem spöttischen Blick auf die Anwesenden aus, daß unsere anmuthige Hebe sich ganz der platonischen Schule ergeben hat.

Was ist das? fragte Barbara.

Die platonische Schule lehrt, daß man alles auf geistigem Wege abmacht, antwortete der Professor.

So ist es eine schöne Lehre, meinte das Mädchen, der ich mein ganzes Leben folgen will.

Es gibt aber noch viel schönere Schulen, sprach der Gelehrte. Für ein hübsches Mädchen taugt die Philosophie nichts. Die Poesie gedeiht schon besser, denn bei ihr kommt nicht allein der Geist, sondern auch der Leib ins Spiel. Warum wenden Sie sich nicht der Schule des Anakreon zu?

Und was lehrt Anakreon? fragte die Wirthstochter.

Trinken, rief Schneider und leerte sein Glas, und dann lehrt er das Küssen.

---

*) Vgl. Dr. L. Ennen, „Zeitbilder" (Köln 1857), S. 157 fg.

Zugleich neigte er sich und machte Miene, ihr einen Kuß zu rauben, wobei sich sein Gesicht in widerwärtiger Weise verzerrte.

Barbara wurde über und über roth und wandte sich an den Grafen Belderbusch, indem sie ausrief: Sie sind mein Ritter, also schützen Sie mich vor diesem Menschen.

Der Graf sprang auf, stellte sich vor das zitternde Kind, das er mit der Linken umschlang, indem er die Rechte drohend gegen den frechen Gelehrten erhob und donnerte: Sie sollten sich als Geistlicher schämen, solche zuchtlose Redensarten vor einem unschuldigen Mädchen hören zu lassen.

Unschuldig? lachte Schneider höhnisch, warum nicht gar. Ich denke, ich bin hier nicht unverschämter wie Sie selber, da Sie als verheiratheter Mann der jungen Dame wahrscheinlich noch ganz andere Dinge in die Ohren flüstern. Ich trete wenigstens öffentlich auf. Was Sie geheim treiben, das wissen die Götter. Ihrer Frau Gemahlin werden Sie es auch nicht sagen.

Belderbusch konnte seine Wuth nicht bezwingen.

Unterdeß aber waren alle Gäste der kleinen Tafelrunde aufgesprungen, und es schallte ein allgemeines: Hinaus mit dem unflätigen Menschen!

In der That griffen auch die jungen Leute zu. Es gab einen kurzen Tumult, in dem der freche Professor in wenigen Augenblicken aus der Stube und dem Hause auf die Straße geworfen wurde.

So klar und offen dieser Auftritt auch gewesen war, so hatte er doch bereits in den folgenden Tagen seine schlimmen Folgen. Durch die ganze Stadt ging das Gerede, der Graf Belderbusch mache der schönen Wirthstochter im Zehrgarten den Hof. Was half es, daß Schneider, der Urheber solcher Klatschereien, sich wegen seiner Zuchtlosigkeit den schlechtesten Leumund erworben hatte und daß er sogar an einem der nächsten Tage bei nächtlicher Weile entfloh, weil er nach Köln in das geistliche Correctionshaus abgeführt werden sollte, um dort die verdiente Strafe für seine leichtfertige und freche Schriftstellerei abzubüßen; die elenden Schwätzereien dauerten fort, zumal da der Graf ein hochgestellter Mann und da Barbara ein wunderschönes Mädchen war. Dazu kam aber auch noch, daß Belderbusch's Frau, eine geborene Walpurgis von Wamboldt aus Mainz, sich nach nicht gar langer Zeit von einem in Bonn weilenden Freiherrn von Lichtenstein entführen ließ. So wenig dieses Verhältniß auch mit einem Fehltritt des Gemahls zu schaffen hatte, denn es war von den leichtsinnigen Menschen, deren es damals viele gab, ganz auf eigene Faust eingefädelt worden, so warf es doch einen neuen Schatten auf den Vorgang, der im Zehrgarten stattfand. Man redete wieder laut und leise von einem ungebührlichen Verhältniß zwischen dem Grafen und der schönen Wirthstochter.

Und dennoch war Barbara's Ehre so rein wie das Licht der Sonne. Unter den Mitgliedern der kleinen Tafelrunde befand sich keiner, der dies im mindesten bezweifelte. So galt es ihnen denn insgesammt, dem liebenswürdigen und weit über seinen Stand hinaus gebildeten Mädchen eine Genugthuung zu verschaffen. Diese aber bestand darin, daß Barbara auf Veranlassung der gemeinsamen Freunde in das Haus der Frau Hofräthin von Breuning eingeführt wurde, denn wer im Kreise dieser edeln, sittenreinen Frau verkehrte, der mußte selber edel und sittenrein sein. Das wußten der Hof, der Adel, die Beamten, die Gelehrten und die ganze Stadt. Als deshalb die schöne Wirthstochter aus dem Zehrgarten öffentlich mit Frau von Breuning erschien, schwiegen mit einmal alle trüben und beleidigenden Gerüchte.

Barbara wurde aber auch in den höhern Schichten, welche sie jetzt betrat, eine wahre Zierde der Gesellschaft. Frau von Breuning erkannte sofort ihren edeln und feinen echt weiblichen Charakter und freute sich nicht wenig, ihrer Tochter Eleonore, die nunmehr zu einer stattlichen Jungfrau herangewachsen war, eine an Gemüth und Geist gleich treffliche Freundin geben zu können. In der That knüpfte sich zwischen den jungen Mädchen sehr bald ein trauliches und inniges Verhältniß. Fast noch mehr interessirten sich die Männer, welche den Kreis des Breuning'schen Hauses bildeten, für das liebenswürdige Kind. Christoph und Stephan, die Söhne des Hauses, die beiden Romberg, die Zwillingsbrüder Kügelchen, welche als junge talentvolle Maler nach Bonn gekommen waren, Professor Fischenich und viele andere Männer, die schon damals in Ansehen standen oder später zu Rang und Würde gelangten, schwärmten in ihrer Art für Barbara, die eigentlich alle Köpfe verdrehte und alle Herzen bewegte. Nur der junge Professor Wegeler machte eine Ausnahme, denn es hatte sich allmählich zwischen ihm und Eleonore ein zartes Verhältniß entsponnen, das seine wie ihre Augen für alle andern Menschen blind machte.

Und Ludwig van Beethoven? Stand er schon den beiden Mädchen als Lehrer besonders nahe, so wurde er auch ihr Freund, mit dem sie plauderten, lachten und scherzten, wenn er frohen Sinnes war, und dessen trübe Launen, wenn sie sich geltend machten, sie gleichfalls ertrugen und so gut es ging zu verscheuchen suchten. Wer müßte sich auch besser in die wechselnden Stimmungen eines aufgeregten Künstlers zu fügen, als zarte Frauennaturen? Und die waren Barbara und Eleonore im höchsten Grade. Außerdem aber fühlten sie auch gleichsam unbewußt die Wucht des Geistes, der in dem jungen Musiker waltete und der durch sein oft störrisches und gewaltsames Wesen dennoch stets in unverkennbarer Größe hervorbrach. Wie aber edle weibliche Seelen stets einen besänftigenden und mildernden Einfluß auf den rauhesten Mann, wenn er innerlich tüchtig und brav ist, ausüben, so war es auch hier der Fall. Beethoven mochte noch so eingenommen und widerspenstig in ihre Gesellschaft treten, es fanden sich stets Mittel und Wege, den aufgestürmten und rastlosen Geist zur Ruhe zu bringen.

Diesen Freundinnen trug er auch am liebsten seine Compositionen vor. Während er sich aber früher meistens mit Instrumentalmusik beschäftigt hatte, kamen in der letzten Zeit auch dann und wann Lieder zum Vorschein, die sich durch eine seltsame Leidenschaftlichkeit auszeichneten. Einst saß er am Klavier und machte sie mit dem Goethe'schen Liede bekannt, das er herrlich in Töne gesetzt hatte:

> Herz, mein Herz, was soll das geben,
> Was bedränget dich so schwer?
> Welch ein neues fremdes Leben!
> Ich erkenne dich nicht mehr!
> Weg ist alles, was du liebtest,
> Weg, warum du dich betrübtest,
> Weg dein Fleiß und deine Ruh'!
> Herz, wie kamst du nur dazu?

Ein andermal sang er ihnen die „Adelaide" von Matthisson:

> Einsam wandelt dein Freund im Frühlingsgarten. —

Und dabei hatte er jedesmal ein eigenthümlich hingerissenes und versunkenes Ansehen.

Er war offenbar durch eine neue Leidenschaft erfaßt worden. Wem aber galt diese neue Liebe? Daß er weder Eleonore noch Barbara im Herzen trage, wußten die Mädchen, die er niemals verlangend und sehnsüchtig betrachtet hatte. Sein ganzes Verhalten gegen sie war stets das Verhalten eines Freundes gewesen. Um so mehr durfte sich bei ihnen die weibliche Neugierde kund geben, welche gern sein Geheimniß errathen hätte. Und so fehlte es denn hin und wieder nicht an kleinen Ausforschungen und Neckereien.

Aber wer hat denn „das neue fremde Leben" in Ihnen hervorgerufen? fragte einst Barbara.

Sie müssen uns Ihre „Adelaide" nennen, fügte Eleonore hinzu.

Beethoven wurde blutroth im Gesichte und murmelte: Dummes Zeug!

Die jungen Mädchen ließen ihn indeß so rasch nicht los. Sie nannten ihm alle die jungen Schönen der Stadt, auf die er vielleicht ein Auge geworfen haben könnte. Bei dem einen Namen brach er in ein helles Gelächter aus, bei dem andern machte er eine wegwerfende Miene oder Bemerkung. Die Freundinnen waren nicht im Stande, den Gegenstand seiner Leidenschaft, die er überhaupt ganz und gar in Abrede stellte, zu errathen.

Laß ihn doch, rief endlich Eleonore, dem Beethoven ist nicht zu rathen und nicht zu helfen.

Und wie gut könnten wir ihm rathen und helfen, schloß Barbara schelmisch die Unterhaltung.

Der Musiker entfernte sich in tiefen Gedanken. An einem der nächsten Tage aber, wo er die Mädchen allein fand, zog er plötzlich eine sauber geschriebene Notenrolle und einen versiegelten Brief aus der Tasche und murmelte in der höchsten Verlegenheit: Sie wollten mir helfen?

Und was haben Sie, fragte Barbara. Am Ende erklärt sich jetzt doch „das neue fremde Leben".

Was bedrängt Sie so sehr? lachte Eleonore.

Beethoven aber gab die stotternde Erklärung: Ja, ich liebe — die „Adelaide" ist die Nichte des Grafen Westphal. Schon seit mehr als zwei Jahren trage ich diese Leidenschaft im Herzen, aber ich habe keine Gelegenheit gehabt, mich zu erklären. Das Mädchen ist nie allein. Wenn ich ihr Stunde gebe, sitzt stets die Gräfin oder die Gouvernante im Zimmer, deshalb —

Da er stockte, fragte Barbara ermuthigend: Nun beshalb?

Sie wollten mir helfen, fuhr der Musiker fort, deshalb bringe ich die Lieder und den Brief, damit Sie ihn übergeben.

Ich kenne das Mädchen nicht und habe auch keine Gelegenheit sie zu sehen, antwortete Barbara.

Aber Fräulein Leonore — stotterte Ludwig. —

Was denken Sie, rief diese aus. Wir haben gesagt, daß wir Ihnen auch rathen wollten. Haben wir Ihnen aber einen solchen Rath gegeben? Nimmermehr! So können wir Ihnen auch nicht helfen. Ueberdies bedenken Sie Ihre Stellung und die Stellung der jungen Dame. Die Familie des Grafen ist vom höchsten Adel und überaus stolz.

Beethoven stampfte mit dem Fuße auf den Boden und zerknitterte voller Wuth die Rolle und den Brief in seinen Händen. Dann rief er: Hochmuth, nichts wie Hochmuth. Ihr seid alle von demselben Stoff!

Und sofort stürzte er im hellsten Zorne zur Thür hinaus, lief nach Hause und schloß sich in seiner Stube ein, wo er Schmerz und Enttäuschung in raschen lauten Schritten hin- und herwandernd austobte.

In dieser Stimmung kam ihm das wiederholte Klopfen, das sich erst leise, dann stärker und immer stärker an seiner Thür hören ließ, nicht zu Ohren. Endlich trommelte dort einer mit beiden Fäusten, indem er zugleich rief: Beethoven, so machen Sie doch auf.

Es war die Stimme des Kapellmeisters Franz Ries,

dem der Musiker denn auch mit dem düstersten Gesichte, das er aufzusetzen vermochte, öffnete.

Rasch, rasch, rief Ries, kommen Sie, kommen Sie!

Ich bin nicht in der Laune.

Unten vor dem Hause hält der Graf von Waldstein in der kurfürstlichen Equipage. Der Dienst ruft.

Sagen Sie, daß ich krank sei.

Der Graf wird sich selbst davon überzeugen wollen und sehen, daß Sie die Unwahrheit sprechen. Also keine Widerworte. Die Sache eilt.

Aber was haben Sie denn?

Das werden Sie von Waldstein erfahren.

Diese Unterredung wurde so eilig und stürmisch geführt, daß jedes Nachdenken unmöglich war. Der Kapellmeister zog den Hofmusikus willenlos mit sich und drängte ihn in den Wagen, aus welchem Graf Waldstein dem Kutscher jetzt zurief, er möge so rasch wie möglich fahren.

Es ging zum Koblenzer Thor hinaus. Beethoven, der noch immer übelgelaunt und zornig aussah, erhielt auf seine Fragen ausweichende Antworten, bei denen der Graf und Ries seltsam lächelten, weshalb er sich denn endlich verdrossen in eine Ecke setzte und in die Luft stierte, während sich seine Gefährten heiter unterhielten. Endlich hielt der Wagen in Godesberg, wo der Kurfürst Max Franz seit wenigen Jahren eine reizende Anlage geschaffen hatte, die noch heutigen Tages den Kern aller jener eleganten Häuser bildet, welche seit jener Zeit an diesem herrlichen Orte erbaut worden sind.

19*

Wer den Rhein kennt, der hat auch sicherlich die Burg gesehen, welche sich an seinem linken Ufer auf der letzten aus dem Gebirge ragenden Basaltkuppe erhebt und welche vor Jahrhunderten eine starke Feste des Kurstaats war. Man genießt von ihrer Höhe eine weite Aussicht in die nördlich sich erstreckende Ebene, in der man die Thürme von Köln und Bonn erblickt, und nach Mittag einen noch reichern Blick in das herrliche Rheinthal, das einerseits von dem Rolandseck und andererseits von der schönen Linie des Siebengebirges geschlossen ist. Südlich unterhalb des Godesberges hatte nun Max Franz Grundstücke angekauft, die er zu hübschen Gärten gestalten ließ und in die er ein Gesellschaftshaus baute, welches die Redoute*) hieß und außer einem mächtigen Saale eine Menge von andern Räumen enthielt. Daran schloß sich ferner ein kleines Theater.**) Zugleich wurde die westwärts entspringende stahlhaltige Quelle Draisch gefaßt. In diesen Umgebungen aber fanden meistens die Sommervergnügungen der Bonner und Kölner statt. die sich an dem reizenden Orte zu Bällen, Bühnenaufführungen und Spiel einfanden.

Als die drei Ankömmlinge den Saal der Redoute betraten, fanden sie dort bereits die ganze Kapelle versammelt, auf dem gedeckten Tische war aber ein treff-

---

*) Jetzt Besitzthum des Herrn Victor Wendelstabt aus Köln.
**) Jetzt Besitzthum des Herrn Karl von der Heydt aus Elberfeld.

licher Imbiß bereitet, der aus kalten Speisen und feinen Weinen bestand. Dabei erblickte man rings im Saale kurfürstliche Bedienten zum Serviren bereit. Daß es sich hier um eine Gasterei handeln sollte, machte Beethoven noch verdrießlicher. Er wünschte sich jetzt zweifach und dreifach in seine häusliche Einsamkeit zurück. Als man sich zu Tische setzte, hatte er sich kaum umgesehen, wer zugegen sei, und noch viel weniger gefragt, was denn dieses improvisirte Fest bedeuten solle.

Wie erstaunt aber war er, als der Graf Waldstein nach einiger Zeit an sein Glas klingelte, sich erhob und das Wort nahm, indem er auseinandersetzte, daß der Kurfürst diese Mahlzeit angeordnet und die Mitglieder der Kapelle eingeladen habe, um einen Gast zu feiern, der eben von London anlangend, wo er den höchsten Ruhm erworben, nach seiner jetzigen Heimat Wien zurückkehre, und der gegenwärtig als der gefeiertste Meister im Reiche der Tonkunst gepriesen werde, und daß jener Gast niemand anderes sei als der in diesem Kreise weilende treffliche, liebenswürdige, große Joseph Haydn.

Während alle Anwesenden die Gläser erhoben und ein lautes Hoch anstimmten, sah Beethoven mit einem Gefühl freudigen Erstaunens auf und erblickte, sich gerade gegenüber an Waldstein's Seite in der Mitte des Tisches, ein kleines graues Männchen mit einem überaus freundlichen und wohlwollenden Gesichte und äußerst muntern und lebendigen Augen, in dessen ganzem Wesen sich Wohlwollen, Scherz, Schelmerei und Kindlichkeit paarten. Die trüben Gedanken des jungen Musikers machten nun doch, wie schwer sie ihm auch das Herz belasteten, einer freundlichen Stimmung Platz, und Waldstein fand auch bald Gelegenheit, den ältern Meister mit dem jüngern bekannt zu machen und beide in ein vertrautes Gespräch zu verwickeln.

Als die Mahlzeit aufgehoben wurde, hatten sich Haydn und Beethoven durch eine lange Unterhaltung über die Kunst, welche beider Ziel und Ende war, befreundet, und der junge Meister zeigte sich sofort bereit, sein Klavierspiel auf einem im Nebenzimmer stehenden Flügel hören zu lassen. In der That entwickelte er auch diesmal wieder eine Kraft und Fülle von phantastischen Gedanken, daß der alte Musiker in die lebhaftesten Lobsprüche ausbrach.

Gott sei gedankt, rief Haydn, die Kunst ist ewig. Gluck, der herrliche Meister, ist todt, Mozart, der Liebling der Götter, ging den Weg alles Fleisches. Ich bin ein alter Mann, dessen Tage sich zu Ende neigen. Aber es ist ein neues Genie aufgestanden, das uns, wenn es will, alle in den Schatten stellen wird.

Und dann umarmte und küßte er den jungen Mann.

Beethoven konnte tiefgerührt, wie er war, nicht antworten.

Als das Fest spät am Abend zu Ende ging und Haydn, der schon in der Frühe des andern Tages abreisen wollte, Abschied von dem jungen Meister nahm, sprach er: Kommen Sie zu uns nach Wien! Wenn ich Ihnen noch mit meinen alten Kräften nützen kann, so stehe ich herzlich gern zu Dienst. Musik kann ich Sie nicht lehren, denn Sie haben die Musik. Aber in Betreff der Form bin ich doch im Stande, Ihnen nützliche Anweisung zu ertheilen. Wir bedürfen nach den großen Verlusten, die wir erlitten haben, und wenn ich selbst einst scheide, neue und frische Kräfte. Also auf Wiedersehen in Wien!

Und dann gingen sie auseinander. In Beethoven's Seele aber hatte diese Begegnung eine Menge von neuen Gedanken angeregt. Er grübelte um so mehr darüber nach, seine Heimat mit der österreichischen Kaiserstadt zu vertauschen, als die Zustände im Kurfürstenthum immer bedenklicher und zweifelhafter wurden. Die Revolution, welche schon im dritten Jahre das benachbarte Frankreich nicht zur Ruhe kommen ließ, hatte von Tag zu Tag eine drohendere Wendung genommen. Man war nicht bei der neuen Verfassung von 1789 stehen geblieben. Die Girondisten hatten sich der Herrschaft bemächtigt. Ihnen folgten die Republikaner. Der Adel Frankreichs war ausgewandert und saß in den rheinischen Städten, wo er Verschwörungen gegen die Heimat anzettelte. Oesterreich, Preußen und andere deutsche Staaten waren mit einem Heere ins Feld gezogen, um die neue Ordnung der Dinge zu stürzen. König Ludwig XVI. hatte seine Hauptstadt verlassen, war aber auf der Flucht eingeholt und mit seiner Familie in den Kerker geworfen worden. Und nun entbrannte der Kampf der deutschen Verbündeten gegen die junge Republik. Im Osten Frankreichs und in den Niederlanden tobte der Schlachtlärm und drohte sich an den Rhein zu verziehen. Unter diesen Umständen wurde es auch in Bonn äußerst unruhig. Der Kurfürst hielt sich nicht mehr für sicher in seiner Residenz und beschloß, nach dem Bisthum Münster, wo er ebenfalls die Herrschaft führte, überzusiedeln, um dort den Ausgang der Ereignisse abzuwarten. So wurde denn im Schlosse, in den Archiven, in den Kanzleien gepackt. Die Wagen und Pferde standen bereit, um in jedem Augenblicke den Rhein überschreiten zu können. Die Beamten hegten allerwärts eine nur zu wohlbegründete Besorgniß über ihre Stellung. Wie viel mehr hatte also die Kapelle, die man als ein Luxusinstitut betrachtete, zu fürchten!

Außerdem machte sich eine stets wachsende Gährung in den Gemüthern geltend. Je näher die Ereignisse des Westens an das Rheinufer rückten, desto unruhiger wurden jene Geister, die von der Zukunft mehr erwarteten, als die Gegenwart ihnen bot. Man sprach überall von den gleichen Rechten aller Menschen, man wollte nichts mehr von bevorzugten Ständen wissen, man sehnte sich danach, den Adel wie in den Nachbarländern abgeschafft zu sehen. Was Wunder, daß auch unser junger Componist von diesen Ideen, die er allerwärts besprechen hörte, angesteckt wurde. Hatte doch auch schon der herrliche Schiller gesungen:

Alle Menschen werden Brüder!

Sollte er, der Tonkünstler, dem Mozart und Haydn das glänzende Zeugniß einer großen Zukunft gegeben, in einer Zeit, welche die neuen Anschauungen der Welt auch in das Leben hinüberführten, nicht das Recht haben, um ein junges Mädchen aus dem Adel zu werben? Es tauchten kühne, verwegene Gedanken in seiner Seele auf, die ihm, so oft er sich damit beschäftigte, das Blut in die Stirn jagten, Feuer in den Blick gaben und einen wilden Trotz um den Mund legten.

In einer solchen Stunde begab er sich einst in das Westphal'sche Haus zu seiner Schülerin, die ihm „ein neues fremdes Leben" eingehaucht und die er in dem wunderschönen Liede „An Adelaide" besungen hatte. Als er in das Zimmer trat, in welchem er seine Stunden zu geben pflegte, fand er dasselbe gegen die sonstige Gewohnheit leer. Weder das schöne Mädchen, noch die Gräfin, noch die Gesellschaftsdame waren im Raume. So setzte er sich an den Flügel und vertiefte sich in ein Meer von Melodien und Harmonien, die bald sehnsuchtsvoll, bald zornig, bald klagend, bald tobend erklangen und ein getreues Spiegelbild seiner aufgestürmten Seele boten. Fast schien es, als wisse er nicht mehr, wo er sei. In der That, er hatte den Ort und die Ursache, warum er ihn betrat, vergessen. Er war ganz in seiner Kunst aufgegangen.

Endlich hörte er in einem schrillen, wehvoll-schmerzlichen Accord auf. Seine Hände fielen von den Tasten. Er sah düster vor sich hin.

Da erklang eine süße Stimme: Das war schön.

Er sah um sich. Das Mädchen stand neben ihm. Er blickte sie mit einem unaussprechlichen Blicke an. War sie nicht das Ziel all seiner Gedanken? Und sie war allein. Sein Herz klopfte, daß ihm der Athem vergehen wollte.

Er sprang hoch erröthend auf und faßte mit der Hand nach der Stirn, als wollte er sich auf das rechte Wort besinnen. Aber Zunge und Lippen versagten ihm den Dienst. Alle seine Glieder zitterten. Dann stürzte er vor ihr nieder auf die Knie, griff die Hand des Mädchens, die er mit Küssen bedeckte, und stieß in dumpfen Tönen ein einziges Wort aus. Das Wort hieß: Liebe!

Die junge Gräfin schrie vor Schrecken laut auf und wollte ihm die Hand entziehen, die er in der Raserei der Leidenschaft festhielt, wie sehr sie sich sträubte.

Da öffnete sich plötzlich die Seitenthür. Der Graf und die Gräfin traten ein und sahen die Scene, die sie in schlimmster Weise deuteten.

Der Graf donnerte dazwischen: Rasender, fort, fort aus diesem Hause!

Beethoven raffte sich auf. Er war todtenblaß. Kein Wort der Vertheidigung kam aus seinem Munde. Sein sittliches Gefühl und sein Stolz waren zu sehr beleidigt, als daß er eine Verantwortung für nöthig gehalten hätte. Er warf noch einen leidenschaftlichen Blick auf das Mädchen, das er geliebt hatte. Dann eilte er hinaus. Er begrub eine neue junge Liebe.

Von diesem Augenblicke an dachte er nur daran, der Mahnung Haydn's zu folgen und nach Wien zu gehen. Es dauerte auch nicht lange, so stand sein Plan fest. Und so begab er sich denn eines Tages zu seinem alten Freunde Wegeler, den er in der letzten Zeit auffallend vernachlässigt hatte, und theilte ihm die gefaßten Entschlüsse mit.

Der Freund hörte ihn voller Erstaunen an, konnte aber nichts gegen sein Vorhaben sagen. Die Zustände des Kurfürstenthums befanden sich eben in einer großen Verwirrung.

Und nun mußt du mir noch einmal mit deiner alten Freundschaft helfen, sprach Beethoven, indem er dem jungen Professor herzlich die Hand reichte.

Was ich thun kann, soll dir nicht fehlen, lautete die Antwort.

Ehe ich fortgehe, muß ich für meine Brüder sorgen, sprach der Musiker. Diese Sorge ist ein Erbe meiner guten todten Mutter. Karl ist jetzt achtzehn Jahre alt und ein tüchtiger Klavierspieler geworden. Ihm werde ich meine Stunden übergeben. In Betreff des fünfzehnjährigen Johann rechne ich aber auf deinen Beistand. Er hat Lust, Apotheker zu werden. Du bist Arzt. Du weißt vielleicht Mittel und Wege, seinen Wünschen entgegenzukommen.

Ich werde mich nach einer Stelle umsehen, erwiderte Wegeler, und kann dir schon heute einen sichern Erfolg versprechen.

Darauf nahm der Componist eine Rolle Geld aus der Tasche und bat Wegeler, mit diesem Ersparniß das Bild des Großvaters bei dem Karpfenwirth einzulösen.

Auch das versprach der Freund.

Und dann noch eins, fuhr Beethoven mit unterdrückter Stimme fort. Versöhne mich mit Breunings!

Ich weiß nicht, daß Breunings dir zürnen, entgegnete der Freund.

So hat Eleonore nichts gesagt? fragte der Musiker erstaunt.

Kein Wort! sagte Wegeler. Was hast du denn mit ihr?

Ja, es sind gute Leute, rief Beethoven gerührt aus.

Und dann erzählte er in seltsamer Offenheit die Geschichte seiner zweiten Liebe. Wegeler hörte ihn mit Theilnahme an, er konnte sich aber nicht enthalten zu sagen: So hat Leonore doch schließlich recht gehabt, als sie dich vor den stolzen Adeligen warnte.

Das hat sie, erwiderte der Künstler mit gesenktem Blick.

Sie gingen nun beide zu Breunings, wo sie die Hofräthin im Kreise der Ihrigen und auch Barbara Koch trafen. Es wurde kein Wort über die vorangegangenen Irrungen und Misverständnisse gewechselt.

Schon nach einigen Tagen hatte Wegeler Beethoven's Bruder Johann als Lehrling in der Hofapotheke untergebracht und beim Karpfenwirth das Porträt des Ahnen eingehandelt. Der Musiker, der diese Kunden voll Dankbarkeit vernahm, führte darauf selbst seinen Bruder Karl als seinen Stellvertreter in alle diejenigen Häuser ein, in denen er Stunde gab. Und dann rüstete er sich zur Fahrt nach der deutschen Kaiserstadt, nachdem er sich vorher noch mit seinem Vater, der in der letzten Zeit kränklich war, in der herzlichsten Weise versöhnt hatte.

Als er sich bei seinem edeln Herrn, dem Kurfürsten, und bei seinem Gönner und Beschützer, dem Grafen von Waldstein, sowie den übrigen Freunden verabschiedet hatte, brachte er die letzten Stunden, die er in seiner Vaterstadt verweilte, im Breuning'schen Hause zu, wo seine engern Freunde bei einem kleinen Mahle versammelt waren.

Gegen Leonore äußerte er, indem er sie beiseite nahm: Wie verabscheuungswerth erscheint mir jetzt mein Betragen gegen Sie und wie viel gäbe ich dafür, wäre ich im Stande, meine damalige mich so sehr entehrende, sonst meinem Charakter zuwiderlaufende Art zu handeln, ganz aus meinem Leben tilgen zu können. Ihr guter und edler Charakter, meine liebe Freundin, bürgt mir dafür, daß Sie mir vergeben haben. Aber man sagt, die aufrichtige Reue sei diese, wo man sein Vergehen selbst eingesteht. Dieses habe ich gewollt.*)

. Das Mädchen antwortete mit Rührung: Sie bitten immer mehr ab, als Sie gefehlt haben.

Als er sich von Frau von Breuning verabschiedete, sprach er mit Thränen in den Augen: Sie haben es verstanden, die Insekten von den Blüten abzuhalten. **)

An Wegeler, Stephan und Christoph von Breuning,

---

*) Vgl. Wegeler, a. a. O., S. 55. Briefe an Eleonore von Breuning.

**) Vgl. Schindler, a. a. O., S. 17.

die ihn mit seinem Vater und seinen Brüdern an die Post begleiteten, wandte er sich mit den Worten: Mein Vaterland, diese schöne Gegend, in der ich das Licht der Welt erblickte, bleibt mir immer deutlich vor Augen. Ich werde die Zeit, die ich mit euch verlebte, nie vergessen und den Augenblick als einen der glücklichsten meines Lebens betrachten, wo ich unsern Rhein wieder begrüßen kann. Wann werden diese Tage kommen? So viel will ich euch nur sagen, daß ihr mich nur recht groß wiedersehen sollt. Nicht als Künstler sollt ihr mich größer, sondern auch als Mensch sollt ihr mich besser, vollkommener finden, und dann soll meine Kunst sich nur zum Besten der Armen zeigen. *)

Darauf umarmte er seine sämmtlichen Begleiter heftig und leidenschaftlich und stieg in den Wagen. Als der Postillon blies, brachte ein Diener noch einen Brief von Waldstein. Dann ging es fort. Ludwig's Augen standen voller Thränen. Er hing in langen Träumen an der Heimat. Später öffnete er den Brief des Deutschordensritters und las folgende Zeilen:

„Lieber Beethoven! Sie reisen jetzt nach Wien zur Erfüllung Ihrer so lange bestrittenen Wünsche. Mozart's Genius trauert noch und beweint den Tod seines Zöglings. Bei dem unerschöpflichen Haydn fand er Zuflucht, aber keine Beschäftigung, durch ihn wünscht er noch einmal mit ihm vereinigt zu werden. Durch

---

*) Vgl. Wegeler, a. a. O., S. 22.

ununterbrochenen Fleiß erhalten Sie Mozart's Geist aus Haydn's Händen.

Bonn, 29. October 1792. Ihr wahrer Freund
Waldstein." *)

Nach einer langen Fahrt zog in die Thore von Wien der einundzwanzigjährige Ludwig van Beethoven.

---

*) Vgl. Schindler, a. a. O., S. 18.

Zwölftes Kapitel.

―――

Es war im August des Jahres 1845, also fast dreiundfünfzig Jahre nach der Zeit, von welcher wir erzählt haben, als die Stadt Bonn ein Fest feierte, wie sie seit Menschengedenken kein ähnliches gefeiert hatte. Von allen Seiten strömten die Gäste in hellen vollen Scharen herbei, indem sie bald die Eisenbahn benutzten, welche von Köln aus die Stadt erreichte, bald auf den Dampfern, die den Strom auf- und abwärts befahren, heranbrausten, und bald auf Wagen, die aus der Umgegend kamen, in die Thore fuhren. Wohin man sah, erblickte man lauter fröhliche und heitere Mienen. Aber auch der anmuthige Musensitz hatte sein freundlichstes Feiertagsgesicht aufgesetzt.

Man brauchte nur die Bewohner von Bonn anzuschauen, um allwärts ihre Freude und ihren Stolz zu gewahren. Außerdem aber waren sie auch bemüht gewesen, Straßen und Plätze in der heitersten Weise auszuschmücken. Rings an den Häusern hingen Fahnen,

Teppiche und Kränze heraus und überdies erschienen noch hier und da nach Gelegenheit oder Gutdünken Ehrenpforten errichtet. Und wem galten denn all diese festlichen Anstalten? Hätte man ein Kirchenfest gefeiert, so würde es wohl der eherne Mund der Glocken berichtet haben. Wäre ein hoher Fürst triumphirend eingezogen, so hätte man mehr Uniformen und officielle Gesichter gesehen. Wäre eine politische Demonstration gemacht worden, so würde die Aufregung und Verwirrung größer gewesen sein. Aber von solchen Dingen war keine Rede. Es handelte sich darum, den größten Sohn der Stadt zu feiern, der einst als ein Kind armer Aeltern in ihren Mauern geboren wurde, hier in dürftigen Verhältnissen seine Jugend verlebte, und später ein erster Meister in der Kunst wurde. Es handelte sich um nichts anderes, als um eine Feier für den großen Tondichter Ludwig van Beethoven.

Ludwig van Beethoven war am 24. März 1827 in Wien gestorben. Hatte er sich schon während seines Lebens einer allgemeinen Anerkennung zu erfreuen gehabt, so fiel ihm nach seinem Tode eine noch größere Verherrlichung zu, die überdies von Jahr zu Jahr stieg. Schon gegen Ende der dreißiger Jahre dachten seine Verehrer daran, ihm ein Denkmal zu setzen. Es entstanden Vereine, die sich nicht umsonst an das deutsche Volk wandten. So kam allmählich die benöthigte Summe zusammen. Franz Liszt war einer der vorzüglichsten Beförderer der Sache gewesen. Bei einer für die Anfertigung der ehernen Statue ausgeschriebenen Concurrenz trug der Bildhauer Ernst Hähnel in Dresden den Preis davon. Im Frühjahr 1845 war aber das Werk so weit gediehen, daß man im Sommer an eine Aufstellung des Erzbildes denken konnte.

Natürlich durfte diese Aufstellung nicht in der Stille bewerkstelligt werden. Am Rheine liebt man laute und große Festlichkeiten und ist in ihrer Zurichtung geübt. Hier nahm man aber um so lieber die Gelegenheit wahr, als es sich um einen wahrhaft großen und mächtigen Geist handelte, der überdies an den Ufern des schönsten deutschen Stroms das Licht der Welt erblickt hatte. Und auch die Mittel, vermöge deren das Fest gefeiert werden konnte, waren naturgemäß zur Hand, indem man nur zu den musikalischen Werken des Meisters zu greifen brauchte, deren Aufführung schon an und für sich eine Menge von Menschen herbeilocken mußte. Darum wurde der Entschluß gefaßt, mit der Aufstellung der Statue ein großes Musikfest zu verbinden, zu dessen Leitung Franz Liszt um so eher die Anwartschaft erworben hatte, als er mehr wie irgendein anderer für das Denkmal bemüht gewesen war. Er begab sich denn auch sofort nach Bonn und ließ dort, da ihm das für die Concerte gewählte Lokal nicht gefiel, in der größten Eile eine neue basilikenartige Tonhalle aus Holz bauen, leitete die Proben und machte die ganze Angelegenheit bis zur bestimmten Stunde, wo die Feier beginnen sollte, fertig.

Und so wurde denn am 11., 12. und 13. August das Beethovenfest mit einigen mächtigen Concerten gehalten.

Da eilten schon früh die Sänger und Sängerinnen sowie Musiker aller Art, um ihre Plätze auf dem Orchester einzunehmen, und die ganze Halle füllte sich alsdann mit Einheimischen und Fremden, unter denen eine Menge der ersten Namen der deutschen Heimat und der Nachbarländer glänzte.

> Wer zählt die Völker, nennt die Namen,
> Die gastlich hier zusammenkamen?

Sogar herrschende Häupter verschmähten es nicht, dem Feste beizuwohnen, das einem Fürsten auf dem Gebiete der Kunst galt. Friedrich Wilhelm IV. von Preußen hatte damals die Freude, die britische Königin Victoria und ihren Gemahl, den Prinzen Albert, in seinen rheinischen Schlössern zu Brühl und Stolzenfels zu bewirthen. Beide Regenten aber nahmen die Einladung nach Bonn an. Wie konnten sie auch einer sinnigeren Feier beiwohnen als der Verherrlichung eines Genius, der seine Kunst zur Ehre des Vaterlandes geübt und dadurch dem deutschen Namen einen neuen Glanz verliehen hatte? So rauschten die Tage dahin im Sinne Schiller'schen Liedes und der in herrlicher Weise zur Aufführung kommenden Beethoven'schen Symphonie:

> Freude, schöner Götterfunken!

Gleichwol verlassen wir auf eine Weile den Strom, in dem alles in Lust und Jubel zu schwimmen schien, und folgen einem kleinen Kreise von Leuten, unter denen sich zwei Gestalten durch ihr hohes Alter auszeichneten.

Der eine war ein kleiner Greis mit schneeweißen Haaren und einem sehr gerunzelten aber doch frischen Gesichte, der andere dagegen hatte eine hohe Gestalt mit länglichem Gesichte, in dem die Habichtsnase, der scharfe Mund und die selbst unter der Brille noch suchenden und forschenden kleinen Augen besonders hervorstachen. Alle andern waren mehr oder weniger jüngere Leute, von denen die einen Künstler und die andern Gelehrte sein mochten. Die ganze Gesellschaft aber nahm ihren Weg zu der uns bekannten Weinschenke Zum Zehrgarten wo sie sich niedersetzte, den besten Rheinwein forderte und dann mit einem gewissen heiligen Ernst auf das Angedenken Ludwig van Beethoven's trank.

Nunmehr aber baten die jüngern Leute die beiden alten Herren, ihnen doch von der alten Zeit zu erzählen, in der sie mit Beethoven zusammengelebt hatten, denn der kleine Greis war der frühere kurfürstlich kölnische Kapellmeister Franz Ries, welcher sein neunzigstes Jahr erlebt hatte, und der große war der frühere Professor an der von Max Franz ins Leben gerufenen Universität, Franz Gerhard Wegeler, der jetzt in seinem achtzigsten Jahre stand. Sie hatten den Jugendfreund lange überlebt und sahen nun noch im hohen Alter seine Glorification in der gemeinsamen Vaterstadt. Und so tauchten denn nach und nach alle jene Erinnerungen auf, die in unserer Erzählung enthalten sind.

Und Sie haben Beethoven nicht mehr gesehen, nachdem er den Rhein verlassen hatte? fragte einer der Anwesenden den alten Wegeler.

Allerdings lebten wir noch zwei Jahre lang zusammen in Wien, lautete die Antwort. Ich kam infolge der politischen Ereignisse der damaligen Zeit nach der österreichischen Hauptstadt. Es waren nämlich keine leeren Befürchtungen, die zur Zeit von Beethoven's Abreise alle Gemüther in die lebhafteste Bewegung setzten. Ich wurde im Jahre 1794 Rector der Universität und unterschrieb als solcher einen Senatsbeschluß, welcher den Studenten verbot, die von den Oesterreichern nach Bonn geführten französischen Gefangenen persönlich zu besuchen, weil sie den Ansteckungsstoff des Typhus mit sich brachten, und welcher sie anwies, die den Kriegern bestimmten Almosen durch namentlich zu diesem Geschäfte bezeichnete Geistliche zu überschicken. Dafür wurde ich nach zehn bis zwölf Tagen im „Moniteur" als ein wüthender Feind des Volks und der Freiheit geächtet. So blieb mir nichts übrig, als beim Einbruch des französischen Heeres im October auszuwandern, was mit Erlaubniß des Kurfürsten geschah. Ich ging wie gesagt nach Wien und sah Beethoven fast alle Tage, ohne daß ich mich eines hervorragenden Erlebnisses erinnere. Es war eben für ihn wie für mich eine ernste Zeit der Arbeit und der Studien. Später habe ich mit ihm in einem stets herzlichen, aber ziemlich seltenen Briefwechsel gestanden. Schrieb er mir doch selbst mitunter, daß die Correspondenz nicht seine Sache sei. Auch hat er mir mehrfach sein Bildniß und manchen Pack seiner Musik geschickt, die ich noch als theuere Andenken bewahre.

Erzählen Sie uns doch auch etwas von den übrigen Mitgliedern Ihres Kreises.

Um galant zu sein, muß ich mit den Damen beginnen, antwortete der alte Herr, Jeannette d'Honrath wurde die Frau des Werbehauptmanns Karl Greth, der als kaiserlich österreichischer Feldmarschalllieutenant und Commandant von Temesvar am 14. October 1827 starb. Von Beethoven's „Adelaide", wie er die Nichte des Grafen von Westphal nannte, weiß ich nichts zu berichten, denn sie ist mir aus den Augen gekommen. Barbara Koch wurde später die Gattin ihres Hüters und Schützers, des Grafen von Belderbusch. Sie war eine Dame, welche von allen Personen weiblichen Geschlechts, die ich in einem ziemlich bewegten Leben kennen lernte, dem Ideal eines vollkommenen Frauenzimmers am nächsten stand.*) Der Breuning'schen Familie aber bin ich selbst durch innige Verwandtschaft nahe getreten. Eleonore habe ich als Weib an den Altar geführt und durch lange schöne Jahre in Freud und Leid als dasselbe treffliche Wesen erkannt. Die alte gute Hofräthin ist 1838 in Koblenz in unsern Armen aus dem Leben geschieden. Stephan von Breuning folgte 1800 Beethoven nach Wien und stand bis zu seinem Tode mit ihm in treuester Freundschaft. Er ging kurz nach dem Künstler als kaiserlich königlicher Hofrath zur Ruhe. Christoph von Breuning lebt und ist Geheimer Revisions- und Cassationsrath in Berlin. Lenz

---

*) Vgl. Wegeler, a. a. O., S. 58.

starb früh nach beendigten ärztlichen Studien im Jahre
1798. Ich besitze noch ein Stammblatt, das Beethoven
ihm schrieb und auf dem die Worte stehen:

> Die Wahrheit ist vorhanden für die Weisen,
> Die Schönheit für ein fühlend Herz.
> Sie beide gehören für einander.

Ich selber kehrte 1796 nach Bonn zurück und nahm,
da die erste Revolutionswuth vorüber war, meine Stelle
wieder ein. Allein schon im folgenden Jahre wurde die
Universität aufgelöst, und eine Centralschule nach fran=
zösischem Muster trat an ihre Stelle. Ich fungirte an
ihr als Lehrer der Geburtshülfe. Im Jahre 1807
wurde ich nach Koblenz versetzt als referirender Arzt bei
der Verwaltung. Als aber die Deutschen wieder den
Rhein gewannen, ernannte mich die preußische Regierung
im Jahre 1816 zum Regierungsmedicinalrath und 1825
zum Geheimrath, was ich dem Titel nach noch bin,
denn ich habe aus Altersrücksichten schon längst meinen
Abschied genommen. Ries mag selbst über sich die ge=
wünschte Auskunft geben.

Was soll ich von mir sagen, sprach jetzt das alte
Männchen. Ich bin ein einfacher Mann, der wenig
mehr erlebt hat. Nachdem der kurfürstliche Hof Bonn
verließ, war es mit der Kapelle am Ende. Ich blieb
aber in der Heimat und lebte dort von Stundengeben.
Indeß wir sprechen ja von Beethoven. Ich habe ihn
nicht wiedergesehen, aber ich habe ihm später im Jahre
1800, da er schon als der erste und größte Musiker

galt, meinen Sohn Ferdinand in die Lehre geschickt, dem er die Stunden, die ich ihm selber ertheilte, reichlich vergolten hat. Auf einen Brief, den ich dem Sohne mitgab, erhielt ich keine Antwort von seiner Hand, aber er ließ mir sagen, daß er nicht vergessen hätte, wie ich mit seiner Mutter gewesen wäre. In der That hat er dem Ferdinand, der ein tüchtiger Musiker geworden und leider nun auch schon seit dem 13. Januar 1838 todt ist, nichts wie Güte und Liebe und Freundschaft bewiesen.

Eine kleine Pause folgte den Mittheilungen der beiden Greise, welche darauf einen Wiener, der sich der kleinen Gesellschaft angeschlossen hatte, um Beethoven's Leben in Bonn kennen zu lernen, aufforderten, nunmehr auch seinerseits über den Aufenthalt des Meisters in der österreichischen Hauptstadt zu berichten.

Derselbe begann: Beethoven ist ganz und gar derselbe geblieben, wie er mir aus dem Bilde entgegentritt, das uns seine ersten bonner Freunde entworfen haben. Wahrheit und Schönheit waren, wie jenes Stammblatt für Lenz von Breuning offenbart, die Ziele seines Strebens. Wahrheit im Leben, Schönheit in der Kunst, sie haben ihn sein Dasein entlang begleitet. Vielleicht wurden sie mitunter durch eine allzu große und mächtig dahinstürmende Leidenschaft getrübt, die sich dann und wann sogar zur Leidenschaftlichkeit verzerrte. Aber auch selbst im Drange der aufgeregten Gefühle zeigte sich stets eine große, edle, herrliche Seele. Erschien er zuweilen schroff, ja mistrauisch, zornig, im Grunde seines Gemüths offenbarte sich der beste Mensch. Naturen von solchem Gefüge sind selten glücklich im Leben. Indem sie alles auf ihre Ideale beziehen, finden sie fortwährend Störungen und Hemmnisse. Menschen und Umstände entsprechen selten ihren Erwartungen und Hoffnungen. Sie ziehen sich immer mehr auf das enge Gebiet zurück, auf dem sie sich heimisch fühlen. Dies Gebiet war bei unserm Meister die Kunst. Er wurde eigentlich, worauf seine Individualität schon von vornherein angelegt war, ein Einsiedler in der Kunst.

Was kann aber ein Einsiedler viel erfahren? Er lebt und webt nur in sich und in seinen Gedanken. Seine Welt ist die Welt, die er sich selbst in der Phantasie aufbaut und welcher die wahre Welt wenig oder gar nicht entspricht. In dieser Weise sahen wir ihn seine Jugend verleben. Als er nach Wien gekommen war, ist er nicht anders geworden. Von großen Erlebnissen und interessanten Begegnungen kann kaum die Rede sein. Wo er mit den Menschen zusammenkam, ist er immer originell und seltsam gewesen. Er hat nie seinen Charakter verleugnet. Aber seine hauptsächlichen Thaten sind und bleiben doch immer seine Werke. Er ist ein Einsiedler in der Kunst gewesen.

Gewiß hat es ihm auch außer jenen Männern, die ihm von seiner Heimat her nahe standen, nicht an Freunden gefehlt. Selten wurde ein Genie so früh und allgemein anerkannt wie das seinige. In der österreichischen Hauptstadt gewann er sich sofort die Herzen aller wahrhaft edeln Musiker. Daß ihn neidische Künstler verfolgten und zu verkleinern suchten, ist nicht zu verwundern, denn elende Menschen gibt es überall. Selbst in den höchsten Ständen gewann er sich die größte Anerkennung. Fürsten und Grafen bemühten sich gleichsam um seine Freundschaft, luden ihn in ihre Häuser und gaben ihm Jahrgehalte, sodaß die sonst immerhin precäre Laufbahn des Künstlers sicher gestellt war. Fürst Lichnowsky setzte ihm schon früh ein Jahrgeld von sechshundert Gulden aus. Als er 1809 einen Ruf an den Hof des Königs Jérôme nach Kassel erhielt, traten sogar der Erzherzog Rudolf und die Fürsten Lobkowitz und Kinsky zusammen und gaben ihm ein Gehalt von viertausend Gulden. Seine beste Freundin gehörte dem hohen Adel an. Es war die Gräfin Marie Erbödy, die er seinen „Beichtvater" zu nennen pflegte. Aber auch das große Publikum, dem er seine Werke zur Erhebung und zur Erheiterung übergab, nannte bald seinen Namen mit der unbedingtesten Achtung. Mochte hier und dort eine ungerechte Kritik als ein falsches Verständniß der einen oder andern Composition sich geltend machen, die Summe aller Urtheile fiel stets zu seinen Gunsten aus. Dennoch fühlte er sich nie auf die Länge wohl unter den Menschen, mochten es auch die besten sein. Bald war ihm hier eine Persönlichkeit und dort ein Erlebniß zuwider, daß er im Zorne aufbrauste und sich ganz und gar in die Kunst flüchtete. Er war eben ein Einsiedler.

Nicht anders verhielt es sich, wenn sein Herz ins Spiel kam, denn seine Liebschaften in Bonn sind keineswegs seine letzten gewesen. Er sah überhaupt sehr gern schöne Frauengestalten und war fast niemals ohne eine kleine Neigung. Mitunter soll seine Leidenschaft sogar heftig angefacht gewesen sein. Klare Thatsachen liegen nicht vor. Es ist in dieser Beziehung viel phantasirt und gefabelt worden. Man weiß nur, daß er eine Gräfin Guilietta Guicciardi liebte, die aber einen Grafen Gallenberg heirathete. Er hat sogar hin und wieder, wie das ja auch aus seinen Briefen hervorgeht, an das Heirathen gedacht, ohne daß etwas daraus geworden ist. Seine eigentliche Geliebte war ja auch die Kunst, zu der er sich immer wieder von allen irdischen Geliebten, die ihn nur für Augenblicke fesselten, zurückwandte. Auch hier finden wir den Einsiedler wieder.

Was ihn aber noch mehr zur Einsamkeit stimmte das waren die Verdrießlichkeiten, welche ihm seine Brüder bereiteten. Er hatte diese Menschen, denen er die uneigennützigste Liebe widmete, nach seines Vaters Tode, der bereits 1792 im December erfolgte, nach Wien gezogen. Karl war Kassenbeamter an der österreichischen Nationalbank, Johann Apotheker und später Speculant geworden. Beide benutzten den Künstler in der unzartesten Weise, indem sie sich in seine Geldangelegenheiten mischten und beträchtliche Summen seiner allerdings bedeutenden Einnahme für sich in Anspruch nahmen. Nicht mindern Kummer bereitete ihm sein Neffe Karl, der Sohn seines ältern Bruders, der nach dem Tode desselben unter Beethoven's Vormundschaft stand. Der arme Künstler wurde in Beziehung auf diese Angelegenheit von seiner Schwägerin, die ihm den Knaben entziehen wollte, in einen Proceß verwickelt, der ihm jahrelang das Leben verbitterte. Trotz dieser und anderer Mishelligkeiten brach oft die größte Zärtlichkeit seines Gemüths gegen die keineswegs liebenswürdigen Verwandten an den Tag, die sich noch heute in einem Testamente, das an seine Brüder gerichtet ist, und in Briefen, die er seinem Neffen geschrieben hat, in der rührendsten Weise offenbart. Man sieht hier den einsamen Menschen, der sein volles, reiches Herz so gern an einen geliebten Gegenstand klammert und der das Gefühl der Blutsverwandtschaft mit eigenthümlicher Leidenschaft geltend macht. In der That ist es nicht verwunderlich, wenn er, mishandelt und zurückgestoßen, noch mehr zum Einsiedler wurde.

Dazu kam noch, daß ihn schon in frühen Jahren ein Uebel befiel, welches von Jahr zu Jahr wachsend, leider auch die ihm inwohnende Natur noch mehr zur Abgeschlossenheit drängte. Beethoven fing nämlich schon mit siebenundzwanzig Jahren an, das Gehör zu verlieren. Alle angewandten Mittel, dieses Leiden zu entfernen, schlugen fehl. Es steigerte sich von Jahr zu Jahr, sobaß er allmählich nicht mehr im Stande war, seine eigenen Werke zu hören. Welches tragische Schicksal! Ein Tonkünstler, dem das Organ, welches seine Kunst mit der Außenwelt vermittelt, mangelt! Je höher aber der Meister steht, besto empfindlicher berührt der Fehler! Man kann sich seine Angst, seine Noth, seine Pein bei diesem sich stets mehrenden Uebelstande denken. Wie rührend sind die Klagelaute, die er 1802 in seinem Testamente an seinen Bruder richtet! „O ihr Menschen", ruft er aus, „die ihr mich für feindselig, störrisch und misanthropisch haltet oder erklärt, wie unrecht thut ihr mir! Ihr wißt nicht die geheime Ursache von dem, was euch so scheint. Mein Herz und mein Sinn waren von Jugend an für das zarte Gefühl des Wohlwollens. Selbst große Handlungen zu verrichten, dazu war ich immer aufgelegt. Aber bedenkt nur, daß seit sechs Jahren ein heilloser Zustand mich befallen. Mit einem feurigen lebhaften Temperament geboren, selbst empfänglich für die Zerstreuungen der Gesellschaft, mußte ich mich früh absondern, einsam mein Leben zubringen. Ich bin taub! — Aber wie wäre es möglich, daß ich die Schwäche eines Sinnes angeben sollte, den ich einst in einer Vollkommenheit besaß, wie ihn wenige von meinem Fache gehabt haben! O ich kann es nicht! Darum verzeiht, wenn ihr mich da zurückweichen seht, wo ich mich gern unter euch mischte. Ganz allein fast, nur so viel als es die höchste Nothwendigkeit fordert, darf ich mich in Gesellschaft einlassen. Wie ein Verbannter muß ich leben. Nahe ich mich einer Gesellschaft, so überfällt mich eine heiße Aengstlichkeit, in Gefahr gesetzt zu werden, meinen Zustand merken zu lassen. Welche Demüthigung, als neulich jemand neben mir stand und von weitem eine Flöte klingen und einen Hirten singen hörte, und ich nichts vernahm! Es brachte mich zur Verzweiflung, es fehlte nicht wenig, und ich endigte mein Leben. Nur sie, die Kunst hielt mich zurück."*) In dieser Weise ungefähr drückt er sich aus, der arme Meister, der also immer mehr und mehr zum Einsiedler werden mußte.

Erwägt man alle diese Umstände im richtigen Zusammenhange, so findet man in ihnen, wie ich glaube, den Schlüssel zu den vielen Absonderlichkeiten des Meisters, die in zahlreichen Anekdoten wiedererzählt werden. Wer weiß nicht, wie oft Beethoven seine Wohnungen wechselte. In der Regel besaß er ein Quartier in der Stadt und ein anderes auf dem Lande. Es gab aber eine Zeit, wo er sogar vier verschiedene Wohnungen gemiethet hatte und bezahlen mußte. Natürlich fehlte es nicht an Gründen, warum ihm die eine oder andere nicht gefiel. Hier schien ihm die Sonne nicht freundlich genug in die Stube, dort war ihm der Flur und die Treppe zu dunkel, hier schmeckte ihm das Brunnenwasser nicht, dort mißfielen ihm die Leute. Eines Sommers bewohnte er die reizende Villa von Pronay in Hetzendorf, er verließ sie aber, weil der adelige Besitzer ihn jedesmal, wenn er ihn sah, mit tief abgezogenem Hute grüßte, was ihm den Fluß der musikalischen Gedanken hemmte. Ein andermal wandte er seiner Stube in Penzing den Rücken, weil die Fremden, die unter dem Hause über die Wienbrücke gingen, neugierig nach seinen Fenstern hinschauten, wodurch er gleichfalls gestört wurde. Es ließen sich hier noch viele ähnliche Dinge erzählen, in denen uns wieder der alte Einsiedler entgegentritt.

---

*) Vgl. Schindler, a. a. O., S. 86 fg.

Gleichwol liebte er es, zuweilen mit Freunden zusammen zu sein, denn man durfte ihn nicht gerade menschenscheu nennen. Die Menschen waren ihm nur nicht jederzeit angenehm. Er konnte bei solchen Gelegenheiten sogar in die ausgelassenste Munterkeit verfallen und Scherze und Possen treiben, die er mit einem unauslöschlichen Gelächter begleitete. So liebte er es auch, mitunter Freunde zu Tische bei sich zu sehen, namentlich des Freitags, denn er aß gern Fische und ließ sie vorzüglich zubereiten. Als aber einst seine Köchin schlecht gekocht hatte, stellte er sich selbst an den Herd und machte mit vorgebundener Schürze, wie einst bei der Fahrt nach Mergentheim, den Speisekünstler. In Betreff des Mittagsmahles verstand er übrigens keinen Spaß. Als Ferdinand Ries einst mit ihm im Schwan speiste, brachte der Kellner ein Gericht, das der Musiker nicht bestellt hatte. Es fehlte nicht an Vorwürfen, die der Bursche in grober Weise beantwortete. Da warf ihm Beethoven den Braten ins Gesicht, daß ihm die Brühe den Kopf und Leib herunterlief. Der Anblick war so lächerlich, daß der Meister lachen mußte und den Kellner durch ein gutes Trinkgeld besänftigte. Ein anderes mal schickte er einer Dame, die eine Locke von ihm zu besitzen wünschte, ein Büschel Haare aus dem Barte eines Bockes, das sofort wie eine Reliquie aufbewahrt wurde. Natürlich kam die Wahrheit bald ans Licht. Die Dame war sehr erbittert, ihr Gemahl schrieb heftige Worte, worauf Beethoven den Fehler gut machte und sie durch eine wirkliche Locke von seinem Haupte versöhnte.

Aehnliche Vorfälle stehen aber sehr vereinzelt da. Meistens lebte Beethoven sehr zurückgezogen von aller Welt, zumal je älter er wurde und je mehr sein Gehörleiden zunahm. Dafür war er aber ein desto größerer Freund der Natur, die er tagtäglich und ohne je zu ermüden durchschwärmte. Für die Schönheiten in Berg und Thal sowie in Feld und Wald hatte er ein feines Auge. Er kannte und liebte die Spiele aller Jahreszeiten über der Landschaft. Dabei waren ihm Licht und Luft Bedürfnisse, die er nicht entbehren konnte. In der freien Gotteswelt kamen ihm auch stets die besten Gedanken zu neuen Tonwerken. Bei seinen sich täglich wiederholenden Promenaden an den Nachmittagen trug er stets ein Skizzenbuch in der Hand, in dem er seine Ideen aufzeichnete. Freilich vertiefte er sich oft dermaßen in seine Arbeit, daß er nicht auf Wind und Wetter merkte. Man sah ihn nicht selten mitten im Gewitter dahinrennen und durchnäßt und ohne Hut heimkehren. Solche Unbill nahm er der Natur nicht übel. Sie war und blieb seine beste Freundin. Er war ihr Einsiedler.

Und er war auch ein echter treuer Freund der Freiheit. Wie sein Charakter sich gegen jeden Zwang sträubte, so liebte er gleichfalls die Völker und Menschen, die sich zu freier Größe entfalten. In politischer Beziehung ging ihm keine Nation über das englische Volk. Als Helden hatte er einst Napoleon Bonaparte geliebt. Ihm wollte er auch seine „Sinfonia eroica" widmen. Als der Erste Consul aber den Kaisertitel annahm, zerriß er die

Dedication und trat sie mit Füßen. In dem damaligen Oesterreich war die freie Rede gefährlich, denn sie konnte Kerker und Verbannung nach sich ziehen. Beethoven hat sich nie gescheut, als freier Mann frei die Wahrheit zu sagen.

Ja er liebte die Wahrheit und die Schönheit, dieser wunderbare Einsiedler der Kunst. Was er aber in der Kunst geleistet hat, das weiß jedermann im deutschen Vaterlande, wo er als einer der größten Geister gilt, und noch weit darüber hinaus. Und wer es nicht weiß, der kann es in diesen Tagen in seiner Heimat sehen.

Der Wiener hatte geendet. Da erhob sich ein junger Rheinländer und sprach folgende Strophen:

> Beethoven, großes Herz! Das ist dein Haupt,
> Das deine Züge, die sich hier entrollen,
> Dein Bild urmächtig, wie ich's stets geglaubt:
> Gewitterdrohend ist die Stirn entquollen,
> Das Auge wie von dunkelm Blitz erhellt,
> Auf trotz'gen Lippen ein verwegnes Grollen,
> Und jedem Zug die Liebe doch gesellt!
> Sei mir gegrüßt, der Töne größter Meister,
> Der im Gesang erfaßt die ganze Welt,
> Und im Gesang sie gießt in unsre Geister!

> Es haben andre wol vor dir gelebt,
> Getränkt durch der Natur gewalt'ge Brüste,
> Daß sie in Anmuth, Fülle, Kraft gestrebt;
> Doch suchend nach der sel'gen Insel Küste,
> Erreichten nimmer sie den goldnen Strand:
> Sie waren nur wie Stimmen in der Wüste.

Du bist der Heiland, der das Ufer fand,
Dir flüsterte der Geist geheime Kunden,
Du führtest uns, die Leier in der Hand:
Der Töne Himmel ward durch dich gefunden!

Beethoven, großes Herz! Des Dankes Zoll,
O nimm ihn hin, der mir die Brust erweitert!
Wenn himmeljauchzend mir die Seele schwoll,
Die hellste Lust hast heller du erheitert:
Du gabst mir Trost, wähnt' ich auf ödem Meer
An Schmerzensklippen meinen Geist gescheitert;
Du löstest jedes Leid, wenn scharf und schwer
Die Leidenschaft durch meine Seele brannte,
Weil ich in deinen Liedern, brausend hehr,
Das größre Leid, die größre Lust erkannte.

Oft sucht' ich sie, die treue Mutter, auf,
Die göttliche Natur, in Lust und Schmerzen,
Die jede Wonne spornt zu rascherm Lauf,
Die Balsam gießt in alle wunden Herzen.
Ihr gleicht dein Geist, sie spiegelt drin mit Lust
Ihr ernstes Zürnen und ihr jauchzend Scherzen,
In dir ist sie sich froh und stolz bewußt
Des glutbeseelten mächtigen Propheten,
Dem Gottes Urhauch einst belebt die Brust,
Als noch des Paradieses Lüfte wehten.

Drum kommt's bei deinen Liedern über mich
Wie süßer Lenz! Ich fühl' ihn froh erschrocken:
Die Schwalbe schießt, die Lerche hebet sich,
Es streut der Frühlingsbaum mir Blütenflocken,
Mailieder wehn, es prangt die tiefste Kluft,
Die breiten glanzbestreuten Ströme locken,

Wo fern die Landschaft schwimmt in leisem Duft;
Du bauest vor des Geistes innres Fühlen
Gebirge, Eb'nen, Seen in die Luft. —
Fata-Morgana, komm, die Glut zu kühlen!

Bald ziehst du durch der Länder hellen Glanz,
Der Liebe bist du hold und süß verfallen,
In deiner Hand erblüht ein Blumenkranz,
Dein Herz durchklingen tausend Nachtigallen;
Bald schwimmt dein Lied in tiefen Seufzern fort,
Wir hören deine Thränen schluchzend fallen;
Bald jauchzest du des Zaubers Lösungswort,
Du schwärmst auf Bergeshöhn in Rosenlauben
Mit deinem Lieb'; wir sehn dich hier und dort
Umarmungen bestehn und Küsse rauben!

Dann streifest du in der Genossen Schar. —
Hinaus, hinaus! Es gilt ein freud'ges Leben!
Wie sind die Stirnen frei, die Augen klar!
Es strotzt eu'r Lockenhaar von Sommerreben!
Ihr setzt euch an der Freude vollen Tisch:
Wir sehn euch schäumende Pokale heben,
Den sprudelnden Humor erhebst du frisch,
Den Saal durchklingt ein Lachen, Jubeln, Singen;
Doch oft ist's mir, ich hörte träumerisch
Hinein ein stillverhalltes Weinen klingen.

Und wieder stimmst du unsre Seelen um:
Wir hören plötzlich Elemente toben.
Seht der Natur umfriedet Heiligthum
Von Wetternacht getrübt, vom Sturm umstoben!
Die zack'ge Alpe trotzt den Himmel an,
Der Blitze Feueraugen leuchten oben,

Laut durch den Urwald peitschet der Orkan,
Hoch im Gebirge kracht die Eiche fallend,
Wild um die Klippen heult der Ocean,
Als wollt' er alles Land verschlingen wallend.

Doch tief durch diesen wilden Marterschrei
Ertönt wie eines Donnergottes Stimme
Dein eigner Schmerz: Du rasest wild und frei,
Als flöhest du die Welt in wirrem Grimme,
Als triebest du in finsterm Menschenhaß,
Auf daß es scheiternd in dem Meer verschwimme,
Dein Lebensboot. Wir sehn dich bleich und blaß,
Ein riesig Bild am finstern Abgrund ringen;
Die Angst durchzittert uns ohn' Unterlaß,
Es möchte dich die tiefe Kluft verschlingen.

Doch nein, die Sühne folgt! Es siegt dein Geist,
Du kehrest um in holden Melodien:
Wie Gott im Hauche ob der Schöpfung kreist,
So hören flüsternd wir im Lied dich ziehen,
Wie nach der Fiebernacht ein süßer Traum,
Nach Winterstarre Frühlingsphantasien,
Erquickst du uns. Bald unterm Blütenbaum
Ruhn wir beglückt, bald unter Märchenzelten,
Bald schweben wir mit dir im Aetherraum
Wie sel'ge Geister zwischen Sternenwelten.

Dort stimmst du plötzlich an das Siegeslied,
Das schwillt, als wollten alle Gräber klüften;
Ha! wie ein Bacchuszug, so rauscht und zieht
Es lebenweckend über allen Grüften!
Dämonen fliehen in der Tiefe Schlund,
An dem du standst; es jubelt in den Lüften:

Der Haß, der Zorn, der Neid stürzt in den Grund,
Du läßt die Liebe ob den Welten thronen,
Begeistert tönt es wie aus einem Mund:
Triumph! o „seid umschlungen, Millionen!"

Der Päan ist's der neuen goldnen Zeit,
Das tausendjähr'ge Reich weissagt sein Tönen;
Wir haben überlebt den alten Streit,
Die Völker nahn, die Wahrheit hell zu krönen.
O hört: die Welt ist Gott und Gott die Welt,
Die alten und die neuen Zeiten söhnen
Im Bruderkuß sich aus, und glanzerhellt
Ersteht das letzte Reich in lichter Klarheit.
Wir bauen auf, was keine Macht zerschellt,
Die ew'ge Welt der Liebe, Freiheit, Wahrheit!

Stürmst du uns so zur stolzen Liederschlacht,
Die wogt im Formenwechsel tausendflutig,
Wie fassen uns die Weisen stets mit Macht,
Wie wächst der Geist so stark, so fest, so muthig!
Du treibest rings die bleiche Selbstsucht aus,
Und ist das Herz von hundert Wunden blutig,
Dir jauchzt es taumelnd zu im Tönebraus;
Entflammt von Liebe, lernt es groß entsagen,
Für Freiheit fordert es den Tod heraus,
Kühn wie von Adlerfittichen getragen.

Beethoven, großes Herz, siegstolzer Held,
Du Bannerträger künft'ger edler Zeiten,
Folgt heut ein kleines Häuflein dir ins Feld,
Einst werden sich die Völker um dich breiten.
Du eiltest unsrer Bildung mächtig vor:
So hilfst du stolz ans Ziel die Menschheit leiten,

> Prophetisch hör' ich schon vom Völkerchor
> Dein „Alle Menschen werden Brüder!" sausen! —
> Mein Lied, mein Lied, wie wagst du dich empor?
> Des Meisters Lob laß seine Lieder brausen!

In diesem Gedanken, schloß er, wollen wir noch einmal die Gläser füllen und rufen: Heil, Ruhm, Ehre dem Unsterblichen!

Und alle stießen miteinander an und tranken aus. Dann gingen sie in ernster, heiliger Stimmung von bannen.

Am andern Tage aber fanden sich die beiden Greise Ries und Wegeler mit ihren Bekannten auf dem Münsterplatze ein. Die Sommersonne lachte hell vom Himmel über die stolze Kirche, die benachbarten Häuser und die grünen Linden. Nirgendwo prangten die Fahnen und Blumengewinde reicher wie hier. Auf dem Platze standen Tribünen, welche die Chöre und Orchester einerseits und die Gäste andererseits aufnahmen. Ringsumher wogte eine zahllose Menge, während alle Fenster und Dächer bis in die höchsten Höhen hinauf von Männern und Frauen strotzten. Auf dem Balcon des gräflich Fürstenberg'schen Palastes, wo einst der Graf von Westphal gewohnt hatte, erschienen der König Friedrich Wilhelm IV. und seine Gemahlin, die Königin Victoria und der Prinz Albert mit reichem Gefolge.

Alle Blicke aber waren auf einen Punkt gerichtet. In der Mitte des Münsterplatzes stand, umgeben von den beschriebenen Zurichtungen, ein Gerüst, um welches lange Tücher flatterten.

Franz Liszt, der Dirigent des Festes, erhob den Stab, und Chor und Orchester führten nun eine Hymne aus, die zu Ehren Beethoven's gedichtet und in Musik gesetzt war.

Und dann verhallten die Töne.

Die flatternden Tücher sanken und aus ihnen enthüllte sich, blinkend im hellen Sonnenlicht, ein ehernes Standbild:

> Beethoven, großes Herz! Das ist dein Haupt,
> Das deine Züge, die sich hier entrollen,
> Dein Bild urmächtig, wie ich's stets geglaubt:
> Gewitterdrohend ist die Stirn entquollen,
> Das Auge wie von dunkelm Blitz erhellt,
> Auf trotz'gen Lippen ein verwegnes Grollen,
> Und jedem Zug die Liebe doch gesellt!
> Sei uns gegrüßt, der Töne größter Meister,
> Der im Gesang erfaßt die ganze Welt
> Und im Gesang sie gießt in unsre Geister.

Und ringsum füllte ein lauter jauchzender Jubelruf die Lüfte.

Nachwort.

Indem ich den vorliegenden zweiten Band meiner „Erzählungen eines Rheinischen Chronisten" zum Abschluß bringe, glaube ich den Freunden und Forschern der Literaturgeschichte noch einige Aufklärungen über die Quellen, aus denen ich geschöpft habe, schuldig zu sein. Ich bin nämlich nicht allein schriftlichen Urkunden aus den Kreisen, welche ich zu schildern versuchte, sondern auch mündlichen Traditionen und eigenen Anschauungen und Erlebnissen gefolgt. In Beziehung auf die erstern brauche ich kein Wort mehr zu verlieren, denn ich habe sie jedesmal gewissenhaft angegeben. Was die letztern betrifft, so werden einige kurze Mittheilungen nicht unwillkommen sein.

Den Mittelpunkt der Novelle „Aus Jacobi's Garten" bildet die Liebesgeschichte H. Schenk's, die bisjetzt, soviel ich weiß, ganz unbekannt geblieben ist. Ich habe diese Episode nun von dem verstorbenen Geheimen Regierungsrath Fasbender in Düsseldorf gehört, der ein großer Freund der Literatur, Besitzer einer umfangreichen trefflichen Bibliothek, sowie ein höchst liebenswürdiger humaner alter Junggeselle war und vieles aus der alten Zeit Düsseldorfs zu erzählen wußte. Er selbst, ein Studiengenosse und naher Freund meines Vaters, hatte freilich nicht mehr in dem Jacobi'schen Kreise verkehrt, aber er wußte mancherlei Thatsachen aus dem Munde des alten Kupferstechers und Professors Thelott, der viel in Pempelfort gewesen war und diese Anekdote miterlebte. Thelott soll seiner Mittheilung oft ein anderes Erlebniß hinzugefügt haben. Er befand sich nämlich eines Abends in Pempelfort; da es sehr kalt wurde, lieh Fritz Jacobi ihm seinen Ueberrock. Auf der Heimkehr kaufte der Kupferstecher sich am Flingerthor in einer dort stehenden Bude ein Stück kalte Küche, das in einem gebratenen Hahn bestand. Plötzlich bildete sich an dieser Stelle ein Soldatenauflauf, der in eine heftige Prügelei ausartete. Der Künstler steckte den Mundvorrath entsetzt in die Tasche und begab sich nach Hause, ohne weiter an seinen Einlauf zu denken. Am andern Morgen schickte er das geliehene Kleidungsstück zurück, das der Besitzer sofort anzog, um sich an den Hof zu begeben. Mitten in der Unterredung mit einem Minister fühlte er plötzlich den fremden Körper in der Tasche und entwickelte voll Schrecken den gebratenen Hahn, wodurch nun eine komische Scene entstand.

Außerdem darf ich wol behaupten, daß ich meine Erzählung auf lokale Anschauungen begründet habe, denn ich kam schon als Knabe in das Pempelfort'sche Haus und war mit den zwei jüngsten Enkeln Fritz Jacobi's bekannt. Rudolf Jacobi ist jetzt Arzt in Elberfeld, Romuald studirte Jura und ging später nach Amerika, wo er gestorben ist. Der letztere war ein äußerst humoristischer Mensch. Wir besuchten zusammen das Gymnasium und die Universität. Um das Jahr 1830 fanden mitunter musikalische Aufführungen der Knaben in dem Raume statt, in welchem verschiedene Scenen meiner Geschichte spielen. Auch später habe ich Haus und Garten noch oft besucht. Bekanntlich ist das Gut gegenwärtig Besitz der Künstlergesellschaft Malkasten.

Für den „Furioso" boten sich in Bonn hinreichende lokale Studien, denn ich habe auf der rhei-

nischen Hochschule studirt und bin auch später sehr
häufig dahin zurückgekehrt. Außerdem ergab sich
mannichfache Gelegenheit, von alteingesessenen Ein=
wohnern die Traditionen der Vergangenheit zu er=
lauschen. Aber noch mehr, ich habe auch die Jugend=
freunde Beethoven's gekannt. Als ich im Herbst
1835 nach Bonn kam, traf ich den Kapellmeister
Ries in verschiedenen befreundeten Häusern, wo er
als hochbejahrter Greis noch Stunden ertheilte und
wegen der Klarheit seines Wesens sowie wegen der
Lauterkeit seines Charakters hoch geschätzt war. Ge=
boren am 10. Nov. 1755, überlebte er das Beet=
hovenfest noch um mehr als ein Jahr. Er starb am
1. Nov. 1846 allgemein geschätzt und betrauert, fast
einundneunzig Jahre alt. Seinen Sohn Ferdinand,
den Schüler Beethoven's, sah ich gleichfalls einmal
in einer Gesellschaft, wo er uns durch sein treffliches
Spiel erfreute. In gleicher Weise lernte ich bei Ge=
legenheit eines Besuchs in Koblenz den Geheimen
Medicinalrath Wegeler kennen, der noch der Lehrer
meines Vaters auf der Hochschule zu Bonn gewesen
war und mich auf dessen Empfehlung hin freundlichst
empfing. Der alte Herr stand als Beamter in treff=
lichem Rufe und ward auch als geistvoller, mun=

terer, geselliger Mann geschätzt und geliebt. Sein
Haus hielt er bis in das höchste Alter hinein allen
Künstlern und Gelehrten geöffnet, welche die Stadt
besuchten. Manche Gedichte, die noch in seiner Familie bewahrt werden und mir theilweise von seinem
Sohne, dem Medicinalrath Dr. Julius Wegeler in
Koblenz, mitgetheilt worden, zeigen eine gesunde humoristische Anlage. Im Gespräch war er reich an glücklichen Einfällen und drastischen Anekdoten. In dieser
Weise kommt er auch im Goethe=Zelter'schen Briefwechsel vor, denn Zelter machte einmal eine längere
Postwagenfahrt mit ihm. Das Breuning'sche Haus
und seine Besucher, namentlich Barbara Koch, habe ich
vorzugsweise nach den Mittheilungen des Dr. Julius
Wegeler geschildert.

Während ich mich bei den genannten Erzählungen hauptsächlich neben den schriftlichen Mittheilungen auf die Traditionen berufen muß, habe ich eine
Menge von Thatsachen aus „Karl Immermann und
sein Kreis" aus eigener Anschauung. Ich darf wol
behaupten, daß ich in den meisten Dingen Augenzeuge
der dargestellten Katastrophen war. Immermann,
Grabbe, Mendelssohn, Reinick, Hasenclever, haben
mir vor Augen gestanden, wie ich sie zu zeichnen ver=

suchte. Norbert Burgmüller war mein erster Freund. Ich habe auf Robert Schumann's Bitte schon im Jahre 1840 seine Biographie für eine musikalische Zeitschrift verfaßt. An diese lehnen sich meine Mittheilungen. Nur bei seiner Begräbnißscene hat die Phantasie die Ereignisse gesteigert. Fräulein Roland war schon früher in Aachen gestorben, aber es ist buchstäblich wahr, daß Norbert und sie in nachbarlichen Gräbern ruhen sollten. Auch Stange und Lübke wurden nach dem Leben gemalt, während Will, Hirtzfeld und Winkler fingirte Figuren sind, in denen man indeß Anklänge an frühere Düsseldorfer finden mag. Ich habe eben gesucht, nur solche Personen in die Erzählung aufzunehmen, die bereits hinübergegangen sind. Mit der Gattin Immermann's mußte ich freilich eine Ausnahme machen. Ich sehe die Verwegenheit dieses Schrittes vollkommen ein, hoffe aber auf Entschuldigung bei denen, welche wissen oder erfahren, daß bereits früher eine Novelle erschienen war, in welcher die vortreffliche Frau eine Rolle spielt. Sie ist indeß in derselben ganz und gar verzeichnet und auch die Verhältnisse sind durchaus falsch hingestellt. Ohne diesen Vorgang, der freilich pseudonym erschien, aber so gehalten war, daß man mit Fingern auf

die betreffenden Personen gewiesen wurde, hätte ich
wol kaum die Kühnheit gehabt, meine Erzählung
zu beginnen, die ich einestheils eine Berichtigung
nennen darf und die anderntheils das Andenken an
einen herrlichen Dichter und seine Umgebung neu
aufgefrischt hat. So viel steht wenigstens fest, daß
nach dem ersten Erscheinen meiner Arbeit in der „Kölnischen Zeitung" meine rheinischen Landsleute wieder
lebhaft nach den Werken Immermann's und Grabbe's griffen. Wie oft wurde ich selbst um die betreffenden Bücher angesprochen! Wie oft hörte ich
das Bedauern aussprechen, daß die gesammelten
Werke dieser Dichter noch immer nicht in einer
Volksausgabe vorlägen!

„Ich hab's gewagt!" Mag man hin und wieder
das Wagniß tadeln, so entschädigt mich dafür der
Beifall des Publikums und der Kritik, den die Erzählungen „Aus Jacobi's Garten" und „Furioso" bei
ihrer Veröffentlichung in „Westermann's Deutschen
Illustrirten Monatsheften" und „Karl Immermann
und sein Kreis" bei seiner zweifachen Publication erhalten haben. Auch wo man diese Art der Erzählung
wegen des allzu nahe liegenden Stoffes bedenklich
gefunden hat, ist mir das Lob gewissenhafter Dar-

stellung nach guten Quellen gespendet worden. Allerdings war es nicht darauf abgesehen, historische Romanfabrikarbeit nach neuestem Schnitt zu liefern, wie sie der Welt jetzt als Lesefutter geboten wird. Ich bin bestrebt gewesen, getreue Culturbilder zu malen, in denen sich Ganzes und Einzelnes aus wahrhaftigen Ueberlieferungen entwickelt. In diesem Sinne habe ich erfunden, was zur Herstellung des Zusammenhanges erfunden werden mußte. Selbst in der Chronologie wird man mir nicht leicht einen Fehler nachweisen. Allerdings hätte sich in den Besprechungen eine tiefere Beachtung des sittlichen Inhalts meiner Erzählungen gewünscht.

Auf die Frage, warum ich nicht lieber, namentlich in Bezug auf Immermann, eine biographische Arbeit geschrieben habe, antworte ich, daß mir das vollständige Material nicht zu Händen war, und man in Deutschland nicht gern Biographien liest, wenn sie nicht etwa die allergrößten Männer der Menschheit behandeln. Aus diesem Grunde habe ich denn auch die Form gewählt, die heutzutage populär ist.

W. M.

Druck von F. A. Brockhaus in Leipzig.

www.ingramcontent.com/pod-product-compliance
Lightning Source LLC
Chambersburg PA
CBHW030005240426
43672CB00007B/829